BIBLIOTHÈQUE DES PROFESSIONS

INDUSTRIELLES, COMMERCIALES, AGRICOLES ET LIBÉRALES

SÉRIE G

ARTS ET MÉTIERS

TYPOGRAPHIE FIRMIN-DIDOT ET Cie. — MESNIL (EURE).

BIBLIOTHÈQUE DES PROFESSIONS
INDUSTRIELLES, COMMERCIALES, AGRICOLES ET LIBÉRALES

GUIDE-MANUEL PRATIQUE
DU
MOTOCYCLISTE

PAR
H. DE GRAFFIGNY
INGÉNIEUR CIVIL
Professeur d'automobilisme à l'Association philotechnique

QUATRE-VINGT-QUATORZE FIGURES

Série G

Arts et Métiers

PARIS
J. HETZEL ET CIE, ÉDITEURS
18, RUE JACOB, 18

PRÉFACE

Nous croyons utile d'expliquer en quelques mots le but de cet ouvrage et la raison de sa publication.

En 1897, lorsque le *Guide Pratique du Constructeur de cycles et automobiles* fut écrit, la bicyclette était parvenue à l'apogée et avait atteint, on peut le dire, la perfection. A côté d'elle, commençait à se développer une autre industrie, née de la bicyclette ; l'automobile avait donné déjà de nombreuses preuves de sa vitalité. Les courses Paris-Bordeaux et retour en 1895 ; Paris-Marseille en 1896, démontraient l'incontestable valeur du nouveau mode de locomotion sur routes ; mais alors il n'existait aucun modèle vraiment définitif de moteur ou de voiture. Les constructeurs travaillaient avec fièvre pour déterminer la forme rationnelle du nouveau véhicule : la vapeur, le pétrole, l'électricité luttaient avec des chances diverses, et, bien que la plupart des systèmes actuels d'automobiles fussent déjà créés, il eût été hasardeux d'oser prédire à ce moment que tel ou tel modèle prendrait une place prépondérante, tandis que d'autres disparaîtraient de la scène du monde après avoir montré. toutefois la voie à suivre pour atteindre au succès.

C'est pourquoi, dans l'ouvrage dont nous parlons, nous avons dû nous borner à une revue succincte des divers modèles d'automobiles préconisés à l'époque où nous écrivions, sans pouvoir nous appesantir sur aucun en particulier : Parmi les systèmes décrits, combien ont disparu et sont oubliés, tandis que d'autres, perfectionnés par leurs inventeurs, ont montré leur supériorité et pris la première place! Dans quelques années, ce sera un nouveau traité à écrire!

Parmi les véhicules à moteur à pétrole, deux classes nettement caractérisées ont pris en peu de temps un développement formidable : nous voulons parler des motocycles et des voiturettes, auxquels nous n'avions consacré qu'une brève mention dans notre *Guide du Constructeur de cycles et d'automobiles.*

En raison de ce développement d'une catégorie d'appareils qui, par suite de leur utilité, vont se multipliant de jour en jour dans le monde entier, nous avons pensé à rassembler dans un volume spécial toutes les connaissances pratiques relatives à ce genre de machines et à dédier aux motocyclistes montant les autolocomoteurs à deux, trois ou quatre roues, cet ouvrage susceptible de leur rendre quelques services. Nous nous sommes cantonné dans l'étude des appareils à moteurs à refroidissement par l'air et ne comportant aucune espèce de carrosserie. Les voiturettes automobiles, aujourd'hui légion, exigeraient un second ouvrage spécial, et peut-être l'écrirons-nous un jour.

Le *Guide Pratique du Motocycliste* que nous présentons au public est donc destiné spécialement aux chauffeurs, *motoristes,* — ou *motormen,* suivant les néologistes, — et qui font usage de bicyclettes, tricycles ou quadricycles, avec avant-trains ou remorques, et pourvus de moteurs à pétrole. Tout d'abord, nous nous sommes efforcé d'expliquer clairement les principes d'après lesquels fonctionnent les moteurs à gaz tonnant, et, par conséquent, les moteurs à essence de pétrole. Puis, après la description des principaux modèles de moteurs pour cycles mécaniques actuellement en usage, et la revue des innombrables modèles de véhicules auxquels ces moteurs ont été appliqués, nous entrons dans le vif du sujet, ce qui importe le plus au pratiquant du moto, et, sous la forme méthodique qui nous est chère, nous avons classé tous les renseignements pratiques que l'on peut être aise, à quelque moment, d'avoir à sa disposition.

L'automobile est en train de nous préparer une génération de mécaniciens; le conducteur d'une de ces locomotives en réduction ne doit pas hésiter à empoigner la clef anglaise et la burette et à tacher ses doigts de cambouis, de graisse ou d'huile. Il faut lutter contre le monstre tapi dans un recoin du mécanisme et qui se rit de vos lamentations. La *panne* est ce monstre protéiforme et redouté; aussi tous nos efforts se sont-ils portés sur les moyens de vaincre cet ennemi du chauffeur. Espérons que nos indications seront utiles aux motocyclistes embarrassés et qu'elles leur faciliteront la découverte du point défectueux ainsi que l'application du remède approprié.

Nous avons donc été amené, pour résumer tout ce qui a trait aux motocycles, à donner une certaine importance à notre travail qui constitue, nous le pensons avec une légitime satisfaction, le vade-mecum le plus complet qui existe du pratiquant de la machine à pétrole à refroidissement d'air. Ce supplément (ou complément) de notre précédent *Guide du Constructeur de cycles et d'automobiles* est écrit, comme ce dernier, dans un but d'instruction pratique et, bien que la théorie et la lecture ne puissent jamais remplacer l'étude expérimentale, nous croyons cependant que le débutant et même le chauffeur habile à diriger son instrument pourront y trouver d'utiles renseignements. Notre livre est d'ailleurs le résultat de plusieurs années d'observations pratiques effectuées sur des machines de toute marque ; aussi, sans avoir la prétention d'être l'architecte d'un monument indestructible, nous supposons que, dans sa sphère modeste, ce livre pourra rendre aux intéressés de réels services, ne ferait-il que leur fournir l'explication des phénomènes multiples présentés par le moteur à pétrole. Et ainsi nous serons resté fidèle à la devise qui nous a constamment guidé dans la rédaction de nos traités de vulgarisation : « *Être utile* ».

Henry DE GRAFFIGNY

Ingénieur, Professeur d'automobilisme
à l'*Association Philotechnique*.

Ier mai 1900.

GUIDE-MANUEL PRATIQUE

DU

MOTOCYCLISTE

CHAPITRE I

GÉNÉRALITÉS SUR LES MOTOCYCLES

Définition du motocycle. — Classification des véhicules d'après leur poids. — Ce qui caractérise le moto. — Avantages et inconvénients des motocycles. — Historique de ce genre d'appareils : petits véhicules mécaniques mus par la vapeur, le pétrole ou l'électricité.

Qu'est-ce qu'un *motocycle?*.....

Si nous retournons ce mot, nous trouvons « cycle à moteur », et, en réalité, cet appareil n'est rien autre chose qu'un vélocipède pourvu d'une machine motrice. L'instrument que ce mot désigne n'est pas une voiture : c'est un cycle dans lequel l'énergie musculaire du cavalier est remplacée par une force motrice étrangère, par le jeu d'un moteur mécanique tirant sa puissance de l'explosion d'un mélange gazeux.

Nous verrons plus loin en détail comment s'opère le fonctionnement de cette machine; contentons-nous pour l'instant de constater la place considérable prise aujourd'hui par le motocycle dans l'industrie nouvelle de l'automobile. Un nombreux public l'a adopté avec enthousiasme, et nous saurions d'autant moins méconnaître ce progrès, que nous avons été l'un des premiers à réclamer, il y a une quinzaine d'années, l'adjonction aux vélocipèdes, qui commençaient à se généraliser, d'une machine motrice capable de venir en aide, le cas échéant, à la force musculaire du cavalier. On a même dépassé ce modeste desideratum, et, dans les appareils actuels, le moteur remplace complètement le cycliste; au lieu de servir seulement d'adjuvant aux passages difficiles, sur les côtes pénibles, il travaille tout le temps et, dans certains cas, on pourrait considérer cet excès de puissance comme un défaut.

A notre humble avis, de même qu'à celui de beaucoup d'autres personnes, le véritable motocycle par définition ne devrait pas être autre chose qu'un vélocipède, instrument de promenade et d'exercice avant tout, muni d'une machine motrice simple et légère, et seulement destinée à soulager le cycliste dans les moments où ce dernier sent l'utilité de l'addition à sa propre force d'une énergie étrangère. Contrairement à ce programme, le motocycle est un instrument hybride, qui rappelle le vélocipède par son apparence et les pédales qu'il comporte, et la voiture automobile, par son mécanisme et son moteur souvent trop puissant, ce qui est bien inutile, enfin par tout son appareillage délicat.

Le tricycle automobile, en moins de huit ans, a fait un chemin considérable, malgré les inconvénients qu'il présente, mais qui ne parviennent pas à contre-balancer ses indéniables avantages. On peut dire qu'il a été l'objet d'un extraordinaire engouement, justifié dans certains cas, car, entre les mains de personnes soigneuses et attentionnées, il est susceptible de rendre les meilleurs services. Il est moins coûteux d'achat et d'entretien que la voiture automobile la plus modeste, tout en fournissant la même endurance et la même vitesse que des véhicules à moteur de 25 chevaux, — les dernières courses sur routes l'ont bien montré, — mais la personne qui le monte n'y peut trouver le moindre confortable; c'est une mécanique et non pas une voiture, mais c'est, en revanche, la plus économique des automobiles.

Voici à ce sujet une lettre écrite en 1897 à M. Baudry de Saunier, publiciste sportif bien connu, par un médecin d'une des régions de France les plus accidentées : le département des Hautes-Alpes. Cette communication élucide nettement la question de la dépense d'entretien d'un motocycle, question primordiale pour bien des néophytes du pétrole.

« Depuis deux ans environ (janvier 1897), j'emploie à ma grande satisfaction un tricycle et vous donne ci-après le tableau comparatif des dépenses pour un médecin se servant de chevaux et de voitures.

Exerçant depuis 1895, j'ai usé de ce dernier moyen de locomotion pendant un an et demi environ; j'ai eu deux voitures brisées dans une chute, un cheval mort de maladie; un deuxième, fourbu par de longues et fatigantes courses, a dû être revendu avec une perte de 450 francs.

Achat d'une voiture à 2 roues.........	700 fr.
Achat d'une voiture à 4 roues.........	1.100
Achat de deux chevaux...............	1.200
Harnais..............................	300
Total.........	3.300 fr.

J'ai revendu le tout un an et demi après 1,900 francs; perte 1,400 fr. L'achat d'un tricycle 1 cheval de force m'a coûté (d'occasion) 1,250 fr. Je l'ai gardé un an et demi et l'ai revendu, il y a quatre mois, 900 fr.; soit une perte de 350 fr. seulement; il faut dire qu'il marchait comme au premier jour. Après avoir été gardé pendant un an par son propriétaire, il avait parcouru depuis que je l'avais en ma possession environ 12,000 kilomètres.

Voici maintenant le tableau comparatif pour un an des dépenses journalières avec cheval et voiture :

Un domestique	1.000 fr.
Au charron	100
Au bourrelier	100
Au maréchal ferrant	50
Avoine	700
Foin et paille	400
Vétérinaire	50
Total	2.400 fr.

Avec le tricycle :

A un serrurier qui nettoie le tricycle, remplace les clavettes et boulons perdus et fait les petites réparations, 10 francs par mois	120 fr.
Réparation comprenant l'échange des accumulateurs pour un pile sèche et remise à neuf du moteur par la maison de Dion et Bouton	140 »
Réparations diverses (changé un pignon, une pédale, une manivelle, bougie d'allumage, etc.)	110 »
Essence : 700 litres à 0.40	280 »
Huile de naphte : 60 litres à 0.30	18 »
Deux bandages et chambre à air changés	64 »
Total	732 fr.

Auquel il faut ajouter 150 fr. pour 20 jours de l'année où, par suite de pluie ou neige, j'ai pris une voiture pour me conduire, soit en tout : 900 fr. au lieu de 2,400 francs.

J'ai fait, comme vous pouvez vous en rendre compte par la quantité d'essence employée, environ 20,000 kilomètres, ayant un service très chargé dans un canton de vingt-trois communes dont quelques-unes sont distantes de 40 kilomètres de ma résidence.

J'ai passé par des chemins épouvantables et n'ai eu que des fractures de bougies sans jamais rien de dérangé dans la machine.

Je n'ai été contraint de revenir aux pédales que cinq ou six fois dans toute l'année, et, dans ce cas, il est très facile de se procurer dans une ferme un mulet qui traîne la machine aux fortes montées.

Avec le tricycle d'un cheval, j'avais passablement à pédaler ; actuellement le modèle de 1 cheval 3/4 monte toutes nos côtes et me permet de faire dans deux ou trois heures des courses qui me demandaient une journée avec cheval et voiture. La fatigue est moins considérable avec le tricycle et l'appétit est doublé ; bref, ce mode de locomotion me paraît devoir remplacer (étant bien supérieur à tous les points de vue) le cheval et la voiture.

Il suffit de trois semaines pour connaître sa machine à fond, être à même de tout réparer ou faire réparer en cas d'avarie ; il est bien entendu qu'au début on a toujours, ne connaissant pas bien sa machine, quelques difficultés, mais lorsqu'on a fait cet apprentissage, on est à même de se passer de chevaux et de voitures.

Je ne compte pas dans mon état les économies de diligences et voitures pour aller rejoindre le chemin de fer qui est à 40 kilomètres et les nombreuses excursions, même très éloignées, que j'ai pu faire, grâce à mon tricycle, etc. »

Ces chiffres se passent de commentaires. Ils témoignent bien de la grande valeur *pratique* des automobiles — même encore rudimentaires, je l'accorde — que l'on possède aujourd'hui. Que les hommes intelligents qui ont la routine en haine en fassent l'expérience, ajoute M. B. de Saunier.

Donc on peut considérer le motocycle comme un intermédiaire entre la bicyclette, instrument de promenade et de sport, et la voiture automobile à plusieurs places, accessible seulement, quoi qu'on en dise, à une clientèle privilégiée et forcément plus restreinte.

Le complément du motocycle, très en faveur surtout depuis que l'on construit et que l'on applique des moteurs de plus en plus puissants à ces appareils, c'est l'arrière-train ou la remorque qui, de ce véhicule égoïste, fait un tracteur très commode, bien que cet assemblage ne compte pas que des partisans, ainsi que le démontre une virulente diatribe de l'ancien coureur cycliste Rivierre [1].

On a discuté longuement, dans les journaux techniques, sur la définition du terme « motocycle », question fort intéressante au point de vue des règlements de police, du prix de transport par chemins de fer, des droits de douane, etc., et, en fin de compte, la définition suivante a été admise dans la rédaction du règlement général de la circulation récemment promulgué :

Motocycle. Véhicule actionné par un moteur mécanique, et occasionnellement à l'aide de la force musculaire, dont le poids ne dépasse pas *à vide,* c'est-à-dire sans voyageurs ni approvisionnements, 200 kilogs.

Donc, c'est le poids qui détermine la nature du véhicule,

1. « Le tricycle nécessite l'emploi des pédales pour sa mise en marche et pour la montée des côtes. Les changements de vitesse qui ont été récemment appliqués sont condamnés au fur et à mesure de leur apparition soit parce qu'ils cassent les pignons ou le différentiel, soit parce qu'ils font cabrer le tricycle qui se renverse sur son cavalier. En outre, lorsque la vitesse est faible, le moteur ne recevant pas assez d'air s'échauffe et cesse de fonctionner après avoir avoir vu ses soupapes se brûler et ses autres organes se détraquer. La position du cavalier est atroce et ne peut être endurée que pendant très peu de temps : la selle blesse les organes génitaux ; les jambes, manquant de support, sont vite rompues et les genoux pliés, sans mouvement, sont dans la position idéale pour que leur possesseur acquière des rhumatismes. Enfin, le corps entier est brisé par des trépidations que les pneumatiques sont impuissants à absorber.

« Pour atténuer l'égoïsme du tricycliste, on a imaginé l'avant-train et la voiturette remorque ; ce ne sont que de mauvais palliatifs : le premier a causé de nombreuses ruptures de cadres ; la seconde est dangereuse (des accidents mortels ont été récemment enregistrés ; les deux sont ennemis de toute conversation et laissent, dans tous les cas, le conducteur sur sa maudite selle, entassant sur ses vêtements tous les immondices de la route. »

à condition, bien entendu, que celui-ci se trouve muni d'un dispositif permettant l'usage de la force musculaire du voyageur, et, par conséquent, *seuls*, les tricycles et les bicyclettes à moteur, qui possèdent un pédalier, peuvent être réellement considérés comme *motocycles*. Les voiturettes sans pédalier, même pesant moins de 200 kilogs, ne peuvent donc raisonnablement être regardées comme des motocycles ; ce sont des voitures automobiles, en réduction peut-être, mais cependant des *voitures*. Toute autre interprétation serait certainement erronée et abusive.

*
* *

Quel est le véritable inventeur du motocycle, ainsi que nous venons de le définir, et à quelle époque le premier appareil de ce genre a-t-il été réalisé ?... En vérité, il serait difficile de fournir une affirmation, car si l'on peut regarder comme des automobiles primitives le chariot de Cugnot, la diligence à vapeur de Hancock et le quadricycle de Lenoir, nulle part, avant ces années dernières, nous ne voyons de véhicule à pédales possédant de moteur de secours, et les quelques essais qui ont été tentés dans cette voie ne sont pas assez concluants pour qu'on puisse y voir le début du motocycle actuel. Rien de pratique en effet n'a été réalisé avant les travaux sur ce sujet de M. le comte de Dion (en collaboration avec le mécanicien E. Bouton), en 1884.

A cette époque, le moteur à vapeur paraissait le seul possible pour la locomotion routière, aussi les premières voitures automobiles créées par MM. de Dion et Bouton étaient-elles mues par ce procédé. Les premiers véhicules furent des quadricycles avec transmission par courroies, puis on fit des tricycles à roue motrice à l'arrière. Ce n'est qu'en 1895 que l'on songea à remplacer la vapeur par le pétrole (ou, à plus justement parler, par l'aïr carburé).

Le motocycle est donc en réalité d'invention récente et le fait s'explique de lui-même. Les inventeurs se sont efforcés de combiner une *voiture* marchant par ses propres moyens, de préférence à un appareil hybride, tenant à la fois du vélocipède et de la voiture, et dont l'utilité ne leur semblait pas démontrée. Le problème était, de plus, d'une solution encore plus difficile, en raison de la réduction de volume de tous les organes à laquelle il fallait arriver. C'est à cette difficulté qu'il faut attribuer l'échec des premiers tricycles à moteur à pétrole, tels que ceux de Lenoir et de Daimler qui ont précédé l'apparition du modèle de Dion et Bouton.

Nous ne donnerons pas ici la description des motocycles à vapeur qui ont été imaginés par divers inventeurs depuis dix ans, pas plus que celle des tricycles et bicyclettes à moteur à pétrole ayant vu le jour pendant cette même période. Cette revue n'aurait qu'un caractère purement historique, et nous tenons à demeurer dans le cadre des indications techniques et pratiques, les seules véritablement utiles pour les personnes qui nous font l'honneur de nous lire.

Nous ne dirons qu'un mot sur les motocycles électriques, dont la première démonstration a été fournie en 1881, par

M. Trouvé. Cet électricien ayant disposé sur un tricycle, de fabrication anglaise, pesant 55 kilogrammes, un moteur électrique à bobine Siemens de son invention, et du poids de 5 kilogs, actionné par une batterie d'accumulateurs Planté, parvint à circuler, avec ce tricycle, à la vitesse de 12 kilomètres à l'heure environ. Les pédales étant mises en mouvement par le cavalier et secondant l'effort du moteur, la vitesse était augmentée d'un tiers.

Rappelons en passant que nous avons obtenu des résultats analogues en 1891 avec un tricycle portant une batterie de piles à acide chromique travaillant sur un moteur donnant 16 kilogrammètres (celui de M. Trouvé n'en fournissait que 7). La transmission étant disposée de façon à admettre l'intervention de la force musculaire du cycliste, la vitesse moyenne atteinte en palier fut de 22 kilomètres à l'heure.

Aujourd'hui, les seuls motocycles électriques en usage sont, comme on le verra plus loin, des machines servant à l'entraînement des coureurs sur piste, coureurs à bicyclette, bien entendu. Le moteur à pétrole tient la corde, et il n'est pas probable qu'il l'abandonne d'ici à longtemps.

Faut-il reconnaître, après ce rapide exposé, que le cycle à moteur actuel est parfait et qu'il ne se modifiera plus ?... Une telle pensée serait souverainement fausse et elle est loin de notre esprit, car ce serait nier le progrès qui ne cesse jamais. Il y a loin du motocycle actuel au premier tricycle à moteur de Dion de 1896. Tout se perfectionne sans cesse, s'améliore d'après l'indication de l'expérience, et se transforme suivant la loi inéluctable du temps.

Certes, le moteur à pétrole est bien loin de constituer l'idéal de l'amateur, du touriste ou du voyageur de commerce, lequel n'est pas forcé d'être mécanicien. Il est indispensable, si l'on tient à obtenir un service convenable de ce genre d'instruments de transport, de connaître, au moins sommairement, la théorie du fonctionnement de ces machines, et de posséder d'une façon plus complète le mode d'action, le but et la raison d'être de chaque organe de l'appareil, de façon à ne jamais être pris au dépourvu; il faut être capable de remédier à la *panne*, la fâcheuse, la terrible, l'ennuyeuse *panne*, qui peut brusquement survenir en pleine route, à des kilomètres de distance de tout endroit habité.

Il est donc utile au néophyte, aspirant chauffeur, comme au pratiquant de ce genre de machine, — que ce soit pour éclairer son choix dans l'achat d'un motocycle ou pour avoir un bréviaire, un résumé des conditions à observer afin d'obtenir le meilleur résultat possible d'un semblable véhicule, il est indispensable disons-nous, de ne pas perdre de vue certaines règles dictées par l'expérience et de les suivre en toutes circonstances.

Tout d'abord, nous rappellerons quel est le fonctionnement des moteurs à pétrole et de leurs organes complémentaires, le carburateur et l'allumeur, puis, après avoir donné la description des différents modèles en usage, nous nous occuperons de leur entretien journalier et des soins exigés par leur emploi.

En résumé, si nous mettons en parallèle les avantages et

les inconvénients respectifs du système particulier d'automobile qu'est le motocycle, nous verrons que, d'une part, il donne, avec une dépense bien inférieure à celle que nécessite la voiture la moins compliquée la même vitesse horaire pour une consommation beaucoup plus réduite. C'est par excellence le locomoteur des bourses moyennes et des voyageurs de commerce, surtout depuis que l'on a pu lui adjoindre un second siège, à l'avant ou à l'arrière, qui en fait un instrument de transport pour deux personnes, ou pour un cavalier et une caisse de marchandises ou de bagages; aussi ce système a-t-il été accueilli avec un extrême empressement par le public et peut-on évaluer à au moins trente mille en 1900 le nombre total de tricycles et quadricycles en circulation en Europe et dans les diverses parties du monde. La maison de Dion et Bouton a, pour sa part, fourni à elle seule les deux tiers de ces machines en l'espace de cinq ans.

Laissant de côté la partie sportive de la question, nous nous attacherons donc seulement, dans cet ouvrage, à étudier les détails techniques et pratiques relatifs au fonctionnement, à la conduite et à l'entretien des divers organes qui entrent dans la combinaison de cet instrument assez complexe qu'est le motocycle à pétrole.

CHAPITRE II

THÉORIE DU MOTEUR A EXPLOSION

Historique du moteur à explosion. — Théorie du fonctionnement. — Le cycle à quatre temps. — Combustibles employés : gaz d'éclairage, gaz pauvres, air carburé, pétrole lampant. — Distribution, commande des soupapes, organes de transmission, volants. — Allumage. — Refroidissement des parois par l'air et par l'eau. — Graissage.

On peut faire remonter la première idée du moteur à explosion à l'année 1678, où l'abbé Hautefeuille expérimenta un appareil fort rudimentaire se composant d'un corps de pompe contenant un piston sous lequel on faisait détoner quelques grains de poudre à canon. L'air dilaté par les gaz de la combustion était expulsé à travers un tuyau à soupape, et la pression atmosphérique s'exerçant sur la surface supérieure du piston qui avait été chassé à la partie supérieure du cylindre le forçait à redescendre : il en résultait donc un mouvement alternatif rectiligne que l'on pouvait, par des moyens appropriés, transformer en mouvement circulaire continu (fig. 1).

Dans un brevet en date de 1799, l'inventeur du gaz d'éclairage Philippe Lebon spécifiait l'application de ce gaz à la production de la force motrice. Le gaz provenant de la distillation du bois devait être mélangé d'air en proportion convenable puis comprimé par une pompe spéciale actionnée par la machine elle-même, et ce mélange enflammé par une étincelle électrique produite par un appareil électrostatique conduit par une transmission secondaire. Le mélange explosif d'air et de gaz remplaçait la poudre, et le brevet contenait en germe l'idée du moteur à gaz ou à pétrole actuel.

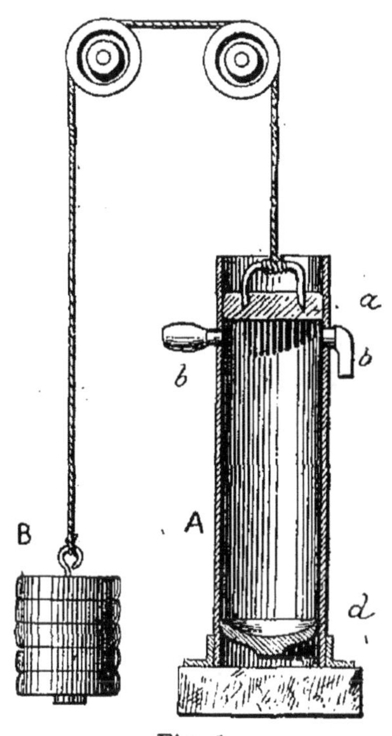

Fig. 1.

A corps de pompe. — B contrepoids. — *a* piston, *bb* évacuation des gaz, *d* godet à poudre.

De nombreux inventeurs, dans le courant du XIXe siècle, ont proposé dans leurs brevets ou démontré expérimentalement la valeur des idées de Philippe Lebon, mais, parmi les travaux les plus remarquables, il faut citer ceux de l'ingénieur Beau de Rochas qui, en 1862, indiqua nettement les principes sur lesquels devaient être basées les machines à explosion et fonda la théorie du cycle à quatre temps universellement mise en pratique depuis lors.

Pendant un siècle, de 1778 à 1860, l'idée du moteur à explosion demeura éclipsée par le succès universel de la machine à vapeur, et l'attention ne fut rappelée qu'à cette époque récente sur le premier système par suite de l'apparition de la machine à gaz de Lenoir, dont le fonctionnement était très régulier sinon économique.

En ce qui concerne la *forme* même du cycle sur lequel est basé le moteur à explosion, il paraît difficile d'imaginer quelque chose de réellement nouveau, tant sont nombreux et variés les modèles actuellement dans le commerce. Toutes les combinaisons possibles paraissent avoir été épuisées; leur nombre n'est d'ailleurs pas illimité, et à tout instant on rencontre dans des types différents des organes ou des dispositions empruntées à d'anciens systèmes, ou qui avaient été décrites dans les premiers brevets des créateurs du moteur à gaz. Bien des constructeurs ont reproduit, souvent sans y rien changer, même dans les détails, des dispositifs déjà indiqués par Lebon, Barnett, le Dr Otto, ce qui démontre bien que les inventeurs tournent maintenant dans un cercle fermé et sont obligés de marcher dans les traces de leurs devanciers sans pouvoir innover quoi que ce soit. A part quelques insignifiantes modifications de détail, tous les moteurs à gaz modernes se ressemblent et leur classification s'en trouve être ainsi beaucoup facilitée. Pour nous, et afin de diversifier du premier coup les divers systèmes de moteurs actuels, nous les considérerons d'abord suivant la nature du mélange gazeux dont l'explosion détermine l'action motrice.

1° Moteurs à gaz de ville (gaz hydrogène bicarboné ordinaire).

2° Moteurs à gaz pauvres (gaz de gazogènes, etc.).

3° Moteurs à air carburé (chargé de vapeurs de pétrole).

4° Moteurs à pétrole lampant (gazéifié et vaporisé par un jet d'air).

Si nous voulons maintenant classer les moteurs à gaz d'après leur mode de fonctionnement et quelle que soit la nature du mélange les alimentant, nous pourrons les différencier comme suit :

1° Moteurs à gaz à explosion sans compression.

2° Moteurs à gaz à explosion avec compression préalable du mélange.

3° Moteurs à gaz à combustion avec compression.

4° Moteurs à gaz atmosphériques et mixtes.

En ce qui concerne les applications à la traction, nous reconnaîtrons immédiatement que l'on fait seulement usage des moteurs de la deuxième catégorie, c'est-à-dire à explosion avec compression préalable du mélange gazeux. Quant à la nature de ce mélange, il n'est autre que l'air carburé par son passage au travers d'une masse d'hydrocarbure liquide, ordinairement de l'essence légère de pétrole. En conséquence, nous ne nous occuperons donc ici que de cette catégorie de moteurs, les autres ne nous intéressant pas pour les applications étudiées dans cet ouvrage.

Donc les moteurs de motocycles à essence de pétrole fonctionnent tous d'après le cycle dit *à quatre temps*. C'est-à-dire que quatre opérations se succèdent, toujours dans le même ordre, pendant le mouvement de va-et-vient du piston dans le cylindre. Pendant le premier temps du cycle, la première course du piston d'arrière en avant, le moteur agit comme ferait une pompe, et *aspire* une certaine quantité d'air qui se charge de vapeurs combustibles en traversant de l'essence de pétrole, de densité inférieure à 700, essence contenue dans un récipient appelé *carburateur*. Pendant le second temps, le piston revenant en arrière, à son point de départ, comprime (la soupape d'aspiration ou d'admission étant automatiquement fermée) le mélange d'air et d'hydrocarbure gazeux, dans un emplacement particulier, situé au fond du cylindre, et appelé *chambre de compression*. Cette compression achevée, le mélange est enflammé par un procédé quelconque, dont nous verrons plus loin les variantes; une explosion se produit et lance à l'extrémité du cylindre le piston qui effectue ainsi une troisième course (deuxième course avant). Enfin, durant le dernier temps, le piston revenant en arrière, la soupape d'échappement se trouve ouverte et les résidus des gaz brûlés sont expulsés au dehors. En résumé les phases du cycle sont donc les suivantes :

Première course directe : aspiration du mélange ;
— rétrograde : compression ;
Deuxième course directe : explosion et détente ;
— rétrograde : expulsion des gaz brûlés.

Sur quatre courses du piston, il n'y en a donc qu'une seule où se produise un effet utile, une impulsion motrice, et c'est pourquoi on a été obligé d'intercaler, sur l'arbre de couche auquel est transmis l'effort du piston, des volants ayant pour effet par leur inertie d'accumuler le mouvement et de l'entretenir pendant un tour et demi, l'action efficace ne s'opérant que pendant un demi-tour sur deux tours. Les soupapes d'admission et d'échappement sont commandées, comme le montre la fig. 2, par des tiges et des cames, ces dernières faisant un tour pour deux tours de l'arbre moteur auquel elles sont reliées par des engrenages.

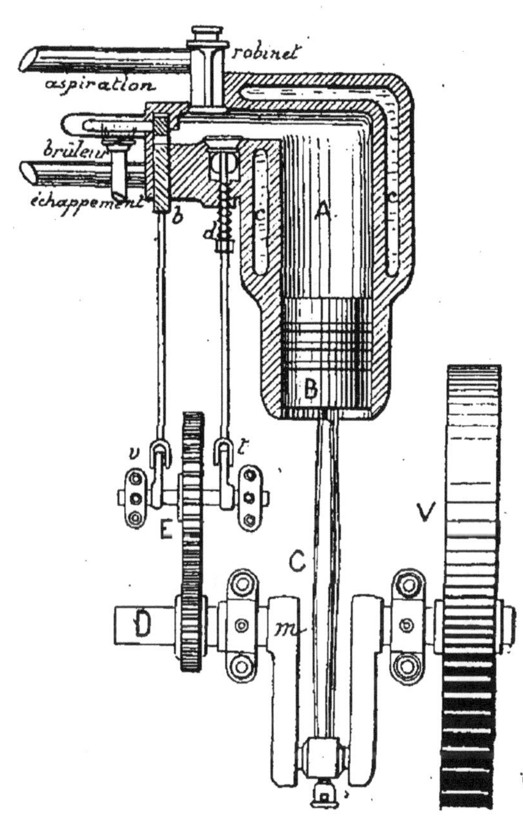

Fig. 2. — Schéma d'un moteur à gaz tonnant.

Le point principal sur lequel s'est surtout portée l'attention des ingénieurs réside dans la meilleure utilisation possible de la chaleur développée par la combustion du mélange explosif, d'où résulte un rendement élevé et un fonctionnement économique. Les recherches des savants : Sadi-Carnot, Meyer, Joule, Regnault, sur l'équivalence mécanique de la chaleur, ont montré que le rapport entre l'unité de chaleur (calorie) et l'unité de travail mécanique (kilogrammètre) est comme 1 à 424. Il suffirait donc de consommer 1 calorie pour recueillir 424 kilogrammètres. Mais la transformation de la chaleur en travail ne s'effectue pas sans une perte énorme et hors de toute proportion; ainsi 1 gramme de pétrole produit en brûlant 11 calories, ce qui correspond théoriquement à 4700 kilogrammètres environ. Or, dans les meilleurs types de moteurs actuels, on recueille à peine 800 kilogrammètres, soit une perte de 80 pour 100 dans la transformation de l'énergie calorifique en énergie de mouvement!

Le rendement d'un moteur consiste donc dans le rapport de la chaleur transformée en travail mécanique à la chaleur totale produite. Une partie de ce travail est utilisée pour la commande des appareils à actionner, mais une autre partie est absorbée par le moteur lui-même pour vaincre les résistances passives dues aux frottements des divers organes en mouvement : distribution, transmission, etc.

On désigne sous le nom de *rendement organique* le rapport du travail recueilli sur l'arbre de couche au travail théoriquement disponible. L'absorption due aux résistances intérieures est sensiblement la même dans les moteurs similaires et ne dépend que des soins apportés à la construction et à l'ajustage des pièces. C'est donc seulement le rendement calorimétrique qui est susceptible d'être augmenté et on y parvient en créant, au moment de l'explosion du mélange, une compression relativement forte puisqu'on peut la porter jusqu'à 6 kilogr. par centimètre carré sur ce mélange.

Distribution. — De même que dans les machines à vapeur, la distribution peut s'opérer, dans les moteurs à pétrole, par tiroirs ou soupapes, mais ce sont ces dernières que l'on emploie plus généralement parce qu'elles donnent toute facilité pour obtenir une étanchéité complète.

Le problème de la distribution est du reste très simple au point de vue cinématique. Il n'est pas besoin, comme dans une distribution de vapeur, de recourir au diagramme de Zeuner pour assurer le degré de détente voulu et les avances convenables à l'admission et à l'émission. Le problème se réduit simplement à ouvrir, en un point déterminé de la course du piston, la soupape d'admission du mélange gazeux, en lui permettant de retomber sur son siège au moment où l'explosion va se produire. Une autre soupape qui sert à l'échappement des gaz brûlés doit s'ouvrir pendant toute la durée de la course rétrograde.

Ces deux opérations sont caractéristiques d'un moteur à deux temps avec compression dans un cylindre spécial. Dans un moteur à quatre temps, elles ne doivent avoir lieu qu'une fois tous les deux tours au lieu de se succéder à chaque tour. Il est donc nécessaire que le mécanisme commandant le mouvement de ces soupapes soit monté sur un arbre intermédiaire faisant un tour pour deux de l'arbre moteur.

Le fonctionnement d'un moteur du cycle à quatre temps se conçoit facilement. Les soupapes d'admission d'échappement sont commandées par deux cames convenablement disposées sur une transmission intermédiaire, mais il serait possible de ne faire usage que d'une seule came commandant les mouvements de la soupape d'échappement. L'autre soupape fonctionne d'elle-même; lorsque le piston a refoulé les gaz brûlés, l'effort d'aspiration qu'il produit en s'éloignant du fond du cylindre est assez considérable pour vaincre la tension du ressort maintenant la soupape sur son siège et aspirer la cylindrée suivante.

Durant la course rétrograde, la soupape d'admission se ferme d'elle-même et les gaz sont comprimés jusqu'au moment où l'explosion se produit. Toutefois cette règle subit quelques exceptions, et, dans certains types de moteurs à gaz fixes, les soupapes sont commandées mécaniquement par excentrique, levier-manivelle, etc.

L'étude des conditions de fonctionnement de ces soupapes et organes de distribution doit être l'objet d'une minutieuse attention de la part du constructeur, surtout quand il s'agit de moteurs destinés à actionner des tricycles et tournant à 2400 tours par minute. C'est-à-dire qu'en une seconde, le piston effectue 80 courses aller et retour, et qu'il se produit 20 allumages et 20 échappements, chacune de ces opérations devant s'opérer en 1/80° de seconde !

D'après ce qui précède, on voit que le moteur à explosion, bien que d'un fonctionnement en réalité simple et facile à saisir, diffère cependant totalement du principe d'après lequel s'opère la marche de la machine à vapeur. L'inconvénient capital que l'on peut lui reprocher, et que ne présente pas la vapeur, c'est qu'il doit préparer à chaque cylindrée le volume de gaz convenablement dosé qu'il va comburer; il ne possède aucune réserve d'énergie immédiatement utilisable pour répondre aux variations de l'effort extérieur qui peut lui être demandé. Il en résulte donc que le moteur à gaz ou à pétrole est incapable de dépasser, même pendant un court instant, la force normale qu'il fournit ; il ne peut pas donner de *coups de collier* momentanés, et, quelle que soit sa vitesse de rotation, le travail disponible sur l'arbre ne peut être augmenté, ce qui oblige dans les automobiles à interposer, entre cet arbre et l'essieu des roues, une transmission permettant de faire varier la vitesse de celles-ci suivant le profil de la route, mais qui absorbe encore en pure perte une partie de l'énergie développée. En plus de ce défaut de souplesse, on peut encore reprocher au moteur à explosion son action irrégulière et s'opérant par à-coups brusques donnant naissance à des ébranlements, à des trépidations impossibles à annuler complètement, malgré l'emploi de supports élastiques et insonores.

L'insuffisante utilisation des calories dépensées cause un échauffement considérable du métal dont sont composés le cylindre, le piston et les organes de distribution, et c'est encore là un sérieux inconvénient de ce genre de moteur. On est forcément limité dans cette utilisation par l'impossibilité où l'on se trouve d'opérer le graissage du piston dans son cylindre. La température des gaz, au moment de l'explosion, peut atteindre, en effet, 1600 degrés centigrades, et déjà à 400 degrés la tôle est portée au rouge sombre et, à son contact, les lubrifiants se décomposent et perdent leurs propriétés. Dans un milieu à 300 degrés, les huiles minérales s'oxydent et se transforment en un cambouis épais se solidifiant peu à peu. C'est donc par suite de la difficulté de lubrifier les surfaces frottantes que le rendement des moteurs à explosion est actuellement limité, et ce rendement ne pourra être augmenté que lorsqu'on aura découvert une substance lubrifiante insensible à des températures de plus de 300 degrés. Jusque-là, on sera obligé de refroidir les parois du cylindre et de perdre ainsi volontairement une partie du calorique développé à grands frais. C'est dire quels perfectionnements peuvent encore être ultérieurement apportés au moteur à explosion dont le cycle est ainsi imparfaitement réalisé.

Donc, cette nécessité de la perte de calorique étant admise pour assurer le graissage, quels sont les meilleurs procédés à mettre en usage pour enlever aux parois du cylindre cet excès de chaleur, nuisible en pratique ? Examinons tout d'abord comment s'opère la transmission de la chaleur d'un fluide, tel que le gaz, à un autre fluide, comme l'air à travers une paroi. Cette transmission peut s'opérer suivant trois modes différents : par convection, par conductibilité et par radiation. Dans la *convection,* les échanges de chaleur se font par un mouvement de molécules qui se déplacent le long de la paroi ; cette transmission peut s'effectuer par l'échauffement de cette paroi ou du fluide, et elle s'opère toujours du corps dont la température est plus élevée au corps dont la température est la plus faible. On voit ainsi que, pour tout échange de calories entre deux points, il est nécessaire que chacun de ces points soit à une température différente. Dans le cas considéré d'un cylin dre de moteur, la convection se fera des gaz intérieurs à la paroi et de la paroi extérieure à l'air.

La *radiation* est la transmission de chaleur à distance sans déplacement des molécules ; ainsi le soleil nous envoie constamment la chaleur par radiation, également un foyer de coke, ou un bec de gaz.

La *convection* est proportionnelle à la racine carrée de la vitesse du fluide qui lèche la paroi ; dans l'intérieur du cylindre il n'est pas question de vitesse, mais, à l'extérieur, un cylindre à ailettes sera refroidi d'autant plus vite que la vitesse de l'air frottant les parois sera plus grande ; ainsi un moteur se refroidit d'autant plus vite que la voiture qu'il conduit a plus grande vitesse. La *surface* d'expansion aussi intervient ; plus cette dernière est grande, plus la convection est facile ; c'est ce qui a fait songer à l'emploi des ailettes pour les moteurs de faible puissance ; la surface du contact avec l'air est plus grande, mais la position de ces ailettes n'est pas indifférente : il les faut placées de façon que la vitesse de translation de l'air soit la plus grande possible, sans tourbillons ni arrêts, ni ralentissements ; leur direction longitudinale sera donc parallèle à la ligne de course du véhicule.

La radiation dépend également de la nature de la surface ; une surface polie, brillante ne rayonne pas. Ainsi s'explique la raison pratique des cafetières en métal brillant ; la surface noire, mate est la plus apte à la radiation, aussi les moteurs présenteront-ils une surface d'ailettes noircie, brute de fonderie. On a essayé de garnir électrolytiquement les ailettes de cuivre sans aucun avantage, car la radiation est diminuée.

Enfin la chaleur se transmet dans les solides par *conductibilité*; les métaux peuvent être rangés par ordre de conductibilité, en commençant par les plus conducteurs : l'argent, le cuivre, le laiton, le plomb, le zinc, l'étain, le fer. Le cuivre est sept fois plus conducteur que la fonte, ainsi s'expliquent les essais qui ont été faits d'ailettes en cuivre comme refroidisseurs ; mais en même temps entre la fonte et le cuivre se crée une résistance au passage de la chaleur, et en outre la radiation est moins favorisée extérieurement. On ne peut gagner ainsi qu'en conductibilité qui est le facteur le plus faible de l'expansion de la chaleur.

En résumé, les calories contenues dans les gaz de l'explosion suivent pour sortir du cylindre le chemin que nous allons indiquer. Nous ne comptons pas évidemment la grande partie qui se transforme en travail mécanique et celle qui s'échappe dans l'atmosphère dans les gaz d'échappement.

En premier lieu, à l'intérieur du cylindre, convection et radiation sur la paroi.

En deuxième lieu, à l'intérieur du cylindre, convection et radiation des gaz dans la paroi du cylindre par conductibilité dans le métal.

En troisième lieu, hors du cylindre, convection et radiation de la paroi à un fluide.

Le fluide extérieur peut être, dans la pratique, soit l'air, soit un liquide, généralement de l'eau ; ce liquide a un coefficient de convection d'autant plus grand qu'il est plus dense. La saillie des nervures dépend du fluide qui les baigne ; elle sera d'autant plus grande que le fluide donne lieu à une plus faible convection, dans l'air elle sera plus grande que dans l'eau. Les dimensions de ces ailettes seront déterminées aussi par la puissance du moteur, et il y aura intérêt à maintenir au moteur la température la plus élevée qu'il puisse supporter sans qu'elle soit nuisible au graissage et à l'état du métal ; le rendement thermique du moteur sera ainsi augmenté, et les calories emportées en pure perte par le fluide refroidisseur seront en proportion plus restreinte ; il est regrettable de songer que le moteur à pétrole ne peut approcher du rendement thermique de 60 0/0 à cause de l'imperfection du métal et de la graisse soumis à l'influence de la chaleur, mais il est permis d'espérer que la métallurgie nous fournira de plus en plus un métal moins sensible aux variations de température, et nous souhaitons aussi qu'un lubrifiant soit bientôt trouvé qui reste insensible à une température de 300°.

En attendant, et pour ce qui concerne particulièrement les moteurs de motocycles, auxquels nous revenons, nous verrons que c'est à l'air ambiant seul qui fouette les parois du cylindre pendant la marche rapide du véhicule, que l'on a demandé d'enlever les calories surabondantes. On a donc augmenté considérablement les surfaces de contact en munissant le cylindre et la boîte de soupapes d'ailettes faisant corps avec ces parties ou rapportées à la presse hydraulique (comme dans les modèles le *Papillon* et l'*Aster*, à ailettes ondulées et plissées en cuivre rouge).

Certains inventeurs, M. Buchet par exemple, ont modifié la disposition de la culasse. Ce dernier prétend qu'il est par-

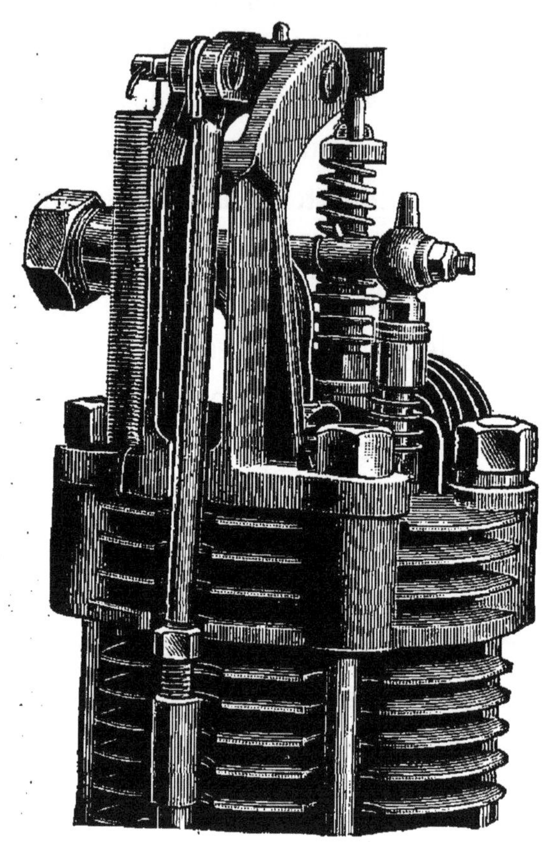

Fig. 3. — Culasse Buchet.

venu à augmenter la puissance disponible de 30 p. 100. Comme le montre la fig. 3, au lieu de placer les soupapes de distribution et la bougie d'allumage dans une chambre à côté du cylindre et communiquant avec lui par un conduit, M. Buchet a logé ces pièces dans le fond même du cylindre, et la soupape d'échappement est commandée par un levier *l* qui assure son ouverture au moment voulu. Toutefois, rien n'est changé dans le volume de la chambre d'explosion, si bien que la compres-

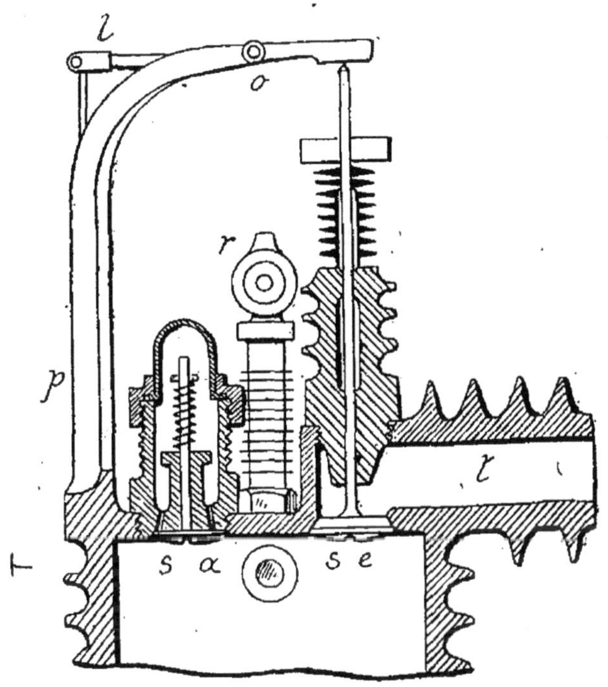

Fig. 4. — Culasse Buchet (coupe).

sion reste la même. On ne voit donc pas bien quels peuvent être les avantages de cette disposition, car l'étincelle d'allumage se produit au sein d'un mélange contenant un tiers de gaz brûlés dont l'inflammation est bien plus difficile. La chambre séparée est supprimée il est vrai et toute perte de charge à l'admission est évitée, mais cet unique avantage permet-il, comme l'affirme le constructeur, d'augmenter d'un tiers la puissance des moteurs auxquels ce système de culasse est appliqué ? Cela semble moins que probable et en tout cas fort exagéré.

Tous les moyens ont été employés pour combattre l'échauffement excessif des cylindres ; citons, parmi les plus ingénieuses idées, celle de M. Méran, qui munit les ailettes de la culasse d'un noyau interne en alliage fusible de Darcet, lequel présente l'avantage, en fondant, de porter au maximum le degré de conductibilité du métal et d'égaliser la température de toutes les parties métalliques du moteur. La dissémination dans l'air ambiant du superflu du calorique produit est donc opérée au mieux et l'appareil ne « chauffe » pas autant lorsqu'on lui demande le maximum de rendement, ce qui assure un fonctionnement régulier et continu et facilite le graissage dans une large mesure.

CHAPITRE III

LES MOTEURS DE MOTOCYCLES

Description des moteurs de Dion-Bouton de 1 cheval 1/4, 1 cheval 3/4, 2 chevaux 1/4. — Moteurs le « Sphinx », « l'Aster », le « Papillon ». — Moteurs Gaillardet, Romain, de la S[té] la Minerve, etc. — Fonctionnement. — Comparaisons.

Moteur de Dion et Bouton. — Le type de moteur de cette maison, connu sous la désignation de « 1 cheval 3/4, modèle 1899 » diffère du précédent (1 cheval 1/4) par des détails de construction ; l'alésage du cylindre est le même, et c'est surtout par la disposition de la boîte à soupapes, laquelle est recouverte par une cloche dite *cloche de tubulure d'admission,* qu'il s'en différencie.

La cloche de la tubulure d'admission a pour raison d'être à la fois l'accès rapide des soupapes et le refroidissement de la tubulure d'aspiration.

Pour atteindre les soupapes, dans l'ancien dispositif de 1 cheval 1/4, il suffisait d'enlever les bouchons à vis situés sur la culasse. Une seule clef spéciale était nécessaire. Dans le modèle suivant, de 1 cheval 3/4 type 98, l'opération était un peu plus longue. En effet, pour découvrir par exemple la soupape d'échappement, il fallait desserrer de quelques tours l'écrou réunissant le tube d'admission au carburateur, dévisser l'écrou qui réunissait ce même tube au siège de la soupape d'aspiration par l'intermédiaire encore d'un autre écrou à chapeau ; dévisser l'ensemble de la soupape d'aspiration et de son siège dont les bords extérieurs filetés le réunissaient à la paroi supérieure de la boîte des soupapes ; opération un peu minutieuse qui découvrait enfin la soupape d'échappement.

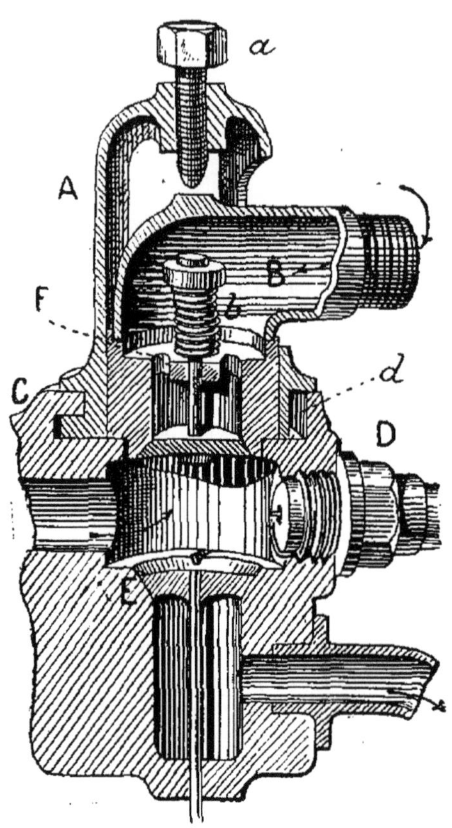

Fig. 5. — Coupe de la boîte à soupapes de Dion et Bouton.

A cloche. — B pipe. — C Griffe. — D bougie. — E soupape d'échappement. — *a* écrou, *b* soupape d'admission.

De même, pour visiter les tiges de la soupape d'aspiration et le ressort à boudin, il était encore nécessaire de dévisser l'écrou à chapeau. Le travail n'était pas évidemment considérable, mais il y avait certainement intérêt pour un constructeur avisé de l'épargner désormais le plus possible à ses clients.

La fig. 5 montre une coupe de cette boîte de soupapes et de la cloche de tubulure d'admission. De même que dans le modèle de 1 cheval 1/4, la soupape d'échappement est au fond de la boîte, et la soupape d'admission au-dessus ; la bougie, entre les pointes de laquelle jaillit l'étincelle, est située entre les deux soupapes. La soupape d'admission avec son siège n'est plus vissée dans la paroi de la culasse ; elle est posée au-dessus du trou d'admission sur une portée plane ; une petite rondelle d'amiante est interposée entre cette portée et le siège de la soupape.

Cet ensemble est recouvert par un tube recourbé, rappelant la forme d'une pipe avec son fourneau, et que coiffe à son tour une cloche, percée de trois ouvertures verticales. La partie inférieure de cette cloche pénètre dans un logement qui lui est ménagé dans la culasse ; il suffit de la faire tourner d'un sixième de tour pour que, par un emmanchement à baïonnette, elle se trouve solidement fixée. C'est cette pièce qui maintient et consolide l'ensemble décrit ci-dessus, et l'étanchéité de cet assemblage est assuré par des joints d'amiante, maintenus simplement par la pression de la cloche.

Un autre avantage de la cloche est d'améliorer le refroidissement de la soupape d'admission et de la tubulure d'admission des gaz. A chaque aspiration il se produit une admission de gaz d'un poids un peu plus grand, puisqu'il est plus froid. Le moteur a, de ce fait, sa puissance augmentée de quelques kilogrammètres par seconde. Cette amélioration dans le refroidissement est obtenue, on le voit, tant par le rayonnement de la surface relativement grande de la cloche, que par le courant d'air qui passe par ses évidements, et par l'isolement relatif de la soupape vis-à-vis de la culasse à l'aide des joints.

Le poids du volant a quelque peu été augmenté dans ce nouveau modèle. L'axe du moteur a été très légèrement diminué pour permettre le clavetage de pignons de 11 dents seulement, à volonté. Si on ajoute que, d'autre part, la distance entre le pont du tricycle et l'axe des roues motrices permet de placer une couronne dentée sensiblement plus grande qu'autrefois, on comprendra que les moteurs actuels de Dion et Bouton possèdent une très réelle supériorité sur les premiers modèles créés par cette maison.

En 1899, sur la demande de nombreux amateurs, les ateliers de Puteaux ont construit de nouveaux types dits de 2 chevaux 1/4 et de 2 chevaux 3/4, qui diffèrent seulement du modèle que nous venons de décrire par le plus grand diamètre donné au cylindre. Appliqués à des tricycles avec remorque ou à des quadricyles, ces moteurs, développant une plus grande puissance, assurent une marche à allure vive sur les routes plates, mais leurs avantages disparaissent sur les côtes dures ou très longues, car ils s'échauffent considérablement, beaucoup plus, en proportion, que les moteurs de 1 cheval 3/4, qui nous apparaissent, à notre avis, constituer la limite de force que l'on puisse concéder à des appareils simplement refroidis par l'air ambiant.

Moteur Gaillardet. Le moteur Gaillardet que représentent

nos fig. 6 et 7, est remarquable par les précautions prises par

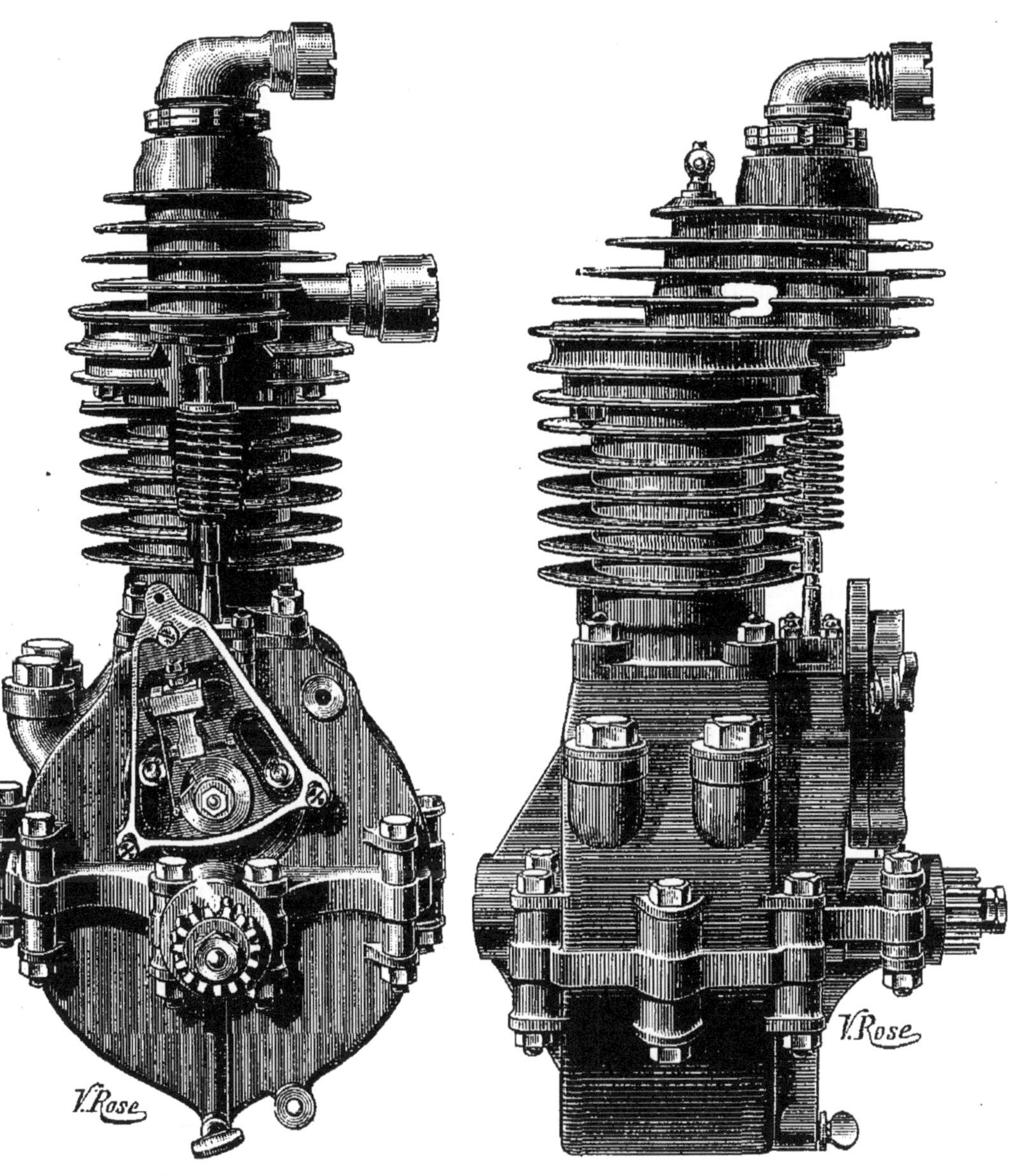

(face) Fig. 6 et 7. — Moteur Gaillardet. (profil)

son constructeur pour assurer le refroidissement du piston

et surtout de la culasse et de la boîte de soupapes. Les ailettes, au nombre de 16, vont en s'élargissant depuis le bas du cylindre jusqu'à la culasse où elles offrent le maximum de surface. La commande et la distribution se font comme dans le Dion-Bouton. La force maximum développée peut atteindre 3 chevaux, ce qui paraît bien un peu exagéré. Le refroidissement s'effectue assez bien, à la condition que le motocycle pourvu de ce système circule à vive allure.

Moteur « Cyclone ». C'est une machine à deux cylindres accolés sur un carter en forme de tambour. La fig. 8 montre une coupe transversale par l'un des cylindres. La bougie est placée comme dans le modèle précédent, mais les soupapes sont disposées dans une chambre spéciale sur le côté du cylindre et commandées par les moyens ordinaires. Le « cyclone » appliqué à des voiturettes légères a fourni, à ce que l'on prétend, des résultats satisfaisants. Nous craignons cependant qu'un échauffement rapide ne se produise par cette disposition et que le même défaut du manque de force sur les côtes puisse être reproché à ce moteur.

Moteurs Sphinx. Ce système, s'il était convenablement construit, serait capable de fournir d'assez bons résultats, car une expérience de plusieurs années a montré à ses constructeurs que l'on pouvait lui demander un effort prolongé et soutenu. La forme générale rappelle celle du type de Dion, mais on y trouve de nombreux perfectionnements de détail. Ce moteur, dont le poids est de 27 kilogrammes (fig. 9), développe normalement 100 kilogrammètres à l'allure de 1.200 tours par minute, mais il peut en produire 140 en portant la vitesse à 1.800 tours. La culasse et la boîte de soupapes sont, de même que le cylindre, refroidies par des ailettes, et l'on y trouve la bougie d'allumage et le robinet de com-

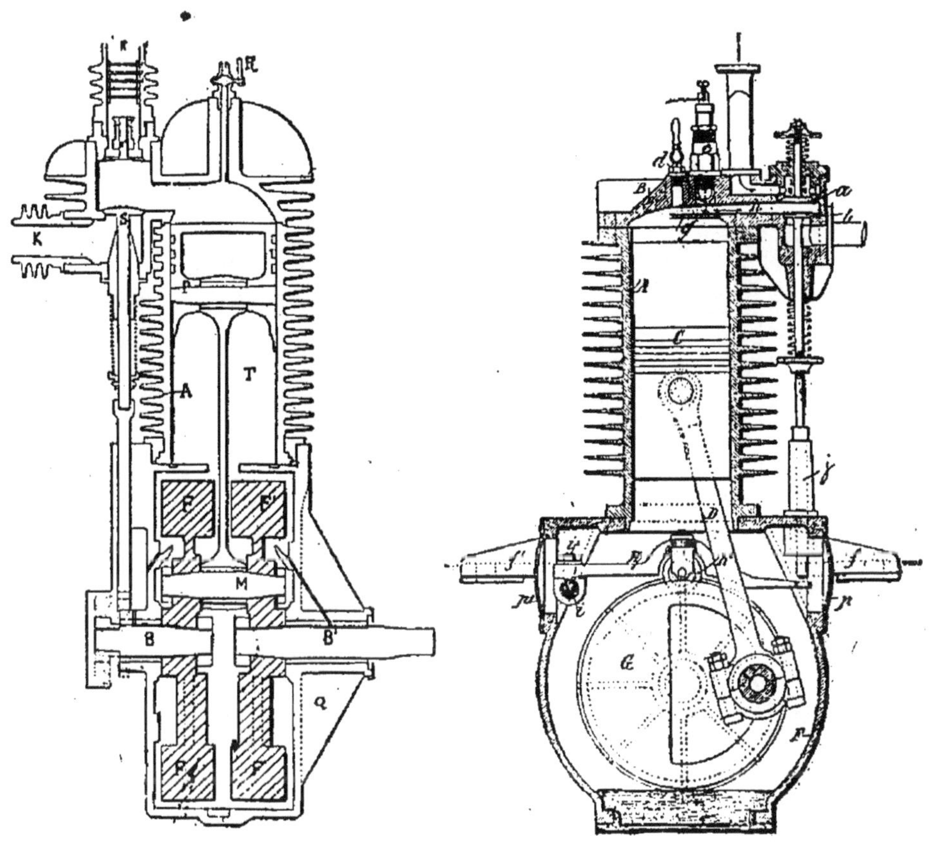

Fg. 8. — Moteur Cyclone (coupe).

Fig. 9. — Moteur Sphinx (coupe).

pression indispensables. Le cylindre a 73^{mm} d'alésage, le piston 70^{mm} de course, l'allumage est électrique, par étincelle de rupture. La société du *Sphinx* a construit également un moteur double, à deux cylindres du même type, disposés radialement autour du tambour du carter, suivant un angle de 15 degrés environ. Ce moteur peut donner jusqu'à 4 chevaux : il est donc tout indiqué pour les voiturettes légères. Les tiges des pistons sont articulées sur un même

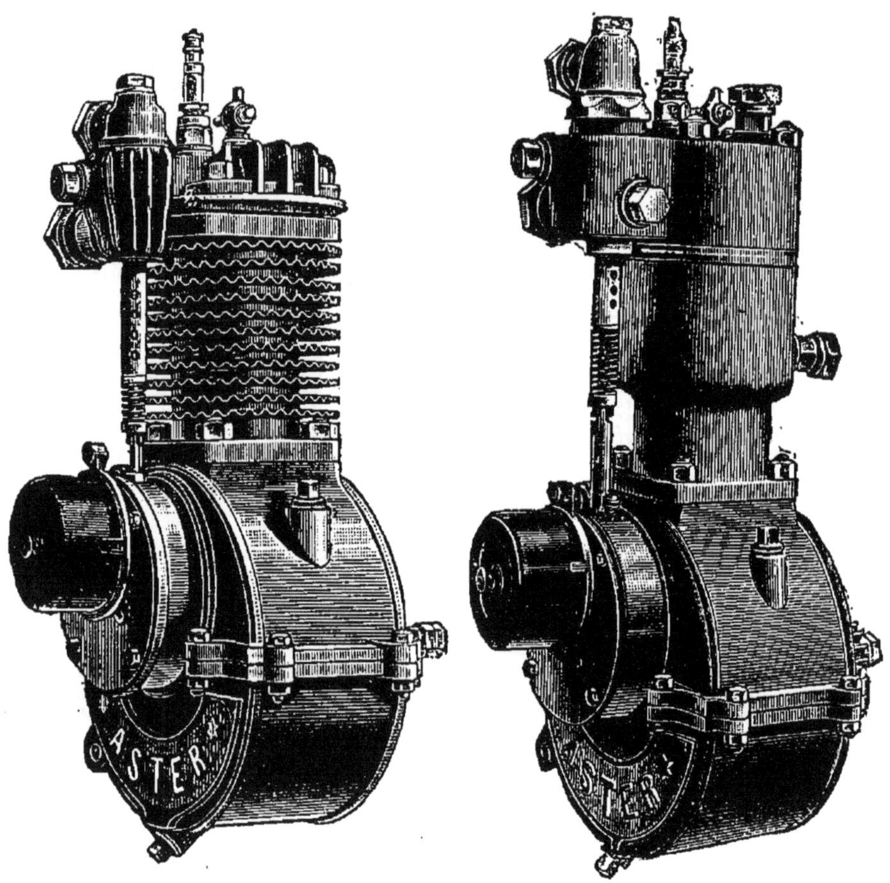

Fig. 10. — Moteur Aster à ailettes.

Fig. 11. — Moteur à refroidissement d'eau.

coude de l'arbre à vilebrequin ; on peut faire travailler les cylindres soit séparément, soit ensemble, à la volonté, suivant le travail à développer. Un seul cylindre suffit la plupart du temps, et le second n'est utilisé qu'au cas d'un coup de collier à donner ; la puissance se trouve ainsi momentanément doublée et juste au moment voulu. C'est une solution fort ingénieuse du problème de la variation de l'effort, suivant l'état et le profil de la route suivie par le véhicule.

Moteur « l'Aster ». — Ce modèle, construit par une Société anonyme de Saint-Denis, est caractérisé par une enveloppe extérieure ou *chemise* en cuivre plissé, formée de deux parties emmanchées à froid à la presse hydraulique, et dont le pouvoir de diffusion est supérieur à celui des ailettes venues de fonte avec le cylindre même. Ce dispositif donne, d'après les constructeurs, six fois plus de refroidissement qu'avec le procédé ordinaire.

Le type à cylindre unique (fig. 11), peut développer 2 chevaux environ, et celui à deux cylindres accolés, 4 chevaux. La réfrigération des soupapes et de la culasse est opérée par quatorze ailettes. Les bielles sont articulées sur un arbre entre deux volants, et le tout est enfermé dans un carter hermétique contenant les engrenages de commande des tiges de soupapes. L'allumage est électrique par bougie, et l'ensemble est très robuste. Placé sur un tricycle, l'*Aster* à cylindre unique, type appliqué aux motocycles, a fourni les meilleurs résultats.

Moteur Automoto. — Ce modèle, représenté par la fig. 12, dérive du système de Dion-Bouton, type de ce genre d'appareils. Nous y retrouvons le même fonctionnement suivant le cycle à quatre temps et les mêmes organes essentiels pour la distribution et la transmission, c'est-à-dire une boîte à soupapes refroidie par de larges ailettes venues de fonte, une chambre de compression recevant la bougie d'allumage, et un dispositif d'inflammation du mélange

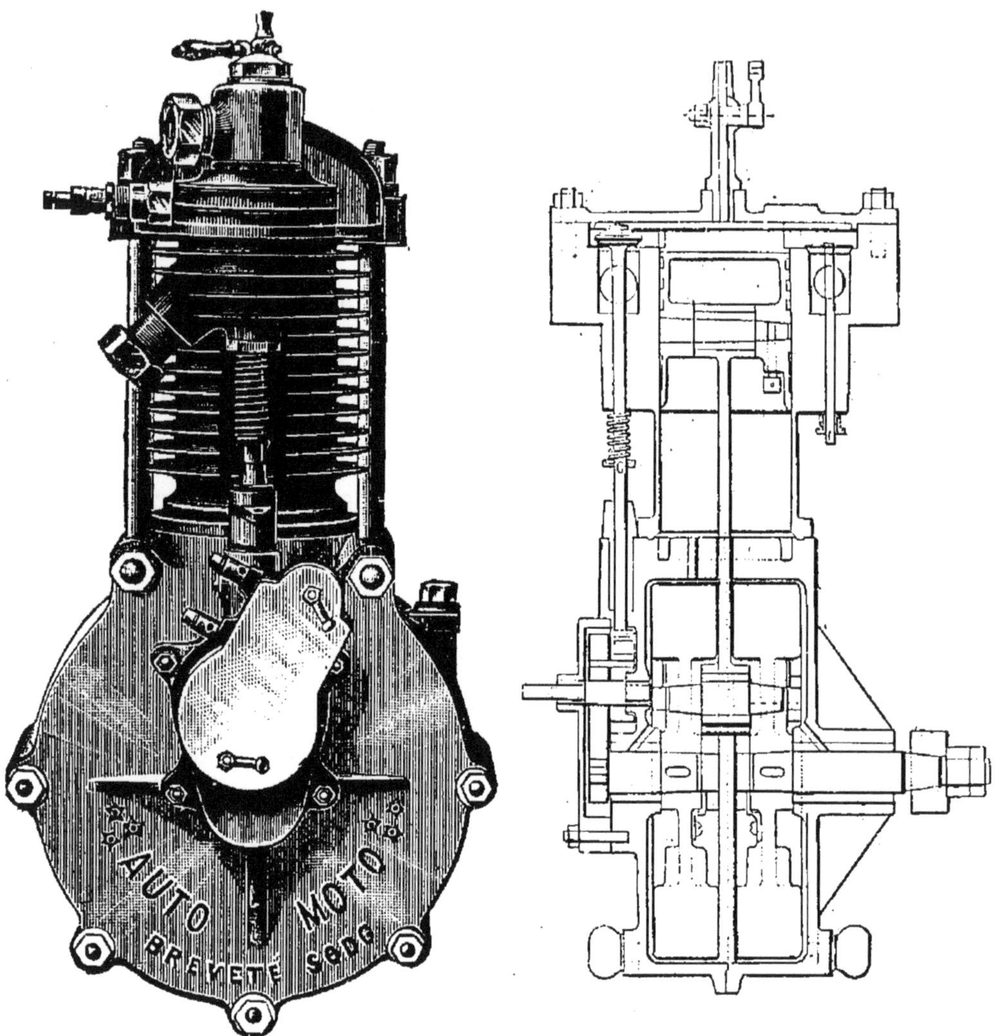

Fig. 12. — Moteur Automoto. Fig. 13. — Moteur Romain.

tonnant à peu près analogue. La culasse est réunie au cylindre par un joint d'amiante, et ce dernier au carter par des tringles et des écrous. Ce moteur a été appliqué à des tricycles construits par MM. Chavanet, Gros et Cie, et il a donné des résultats satisfaisants.

Moteur Romain. — Ce moteur, dont la coupe fig. 13 montre la disposition interne, ne possède, comme le précédent, aucune particularité permettant de le différencier du Dion-Bouton dont il procède. Il est construit par la maison Delaugère d'Orléans et utilisé pour la mise en marche des tris et quadricycles automobiles. Les personnes qui ont pu essayer de ce système assurent que ce modèle ne s'échauffe pas d'une façon exagérée à la montée des côtes, mais ce résultat doit être dû au peu de puissance développée, qui ne doit pas dépasser beaucoup une centaine de kilogrammètres.

Moteur Soncin. — Ce système est construit par la Société E. Ouzou, qui est également concessionnaire du « Cyclone » décrit plus haut. Le Soncin compte à son actif les plus remarquables performances qui aient été exécutées dans ces derniers temps par l'un de nos modernes rois du motocycle : nous avons désigné Béconnais qui, sur un tricycle pourvu de ce moteur a pu, entre autres, franchir le kilomètre en 38 secondes à Nice, soit à une allure de 90 kilomètres à l'heure.

Le Soncin est caractérisé par une série de lumières percées dans la paroi même du cylindre, et recouvertes par un anneau plein, portant des fenêtres correspondantes. En faisant tourner cet anneau d'une certaine quantité autour du cylindre, on démasque plus ou moins les lumières, et l'échappement, au lieu de se faire par le silencieux, s'opère directement lorsque le piston a dépassé le niveau de ces ouvertures. Il en résulte un bruit effroyable de mitrailleuse emballée, mais l'échauffement des parois est victorieusement combattu, et le moteur ne faiblit pas, au moment de donner un effort, par exemple sur une côte. Les résultats sont là pour montrer les avantages de ce dispositif, mais en revanche nous nous demandons comment peut se comporter le piston à l'intérieur du cylindre après quelques heures de marche au milieu d'un tourbillon de poussière ? Celle-ci pénètre dans le moteur par les lumières ouvertes et doit faire l'effet d'un émeri de qualité tout à fait supérieure.

Moteurs doubles. — Dans le but d'augmenter la puissance spécifique du moteur à pétrole sans accroître dans les mêmes proportions le poids du mécanisme, beaucoup de constructeurs ont eu l'idée d'associer plusieurs cylindres montés sur un carter commun. Citons les moteurs horizontaux de la Compagnie Henriod (aujourd'hui disparue), de Decauville et bien d'autres encore.

Pour les motocycles, nous citerons, parmi les modèles à deux cylindres qui ont montré quelques avantages, le *Sphinx,* le *Papillon,* l'*Aster,* enfin le moteur Bourdiaux très remarqué au Salon du Cycle de 1899 et le moteur de course de Buchet, employé par les coureurs Marcellin et Baras.

Le poids des moteurs doubles est d'environ 40 kilogrammes ; leur force peut atteindre 5 chevaux dans de bonnes conditions de refroidissement des parois. On conçoit qu'il faut des bâtis de tricycles extrêmement renforcés et solides pour résister à l'effort de traction et de trépidation d'une pareille machine. A notre avis, ces puissances exagérées se comprennent seulement pour les véhicules de course, destinés à gravir à vive allure les rampes les plus prononcées et à circuler à 80 kilomètres à l'heure sur les routes en palier. Le touriste, le promeneur, le voyageur de commerce n'ont rien à faire avec ces machines par trop robustes et rapides, et d'ailleurs nous craignons fort qu'il n'arrive fréquemment, par suite d'allumage défectueux, carburation insuffisante, etc., qu'un seul cylindre sur deux ne fonctionne ; alors la force disponible se trouve réduite de moitié, un seul piston travaille et doit entraîner l'autre, enfin les réparations sont plus difficiles, plus longues et plus coûteuses avec les moteurs à deux cylindres qu'avec les modèles monocylindriques. Il faut donc en conclure qu'on ne doit pas dépasser, pour les motocycles, une puissance moyenne, si l'on veut conserver un fonctionnement normal du moteur, et qu'il est préférable à tous égards de n'avoir qu'un seul cylindre, ce qui facilite la recherche et la découverte des défauts et des pannes.

Moteur « Minerve ». Tous les moteurs à explosion sont, nous le répétons, sujets à un échauffement excessif des parois du cylindre qui contrarie la régularité des explosions et dérègle complètement leur marche, justement lorsqu'on a le plus besoin de compter sur eux ; par exemple, lorsque, pour escalader une longue et forte rampe, on précipite les explosions et qu'on augmente la quantité de chaleur développée.

Les ailettes et la circulation d'eau sont bien des moyens de parer à cet inconvénient, mais ce ne sont pas des palliatifs suffisants ; car si les parois extérieures du cylindre laissent dégager leur excès de chaleur, les parois intérieures et le piston ne s'en débarrassent pas assez vite et peuvent être portés, sinon jusqu'au rouge sombre, tout au moins à une température telle que tout graissage devient impossible et que les segments grippent et détériorent les parois du cylindre.

L'originalité du moteur « Minerve » consiste précisément à faire passer un courant d'air dans l'âme du piston et à ajouter au refroidissement extérieur par ailettes un refroidissement intérieur très efficace. Pour cela, le piston, qui est creux, est prolongé par un tube ou cheminée, qui forme un deuxième piston, lequel coulisse dans un cylindre plus petit que le cylindre à explosions. Ce tube est garni à sa partie supérieure, comme le gros piston, de segments qui assurent l'étanchéité de l'appareil et empêchent les gaz provenant de l'explosion de s'échapper par l'espace annulaire que le tube laisse autour de lui pour éviter les frottements. De cette façon, l'intérieur du piston principal et, par suite, l'intérieur du carter sont en communication constante avec l'air extérieur qui est aspiré et refoulé à travers la cheminée et en assure le refroidissement à tel point que des moteurs de ce système ont pu supporter des compressions de 4 kilog. 500 sans que la température maxima, après un certain temps de marche au frein, à poste fixe, ait dépassé 280°.

Lorsque le moteur fonctionne sur un motocycle ou une

voiturette, le refroidissement par la circulation de l'air dans les ailettes vient s'ajouter au refroidissement intérieur et empêche la température de monter à plus de 150°, même après plusieurs heures de marche. Un graisseur, spécialement étudié dans ce but, assure le graissage parfait de la cheminée.

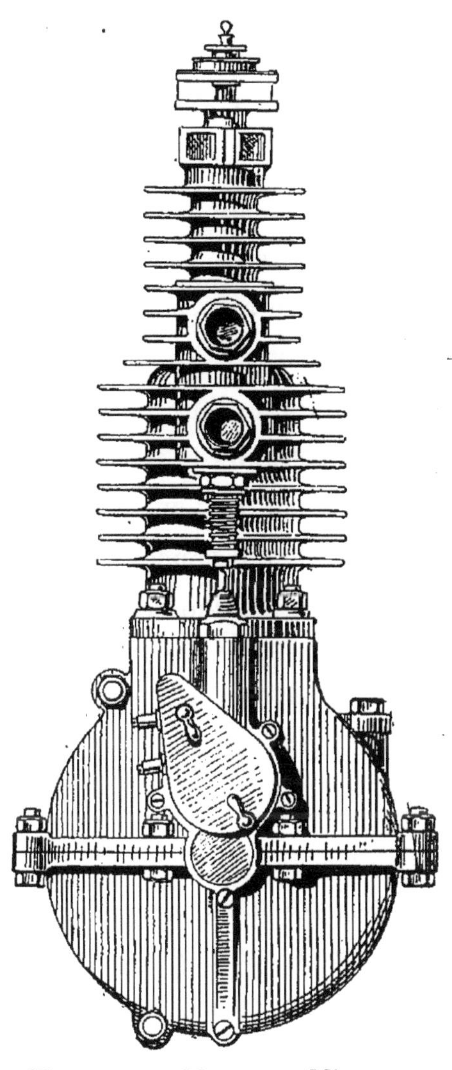

Fig. 14. — Moteur « Minerve ».

Le moteur « *Minerve* », type M. A., qui a été soumis aux essais, est garanti pour une puissance effective de 132 kilogrammètres, soit 1 cheval 3/4 effectif. D'autres types plus forts sont en préparation et ne tarderont pas à être offerts au public.

En résumé, le moteur « *Minerve* » offre sur ses similaires les avantages suivants :

1° Il possède un système de refroidissement spécial lui permettant de supporter une marche au frein à poste fixe pendant un temps quelconque sans que sa température en un point quelconque dépasse 250° à 300°. Sa température, lorsqu'il est monté sur tricycle ou voiturette, et soumis au courant d'air dû à la marche, est inférieure à 200° ;

2° Sa puissance effective au frein est de *132 kilogrammètres,* soit 1 cheval 3/4 effectif pour le type M. A., qui convient au tricycle et à la voiturette ;

3° Son poids est de 34 kilos, son encombrement égal à ses similaires ;

4° Grâce au système de refroidissement qui est produit par le moteur lui-même, sans eau, sans liquide, et sans organe mécanique autre que le piston lui-même, ce moteur donne toujours la puissance pour laquelle il est vendu, soit à poste fixe, soit sur route, sans avoir à craindre la diminution de puissance résultant d'un échauffement trop considérable, comme cela se produit dans les moteurs similaires. On peut donc dire qu'un réel progrès a été réalisé, et qu'il existe, dès à présent, un moteur ne chauffant pas, se refroidissant par lui-même sans eau, et gardant constante sa force effective après n'importe quels laps de temps de marche.

Moteurs divers. — Il existe encore de nombreuses variantes du moteur à essence de pétrole, genre de Dion et Bouton, spéciaux pour motocycles, mais ces variantes ne présentent pas un bien grand intérêt, car on n'y trouve aucun dispositif digne de remarque. Tels sont les systèmes de Fageot, de Tauzin, à refroidissement par ailettes de cuivres rapportées, comme dans l'*Aster,* de Paris-Singer à piston tournant, de Fritscher et Houdry, etc. Il est donc inutile d'allonger ce chapitre, les descriptions précédentes étant suffisantes pour se rendre un compte exact de la disposition des différents systèmes ayant reçu la sanction de l'expérience et de la pratique et demeurant en usage pour les véhicules que nous étudions ici.

Remarquons toutefois que deux moteurs ayant le même alésage et la même course peuvent être cependant bien plus puissants l'un que l'autre. L'expérience a démontré que cela tient en grande partie aux pertes de charge à l'admission et surtout à l'échappement, en raison de l'insuffisant diamètre des soupapes et des étranglements et des coudes que peut présenter le tuyau d'arrivée d'air ou d'échappement.

Si nous voulons maintenant jeter un coup d'œil d'ensemble sur tous ces moteurs spécialement construits en vue de l'application aux motocycles de toute espèce, nous reconnaîtrons qu'ils ne diffèrent les uns des autres que par des détails, portant en grande partie sur les moyens de distribution et de réfrigération et sur l'emplacement des pièces. Les organes essentiels sont immuables dans tous les modèles, et on peut les énumérer comme suit : (voy. fig. 18).

1° Un *cylindre* en fonte douce, alésé intérieurement à un diamètre variable, et pourvu extérieurement de nervures ou ailettes de refroidissement, venues de fonte ou appliquées à force.

2° Une *culasse* en fonte reliée à l'un des fonds du cylindre, et portant un trou fileté pour recevoir le robinet de compression.

3° Une *boîte à soupapes* rattachée à la culasse, contenant les soupapes d'aspiration et d'échappement ; la première fonctionnant automatiquement, la seconde étant commandée par une tige et toutes deux munies de ressorts antagonistes de rappel. Cette boîte porte un trou fileté pour l'emplacement de la bougie d'allumage, et, extérieurement, une série d'ailettes pour assurer la dissémination de la chaleur.

4° Un *carter*, sorte de tambour, ordinairement fait de deux pièces réunies par boulons et écrous, portant une ouverture filetée sur laquelle est vissé le cylindre, et, suivant son axe, des trous pour le passage de l'arbre moteur. Le carter contient la transmission, et deux ouvertures, fermées par des bouchons métalliques, à vis et écrou, servent à l'introduction et à la vidange de l'huile de graissage.

Les organes intérieurs sont :

5° Le *piston*, analogue au piston des machines à vapeur, et pourvu de deux ou trois segments pour assurer l'étanchéité absolue. Il comporte intérieurement un tourillon sur lequel s'articule la bielle qui attaque, par son extrémité, l'arbre.

6° L'*arbre moteur* interrompu en son milieu et recevant sur chaque partie un volant plein à jante massive ; ces deux volants sont réunis par un barreau d'acier sur lequel est attachée, à frottement doux, la tête de bielle ; ce barreau joue ainsi le rôle de vilebrequin. A chacune de ses extrémités, l'arbre porte un petit pignon, l'un interne, commandant la transmission de la soupape d'échappement, l'autre

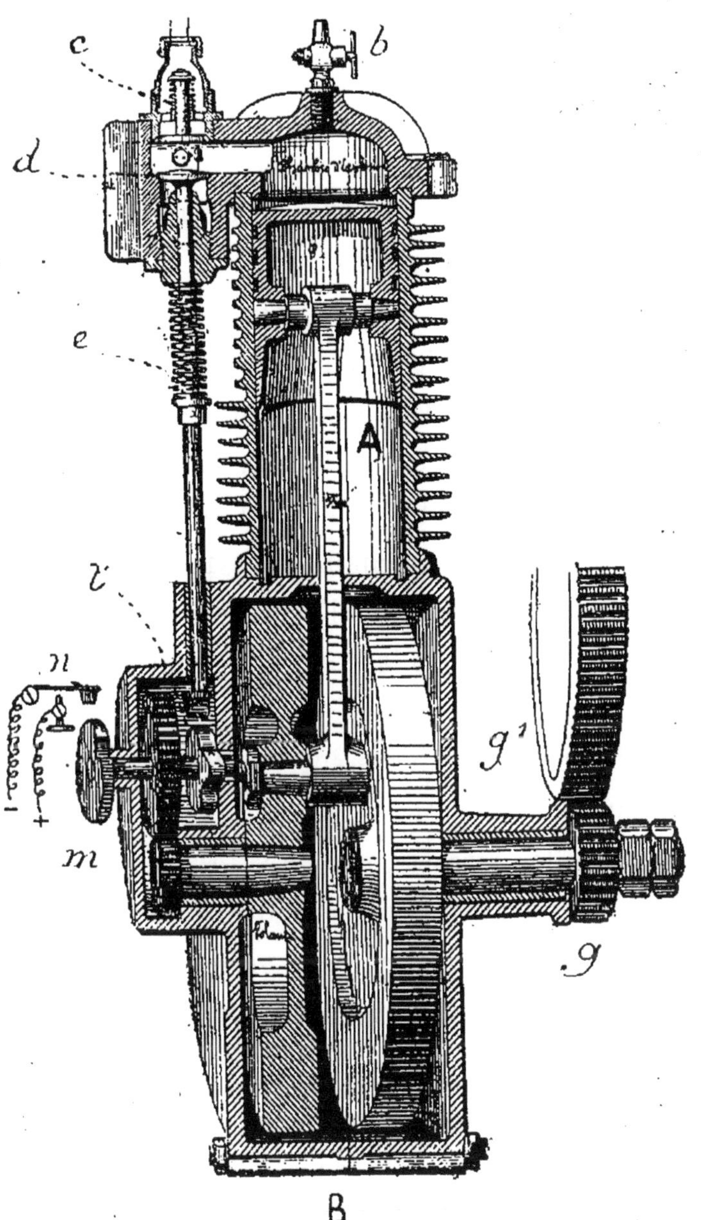

Fig. 15. — Coupe d'un moteur de motocycles.

A cylindre. — B carter, *b* robinet de compression. — *c* soupape d'admission. — *d* soupape d'échappement. — *e* ressort antagoniste. — *g* et *g*¹ pignons de transmission. — *m* came. — *n* trembleur. — *t* commande de la tige de la soupape d'échappement.

extérieur, serré par une clavette, un écrou et un contre-écrou, et transmettant le mouvement de rotation à la couronne d'engrenages montée sur l'arbre des roues du véhicule.

7° La *commande de la soupape d'échappement,* composée d'un harnais d'engrenages droits ayant un rapport de 2 à 1 ; d'une came, calée sur l'arbre intermédiaire et d'une tige, mobile dans le sens vertical, soulevant la soupape de bas en haut lorsque le bossage de la came la force à se lever.

La *came d'allumage,* disposée extérieurement au carter, à l'intérieur d'une petite boîte de recouvrement, est fixée sur l'arbre du pignon intermédiaire ; elle frotte, pendant son mouvement de rotation, sur l'ergot d'une languette vibrante ou *trembleur* dont la course est limitée par une vis butoir.

Le nombre total des pièces entrant dans la construction d'un moteur de motocycle ne dépasse pas 100, tous écrous, boulons, rondelles, ressorts, vis, clavettes, etc., étant comptés. L'étanchéité de l'assemblage du cylindre et de la culasse, des deux pièces du carter, du siège de la bougie, etc., est assurée par des joints d'amiante, les pièces étant réunies ensemble par des boulons et des écrous.

Graissage. Le graissage constitue un point de grande importance en matière de moteurs à pétrole, particulièrement de moteurs d'automobiles tournant très rapidement et sujets à s'échauffer considérablement, surtout si le constructeur n'a pas songé à ménager un échappement donnant un débit suffisant. Il est donc nécessaire de choisir des huiles de première qualité ne formant pas cambouis aux hautes températures et n'attaquant pas le métal. Bien entendu on ne peut prendre que des huiles de nature minérale, extraites du naphte, et dont les effets ont été reconnus avantageux et certifiés tels par les spécialistes. Le procédé le plus simple,

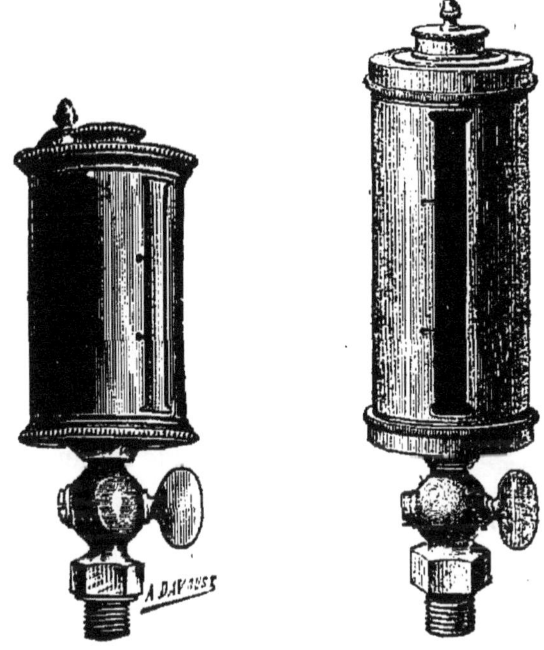

Fig. 16 et 17. — Graisseurs à trois mesures pour motocycles.

sinon le plus pratique, consiste, pour opérer le graissage, à verser une mesure d'huile par le trou du carter. L'huile vieille, chargée de cambouis et d'oxyde, est évacuée le moment venu par le trou inférieur du carter dont on enlève le bouchon à vis. Mais cette méthode est longue et ennuyeuse, surtout en cours de route, aussi existe-t-il de nombreux modèles de graisseurs permettant de restreindre au minimum l'ennui de cette manipulation.

Le graisseur le plus simple est un simple récipient cylindrique, en verre épais, contenant ordinairement trois mesures d'huile que l'on introduit successivement et à mesure des besoins, dans le carter, en ouvrant simplement un robinet. Le système à percussion dit « coup de poing » (fig. 18) est également en verre, de forme cylindrique, et traversé suivant son axe d'une colonne creuse, à l'intérieur de laquelle se meut un piston injecteur ; celui-ci est prolongé extérieurement par une tige verticale s'épanouissant, à sa partie supérieure, en un bouton sur lequel on presse fortement pour envoyer l'huile dans le milieu à graisser.

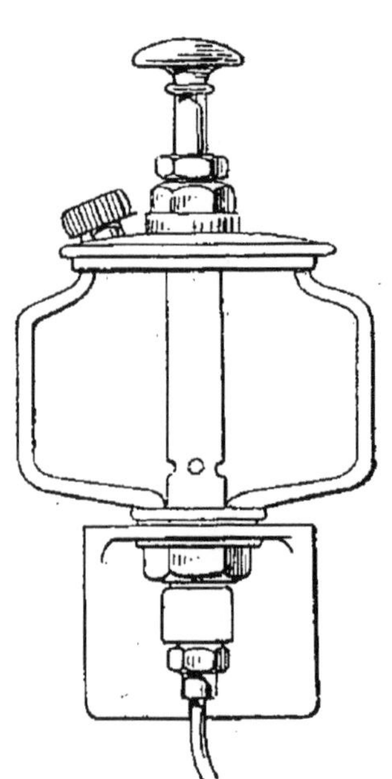

Fig. 18. — Graisseur « coup de poing ».

On a également imaginé des *pompes à huile*, dont le volume est connu, et qui permettent d'envoyer, en appuyant sur le piston, une quantité déterminée d'huile dans le cylindre. Ces petites pompes (fig. 19) sont ordinairement accolées à un réservoir en métal à deux compartiments contenant une certaine provision de pétrole et d'huile, et elles sont reliées au carter par un tuyau en cuivre rouge de petit diamètre. Leur usage est extrêmement commode et simplifie l'opération.

Dans un cylindre de moteur à gaz — ou de moteur à pétrole — la température de la paroi métallique est moins élevée que dans une machine à vapeur, puisqu'elle n'atteint pas 100 degrés; mais, à chaque explosion, une flamme dont on peut évaluer la température à 1,200 degrés, balaye le cylindre et brûle le lubrifiant, qui est mauvais conducteur du calorique; il se forme un cambouis sec, dur, adhérent,

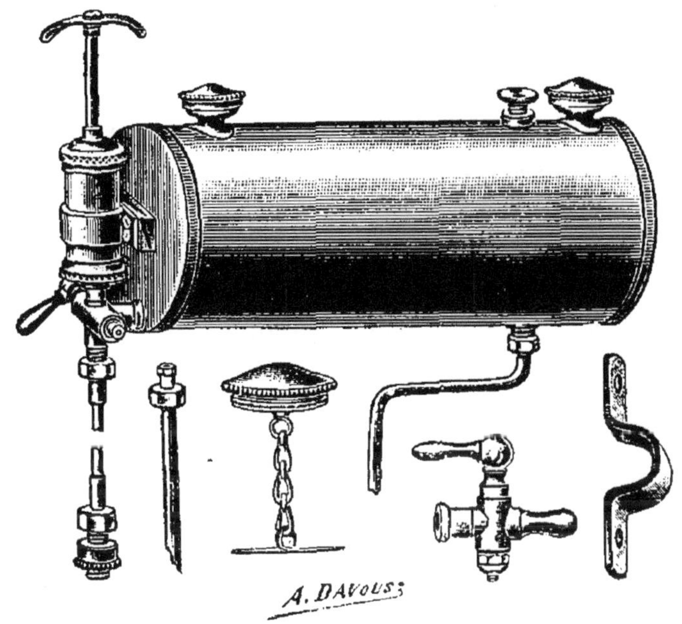

Fig. 19. — Réservoir à essence et à huile avec ses accessoires.

carbonisé, qui raye le métal et le corrode rapidement. Dans le cylindre à vapeur, l'eau de condensation adoucit le frottement; dans le cylindre à gaz tonnant, toute la tâche incombe à l'huile, qu'il faut prodiguer à chaque cylindrée. On recueille par la décharge un liquide noir, épais, dans lequel on trouve des poussières métalliques, du fer, du cuivre et des particules charbonneuses.

On n'évite le grippement qu'au prix d'un afflux d'huile

incessant, qui lave les surfaces et entraîne les concrétions charbonneuses et métalliques fixées sur le métal.

Que faudrait-il pour parer à ces graves inconvénients? On devrait trouver une substance lubrifiante, incombustible et inaltérable. C'est, il est vrai, la pierre philosophale en l'espèce; en effet, les gaz, qui réduisent considérablement les frottements, ne peuvent rester interposés entre des surfaces en contact; l'eau est elle-même trop fluide; les seules matières pratiquement utilisables sont les corps gras, dont la viscosité entre en jeu; or, les corps gras sont tous combustibles.

Toutefois il y a un choix à faire entre ces substances.

Au début, on employait des huiles animales, huile de pied de bœuf, huile de baleine, de cachalot, huile de suif ou de saindoux; elles ont de grandes et précieuses qualités, attendu qu'elles donnent de bons frottements, qu'elles sont neutres, peu altérables et que, de plus, elles ne s'atténuent pas, c'est-à-dire qu'elles gardent leurs propriétés aux températures élevées. Ce dernier point se constate à l'aide de l'appareil Coleman, dans lequel on mesure le temps que l'huile met à s'écouler, à une température déterminée, par un diamètre connu; les huiles animales sont les meilleures à cet égard. Mais elles présentent deux défauts graves. Et, d'abord, elles se décomposent en présence de la vapeur d'eau en glycérine et en acide gras; la glycérine se dissocie elle-même en donnant de l'acide acétique et de l'acroléine; les acides se combinent avec les poussières métalliques et il se produit une saponification en présence des alcalis. Ces inconvénients sont peut-être plus sensibles dans un cylindre à vapeur que dans un cylindre à gaz; mais les huiles animales ont de plus le sérieux défaut de brûler très facilement. On s'explique donc sans peine les mauvais résultats qu'elles ont donnés dans les moteurs à gaz.

On a dû y renoncer.

L'industrie des huiles minérales est heureusement venue mettre à notre disposition des produits dont l'emploi est beaucoup plus avantageux.

Les huiles minérales sont des produits liquides, composés de carbures d'hydrogène à points d'ébullition très différents : ce sont ou des pétroles de l'Amérique septentrionale ou des huiles de naphte russes des bords de la mer Caspienne; ces deux provenances caractérisent des propriétés bien définies, malgré le grand nombre de puits d'extraction et de sources d'exploitation.

Ces carbures sont les mines d'or de l'industrie : on en tire plus de cinquante substances chimiquement déterminées. Les pétroles américains sont formés surtout des carbures de la série C^{m} H^{m+2}; ceux de la région caucasienne contiennent en majeure partie les carbures éthyléniques C^{m} H^{m}.

La distillation permet de séparer ces multiples éléments; après avoir recueilli des éthers, puis des essences légères (gazoline, canadol), et enfin des essences lourdes (benzine, naphte, ligroïne), on extrait des huiles lampantes ou kérosènes : cette première série d'opérations s'arrête à 160 degrés et donne les composés de densité inférieure à 0,8. Il reste alors des goudrons et des huiles lourdes, desquels on extrait des produits lubrifiants par une distillation nouvelle. Ces produits ont besoin d'être épurés, par un traitement à l'acide sulfurique et à la soude et un refroidissement au-dessous de zéro : en comprimant la masse solidifiée, on en retire une huile, dont la densité varie de 0,865 à 0,930, suivant les pétroles. Ce sont généralement d'excellents lubrifiants, dont nous voulons faire ressortir les qualités supérieures, sans favoriser aucune marque commerciale.

Ces huiles sont connues sous le nom de Volcan, Éclipse, Phœnix, Glob-oil, huile de l'Étoile, valvoline, néoline, oléonaphte, etc.; elles sont onctueuses, opaques, d'un brun clair ; leur densité est variable suivant leur origine et leur fabrication ; elles ne distillent guère qu'à 280 ou 300 degrés : leurs vapeurs ne sont inflammables que vers 180 degrés ; leur tenue est bonne aux températures élevées. Pures, ces huiles sont d'excellents lubrifiants : on reconnaît leur valeur en les frottant longtemps entre le pouce et l'index ; elles paraissent dures au toucher, mais ne donnent pas de sentiment de chaleur. On les additionne souvent frauduleusement d'huile de résine, et alors le résidu de leur évaporation est écailleux ; quelquefois on les mêle de matières mucilagineuses, ce que l'on reconnaît parce que l'agitation avec l'eau donne une couleur blanchâtre. La réaction avec une lessive de soude ou une dissolution ammoniacale décèle les huiles grasses et l'acide carbonique ; enfin l'acide sulfurique permet de constater la présence des huiles de goudron, par la coloration foncée que prend l'huile. Bref une fraude ou une rectification peut être reconnue sans peine.

Pour reconnaître le point d'inflammabilité des vapeurs d'huiles on peut chauffer ces huiles au bain de sable dans une capsule. Dans ce liquide plonge un thermomètre ; on approche de temps à autre des bords de la capsule une allumette enflammée, et on note la température à laquelle la masse prend feu. C'est une expérience très simple et qui permet de classer les différents échantillons.

Donc, répétons aux motoristes qui nous lisent, qu'un intérêt bien entendu doit leur faire vérifier attentivement la qualité des huiles qui leur sont vendues pour le graissage de leur moteur. Ces huiles doivent être aussi peu combustibles que possible, de façon à ne pas se carboniser ou former des dépôts visqueux ou goudronneux. Elles doivent être bonnes conductrices de la chaleur afin de ne pas restreindre la réfrigération des parois, et surtout respecter d'une façon absolue l'intégrité des surfaces métalliques. C'est dire qu'il faut rejeter les mixtures à base d'huile de ricin ou d'éther et les produits à bas prix encombrant le marché.

Une marque assez connue est l'*huile-vitesse*, de Brooksbank, qui donne, au départ, un coefficient de frottement assez faible, inférieur à 1/200, ce qui peut être considéré comme négligeable à l'allure normale de marche. Cette huile respecte l'intégrité des surfaces métalliques, car elle ne contient aucun mélange lubrifiant de nature animale ou végétale, et par son emploi la détente se trouve, paraît-il, augmentée. Quant à la quantité qu'il est nécessaire de consommer par heure pour assurer un bon graissage, elle est la suivante :

10 grammes	pour un moteur	de 1 cheval
16 —	—	de 2 chevaux.
21 —	—	de 3 —
24 —	—	de 4 —
40 —	—	de 10 —

On peut dire que ces chiffres sont vraiment remarquables et constituent les meilleurs résultats atteints jusqu'à présent.

Mentionnons enfin en passant les modèles de graisseurs pour

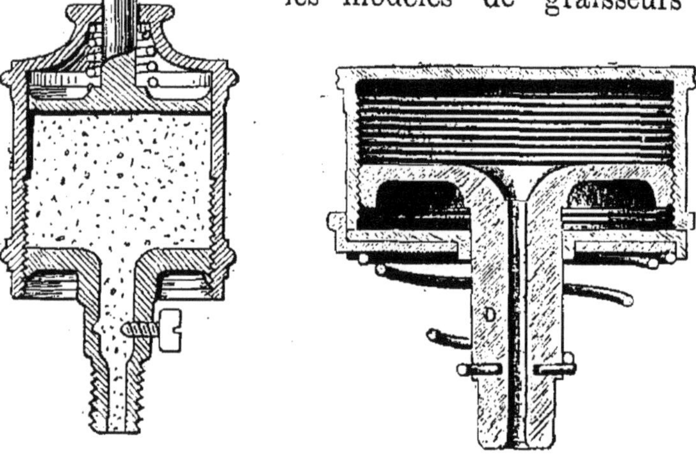

Fig. 20 et 21. — Graisseurs à graisse consistante.

pièces frottantes extérieures à la graisse consistante, et dont les fig. 20 et 21 montrent l'aspect. Ces godets, contenant une certaine provision de graisse jaune, sont indispensables pour assurer la lubrification et la conservation des organes en mouvement, pivots, etc., et nous ne devions pas les oublier dans cette revue rapide des moyens de graissage des motocycles.

CHAPITRE IV

LES CARBURATEURS

Rôle du carburateur dans les moteurs à pétrole. — Classification des divers systèmes de carburateurs pour motocycles. — Carburateurs à barbotage : description du système Dion et Bouton, de l'*Aster*, etc. — Carburateurs à pulvérisation : description des systèmes de Longuemare, Lepape, Huzelstein, Raymond, etc.

Le carburateur est au moteur à pétrole ce qu'est la chaudière pour la machine à vapeur, bien qu'il ne contienne aucune réserve d'énergie instantanément utilisable. C'est un réservoir dans lequel s'opère le mélange de l'air extérieur et des vapeurs dégagées à la température ordinaire par l'hydrocarbure, mélange qui est aspiré une fois tous les deux tours par le piston moteur.

Il existe de nombreuses variétés de carburateurs se rattachant à trois types particuliers, suivant la façon dont l'air est mis en contact avec l'hydrocarbure. Ce sont :

Les carburateurs à barbotage;

Les carburateurs à simple léchage;

Les carburateurs à pulvérisation.

Nous ne décrirons ici que les systèmes employés dans les motocycles ; il serait inutile de passer en revue les nombreux modèles qui sont appliqués aux voitures automobiles. Nous n'avons donc à voir que les carburateurs de Dion, de Lepape, de Raymond, de l'*Aster* et de Longuemare.

Carburateur de Dion et Bouton. — C'est le plus répandu, sinon le meilleur. Il se compose d'un récipient en tôle (fig. 22 et 23) contenant l'essence et recevant l'air à carburer par un tube ou cheminée I,pouvant coulisser dans un manchon et portant à sa partie inférieure une plaque en laiton. Cette plaque a pour but d'obliger le courant d'air à circuler aussi près que possible de l'essence, avant de remonter le long des parois. C'est donc un carburateur à simple léchage. La partie supérieure de la caisse porte un *boisseau* contenant deux clefs de robinet accolées. A droite, le boisseau a une ouverture *a* communiquant avec l'intérieur du récipient, et, à gauche, une autre ouverture *b* en relation avec l'air extérieur. La clef A, mobile autour de son axe, porte également une ouverture pouvant venir en regard de l'orifice *a*, de l'orifice *b* ou des deux à la fois. Ce robinet peut donc, suivant qu'on le tourne plus ou moins, admettre de l'air seul ou de la vapeur d'essence seule ou un mélange en proportions variables de ces deux corps. Le mélange, ainsi gradué à volonté, entre dans la clef gauche B, dont le fond voisin est ouvert ; par l'ouverture *e* et son tube de prolongement qui traverse le carburateur, il est envoyé au moteur. Sur le tricycle, les robinets A et B sont manœuvrés à l'aide de longues tiges portant des manettes articulées sur un pivot fixé à la traverse supérieure du cadre.

Un ajutage particulier, fermé par un chapeau, sert à introduire l'essence, et un bouchon à vis disposé à la partie inférieure sert à vider le réservoir et à le débarrasser

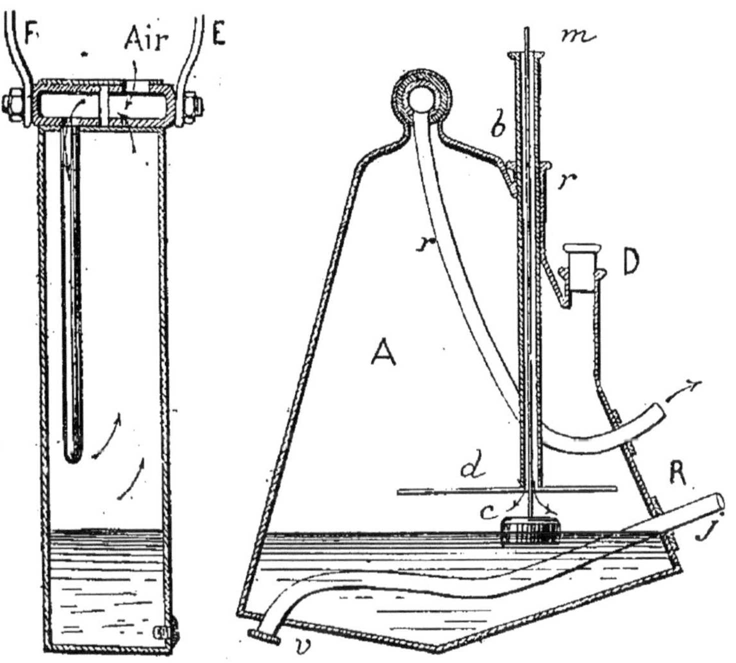

Fig. 22 et 23. — Carburateur de Dion et Bouton (coupe).

des essences épaissies ou de mauvaise qualité qu'on a pu y introduire. Enfin un tuyau, qui vient se brancher d'une part sur le tube d'échappement du moteur et qui est fermé à son autre extrémité, traverse le carburateur; les gaz chauds qui y circulent cèdent leur chaleur à l'essence et facilitent son évaporation, même par les températures les plus basses. Il en résulte que, s'il fait très froid, la carburation.

qui s'opère très mal au moment de la mise en route, ne tarde pas à s'améliorer, une fois l'essence dégourdie par la chaleur qui lui est transmise par l'échappement. Ce système présente donc plusieurs inconvénients qui font du carburateur Dion-Bouton un appareil assez irrégulier et donnant lieu à de fréquents ennuis.

Carburateur Labre. Ce système, employé dans les bicyclettes à pétrole du même constructeur est analogue au Dion-Bouton, mais il présente, de plus, un petit avantage. La caisse (fig. 24) est divisée diagonalement par une cloison, et le compartiment supérieur constitue un réservoir d'essence fraîche que l'on fait couler par un tuyau et un robinet dans le compartiment inférieur formant le carburateur proprement dit. Ce dispositif est bien compris, mais il n'empêche qu'à moins de faire barboter l'air à travers l'essence avant de l'admettre au cylindre, la carburation parfaite est difficile à obtenir, car elle se dérègle constamment, en raison de toutes les influences extérieures.

Carburateur Longuemare. Ce système est très apprécié des motocyclistes et même des voituristes, aussi s'est-il répandu très rapidement. C'est un carburateur, non à léchage ou barbotage, mais à *pulvérisation.* Il est à niveau constant. Le récipient à essence, communiquant avec un réservoir, renferme un cylindre creux, servant de flotteur et soudé à l'extrémité d'un levier qui, prenant appui sur un pivot fixe, agit sur une tige dont l'extrémité, de forme conique, ferme l'arrivée du liquide dès que celui-ci a soulevé la boîte d'une quantité suffisante. A ce carburateur est adjoint un chalumeau dont la tête, de forme tronconique, est dégagée en plusieurs endroits sur sa surface extérieure par des traits de lime formant rainures ; l'intérieur est d'ailleurs garni de toiles métalliques pour empêcher toute obstruction. Le ni-

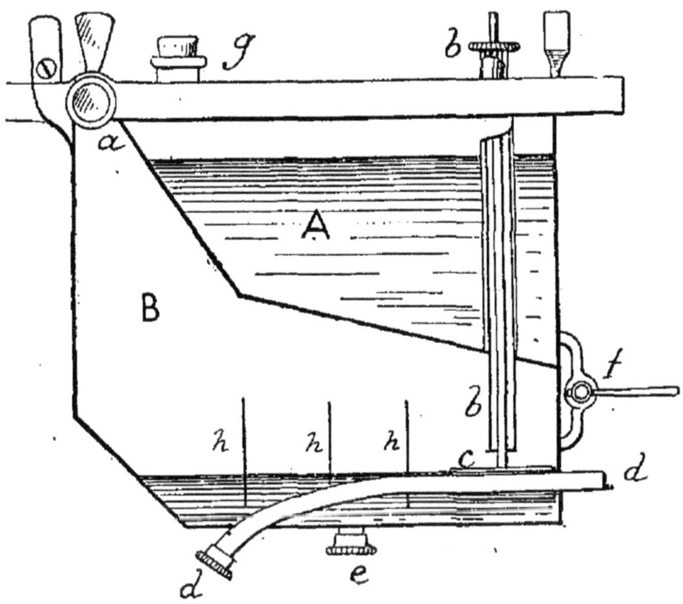

Fig. 24. — Carburateur Labre.

A réservoir d'essence. — B carburateur. — *a* robinet de carburation. — *b* cheminée. — *c* flotteur. — *d* tuyau de réchauffement de l'essence. — *e* bouchon de vidange. — *f* robinet. — *g* tubulure de remplissage. — *h* nervures.

veau de l'essence est maintenu un peu au-dessous des rainures, et un entonnoir, dont la partie inférieure est dégagée, permet le passage de l'air aspiré. Un étranglement, placé à mi-hauteur de cet entonnoir et en face de la sortie des rainures du chalumeau, augmente la vitesse de l'air aspiré, et lui permet de se charger de la quantité maximum de vapeurs d'hydrocarbure. Enfin l'appareil est complété par un robinet doseur-mélangeur pour l'admission de l'air carburé, permettant d'y ajouter de l'air pur et de régler sa proportion de façon à obtenir le maximum d'inflammabilité (fig. 25 et 26).

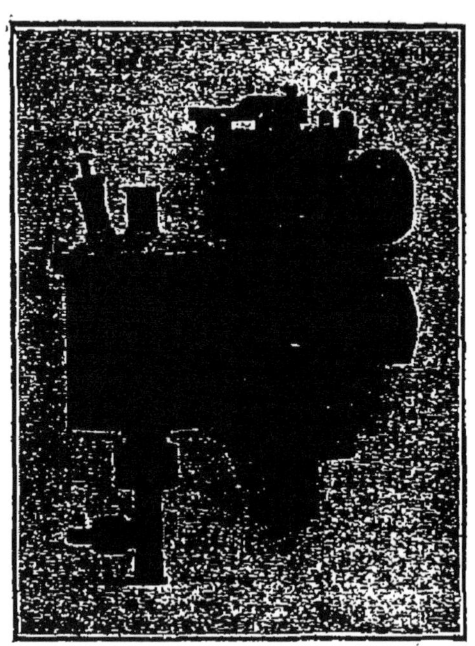

Fig. 25. — Carburateur Longuemare pour motocycles.

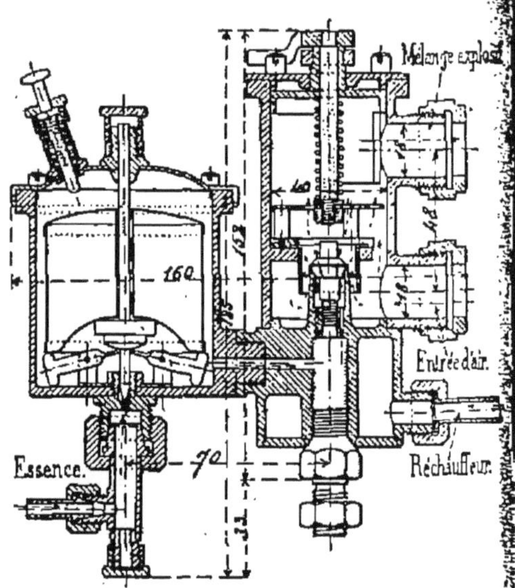

Fig. 26. — Coupe du carburateur Longuemare.

Ajoutons que l'air admis au carburateur pour y être saturé de vapeurs d'essence, peut être chauffé avant son entrée par une circulation d'air chaud. En résumé, cet appareil est bien conçu et il fournit de bons résultats qui l'ont fait apprécier des conducteurs de motocycles et autres automobiles.

Carburateur de la Société « l'Aster ». Ce système est, comme le Dion-Bouton, à simple léchage. Il se compose (fig. 27) d'un cylindre en cuivre d'une capacité de 5 litres, servant de réservoir d'essence, surmonté d'un dôme également en cuivre. Une tubulure A, qu'on peut fermer par un bouchon, sert au remplissage de ce réservoir. Sur la surface de l'essence vient reposer un flotteur crénelé en liège F, dont la surface supérieure est recouverte d'une plaque en cuivre P. Au centre de cette plaque est fixé un tube C qui débouche à l'extérieur à la partie supérieure, après avoir traversé d'abord un diaphragme percé de trous garnis de toile métallique, puis la calotte supérieur du réservoir. Ce tube C est percé à sa partie supérieure, débouchant à l'extérieur, de trous garnis de toile métallique. Une tige mince en laiton supportant à sa partie inférieure un flotteur conique en liège, est placée à l'intérieur de ce tube. Un robinet portant un double boisseau est placé sur le côté du dôme du carburateur. Chacun des boisseaux porte une manette de commande. La manette inférieure R' commande le boisseau servant à l'obtention du mélange gazeux dans les proportions convenables d'air carburé et d'air atmosphérique pur. La manette supérieure

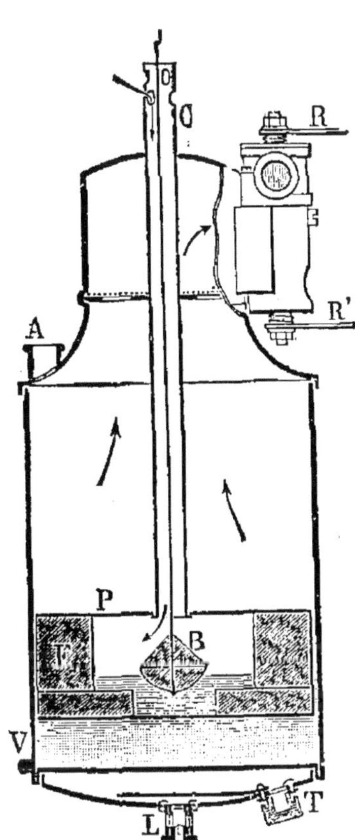

Fig. 27. — Carburateur l'Aster.

R commande l'admission au moteur du mélange gazeux en plus ou moins grande quantité.

A la partie inférieure, le réservoir d'essence est muni d'un double fond; en T aboutit le tube venant du pot d'échappement et amenant l'air chaud servant au rechauffage. Au centre de ce double fond est un lanterneau L dont on peut fermer ou découvrir à volonté les ouvertures au moyen d'un bouton moleté. Au-dessus de ce lanterneau est une plaquette horizontale en cuivre.

Fonctionnement. L'air aspiré par le moteur entre par les ouvertures ménagées à la partie supérieure du tube C (ouvertures munies de toiles métalliques fines pour éviter l'introduction de la poussière dans le carburateur). Cet air descend dans le tube, passe sous la plaque P et rencontre le flotteur conique B qui dirige cet air dans toutes les directions suivant ses génératrices.

L'air vient lécher la surface de l'essence et sort par les créneaux du flotteur F, puis il repasse au-dessus de la plaque P, et l'air ainsi carburé vient s'emmagasiner dans la partie supérieure de la boîte qui devient ainsi une espèce de petit gazomètre. Pour cela, l'air traverse un diaphragme percé de trous garnis de toiles métalliques ayant pour but d'éviter tous risques de retour de flamme dans l'appareil, puis il passe dans la partie inférieure du robinet commandée par la manette R′, où il est mélangé à une proportion convenable d'air atmosphérique pur, de manière à constituer un mélange explosif, puis il traverse le boisseau supérieur, commandé par la manette R, qui sert à régler l'entrée en plus ou moins grande quantité du mélange gazeux dans le cylindre. Une vis V sert à vider le réservoir. Enfin un dispositif de circulation d'air chaud permet d'avoir constamment une carburation satisfaisante quel que soit l'état de l'atmosphère.

Carburateur Goutallier. — Cet appareil, ainsi qu'il est facile de s'en rendre compte en examinant la gravure (fig. 28) en coupe que nous en donnons, se compose d'un réservoir à niveau constant indiqué à gauche et en vue intérieure sur la figure.

Un tube conduit l'essence de la partie inférieure du réservoir à un petit ajutage capillaire horizontal. Lors de l'aspiration et à raison du vide produit derrière le piston, l'essence s'échappe avec force de l'ajutage capillaire et vient gicler sur une paroi striée.

Cette paroi striée est maintenue à une température élevée car elle forme le fond d'une conduite branchée sur le réservoir d'échappement des gaz brûlés. L'essence est donc non seulement pulvérisée, c'est-à-dire réduite à l'état de très fines gouttelettes en suspension dans l'air, mais elle est encore immédiatement gazéifiée par l'élévation de température qu'elle subit au contact de la paroi.

Une quantité d'air convenable arrive, ainsi qu'il est indiqué par les flèches sur la gravure, se mélange intimement à la vapeur d'essence et forme avec elle le mélange tonnant qui se rend au moteur par le tube d'aspiration.

Cette quantité d'air est réglée une fois pour toutes au

moment du départ et on n'a nullement à y toucher pendant la marche.

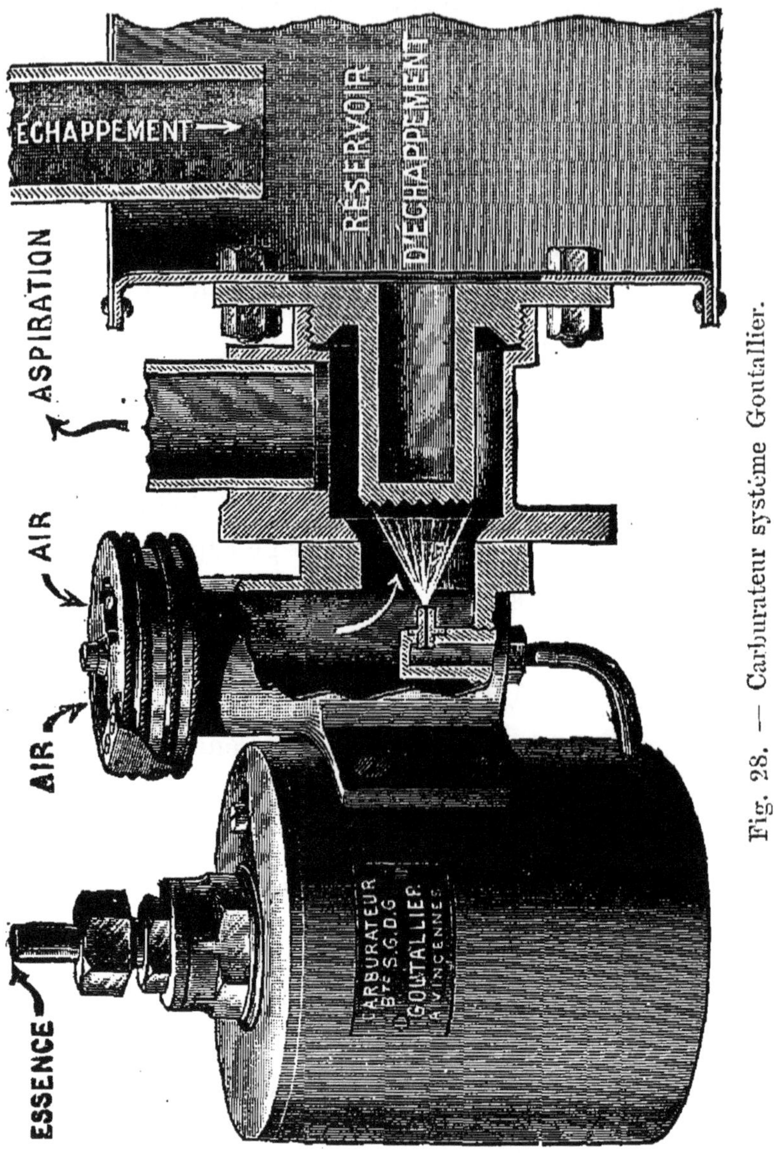

Fig. 28. — Carburateur système Goutallier.

Le tube d'aspiration est terminé à la partie inférieure par un réseau de toile métallique qui sert à deux fins, d'abord à brasser le mélange carburé de manière à en faire un tout bien homogène, puis à éviter les retours de flamme dans le carburateur, retours de flamme qui dans le cas présent n'auraient pas du reste une influence bien grande étant donnée la très faible quantité de gaz explosif que l'appareil contient à un moment quelconque.

Ces grillages sont indispensables avec le carburateur à léchage, parce qu'il se trouve au-dessus du niveau de l'essence une grande quantité d'air carburé susceptible de s'enflammer et de faire explosion, mais dans les carburateurs à pulvérisation le cas n'est pas le même; l'inflammation de l'essence même n'est guère à redouter car le manque d'air aurait vite fait d'éteindre ce commencement d'incendie dans le cas où il viendrait malgré tout à se produire.

On remarque surtout dans le carburateur Goutallier l'ingénieuse disposition qui supprime le tuyau réchauffeur toujours si incommode lors des démontages de même que les réglages d'air chaud et d'air froid, toujours assez délicats.

Le carburateur peut être démonté par le desserrage de trois écrous seulement et avec une clef unique.

Carburateur Lepape. — Le nouveau carburateur Lepape (fig. 29), mérite une mention spéciale, car il donne une carburation sans odeur ni fumée et se règle très facilement à toutes les températures.

Ce carburateur se compose d'un corps cylindrique au centre duquel est un noyau muni intérieurement d'une chambre *c* fermée par deux soupapes opposées *a* et *b*, maintenues respectivement par les ressorts *x* et *z'* : notons cependant que si la soupape supérieure *a* est normalement appliquée sur son siège, la soupape inférieure *b* est, à l'état de repos, légèrement écartée du sien et suspendue en quelque sorte à la précédente, les deux tiges rentrant l'une dans l'autre et portant un arrêt avec boutonnière *e*.

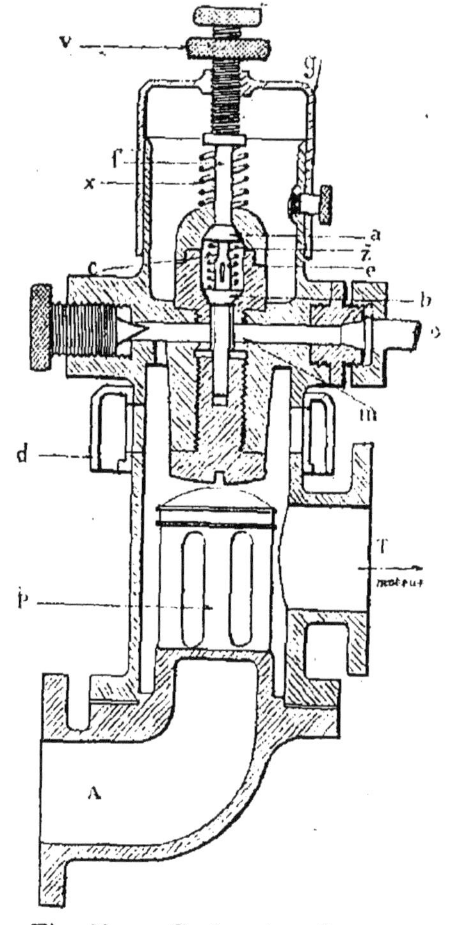

Fig. 29. — Carburateur Lepape.

La partie supérieure de l'appareil est fermée par un capot mobile *g* portant une vis de réglage V qui, lorsque le capot descend, appuie sur la tige *f* de la soupape *a*.

A la partie inférieure de l'appareil est une lanterne P, entourée de toiles métalliques, à travers lesquelles passe de l'air, préalablement échauffé au contact du moteur et affluant par la tubulure inférieure A.

L'essence arrive dans l'appareil par la tubulure *o* et le conduit *m*, pénètre sous la soupape *b* et remplit la chambre intérieure *c*. Lorsque, sous l'action de l'aspiration même produite par le moteur, une dépression se produit dans l'appareil, le capot *g* s'abaisse en entraînant la tige *f* de la soupape *a* qui s'ouvre, tandis que par le même mouvement la soupape *b* se ferme ; en continuant à baisser, le capot fait enfoncer la tige *f* dans l'essence contenue dans la chambre *c* et l'en fait déborder d'un volume égal à celui de la partie de tige immergée. Ce volume est calculé (et réglé par la vis V) pour être égal à celui du liquide nécessaire et suffisant à chaque cylindrée du moteur.

L'essence tombe sur des toiles métalliques qui recouvrent la lanterne P ; l'air chaud, qui afflue de A à travers P, se carbure ainsi très rapidement et se rend au moteur par la tubulure latérale T. Ajoutons que si, par la bague extérieure *d*, il entre un supplément d'air frais, on diminue la dépression produite par l'aspiration, par suite l'enfoncement du capot et de la tige *f*, et par conséquent le volume qui débordera à chaque cylindrée. On a donc ainsi le moyen de régler d'une façon parfaite le dosage du mélange carburé introduit dans le moteur. C'est ce qui explique qu'avec ce système, et même en ouvrant par exemple le robinet de compression d'un moteur de motocycle, on ne constate jamais d'odeur ni de fumée et qu'on puisse obtenir ainsi une excellente carburation.

La vis à pointeau E sert à purger le tuyau d'arrivée d'essence *o m* de l'air qui a pu s'y introduire et à laisser au début couler un peu d'essence, afin de faciliter la mise en route du moteur. Simple et d'un réglage très facile, cet appareil est, de plus, fort peu encombrant.

Carburateur de Mesmay. — Ce système est basé sur le même principe que le Longuemare. La fig. 30 le montre vu en coupe. C'est un appareil à pulvérisation et à niveau

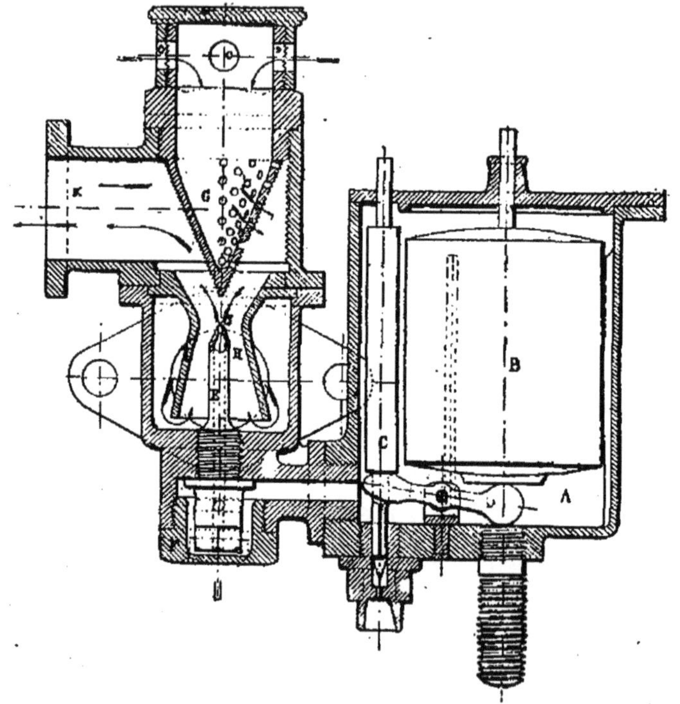

Fig. 30. — Carburateur système de Mesmay.

constant avec pointeau de réglage. Il est surtout employé pour les voitures automobiles, mais rien n'empêcherait de l'utiliser pour les motocycles de tous genres, où il donnerait certainement d'excellents résultats en raison de la simplicité de son réglage et de la sécurité de son fonctionnement.

Carburateur Raymond. — Cet appareil se compose (fig. 31), d'un récipient cylindrique avec prise d'air, sortie de gaz allant au moteur et sur lequel s'ajuste un couvercle portant le raccord d'arrivée d'essence, avec une vis de réglage. Il se prolonge par une cloison médiane qui descend aux 2/3 de la profondeur de l'appareil et au bout de laquelle est le pavillon ou balance

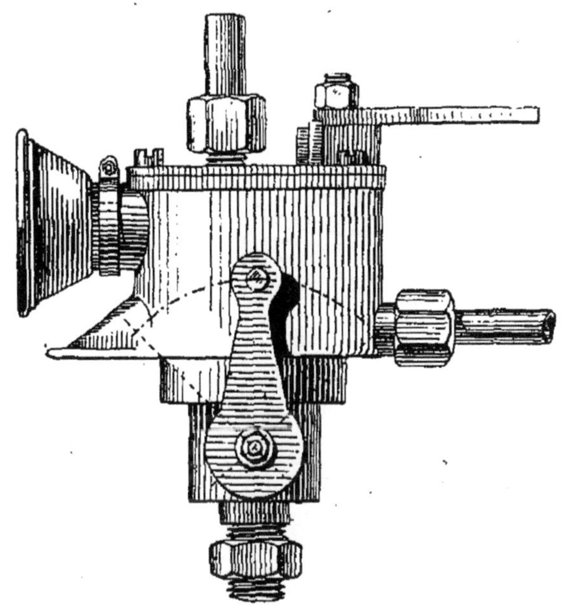

Fig. 31. — Carburateur système Raymond.

qui, avec un pointeau, et un ressort, forme tout l'organe distributeur de l'appareil; cette disposition de fermeture est insensible aux cahots et trépidations. Il n'y a que l'aspiration d'air produite par le moteur qui puisse faire fonctionner l'appareil. N'ayant pas de niveau constant ni de flotteur il peut subir toutes les inclinaisons sans être dérangé dans sa marche : il fonctionne avec toutes les essences et de l'air froid; il donne un rendement supérieur à tous les autres systèmes aux essais

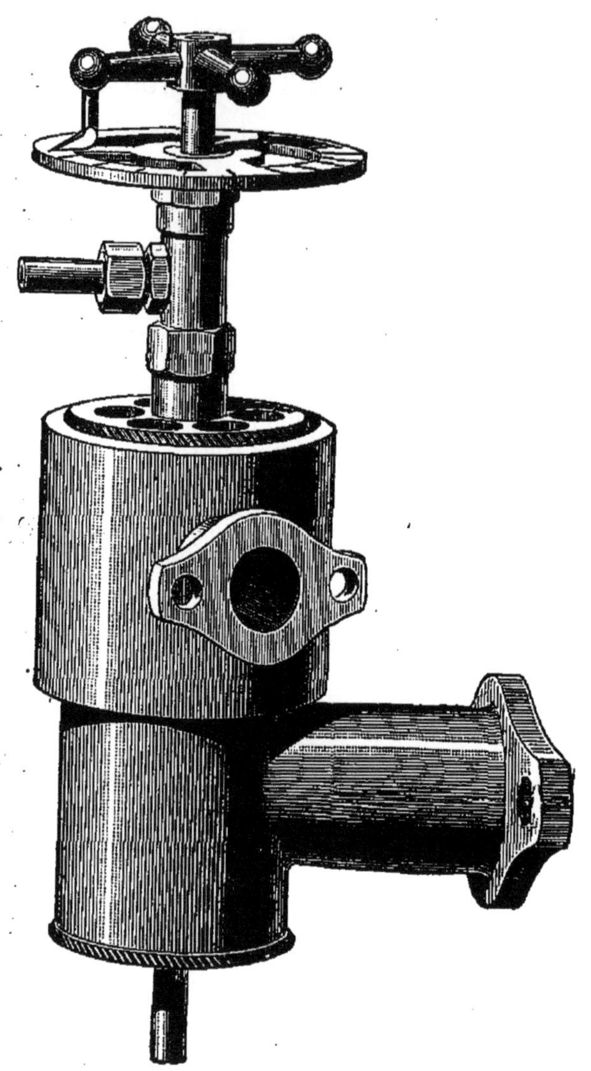

Fig. 32. — Carburateur Huzelstein (élévation).

comparatifs de charge ou de vitesse; il suffit de le chauffer à sa base pour l'empêcher de geler en le maintenant à une température d'environ 10 à 15°. On peut le chauffer de deux manières différentes, en le plaçant

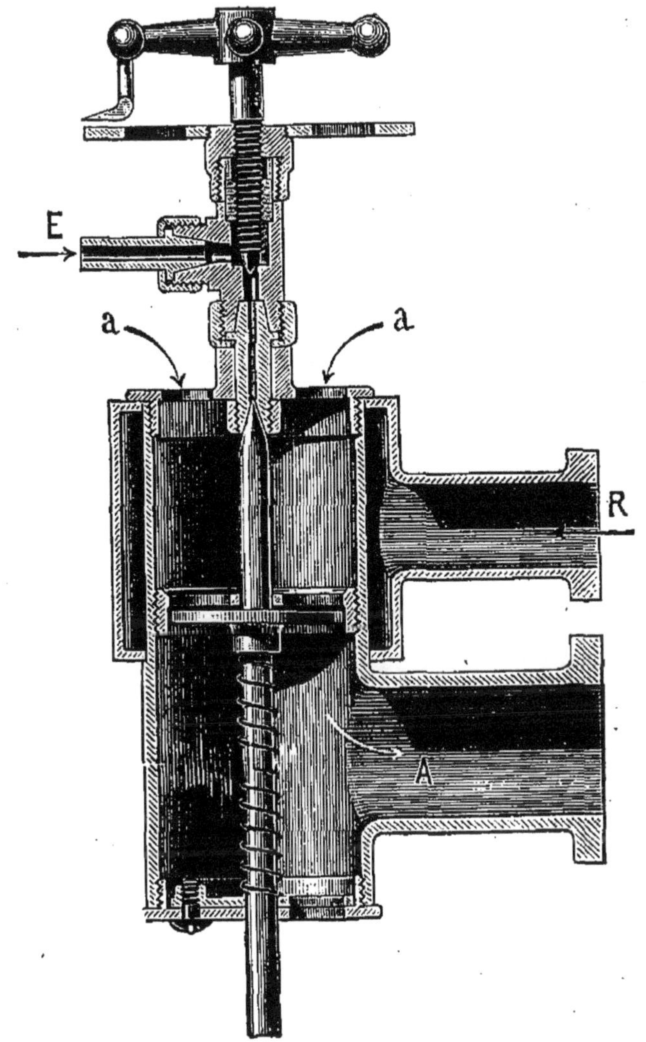

Fig. 33. — Carburateur Huzelstein (coupe).

sur un tuyau d'échappement ou en envoyant une faible quantité des gaz brûlés dans une petite coupelle adaptée sous le fond de l'appareil et reliée par un tube à l'échappement. Dans aucun cas l'air chaud ne doit être employé. Si l'on veut obtenir le maximum de force d'un moteur, pour régler le carburateur, on ferme le robinet d'air; une fois le moteur en marche, on ramène la clef verticalement et on tourne la vis de réglage à droite; le liquide sort par un trou purgeur, à gauche, si le moteur ne donne pas son maximum de force ou de vitesse.

Dans aucun cas il ne doit sortir de liquide de l'appareil en marche ni de fumée par l'échappement qui doit être sec et sans odeur. Il est bien entendu qu'il ne doit pas y avoir de ratés d'allumage; le réglage sur un bon moteur se fait en deux ou trois minutes. Une fois réglé, on a toujours la carburation par le robinet de réglage d'air.

Le réservoir doit être à cinq centimètres minimum au-dessus du carburateur, et l'essence doit être filtrée : le pointeau ayant moins de 1 millimètre de course ne peut donner passage à aucun corps étranger.

En résumé, le carburateur Raymond consiste donc en une balance équilibrée, portant d'un côté un pointeau qui règle l'arrivée de l'essence, et de l'autre un tasseau commandé par une rampe hélicoïdale permettant au pointeau de laisser passer une plus ou moins grande quantité d'essence. Le mélange est ensuite tamisé à travers les toiles métalliques placées sous la balance, de manière à constituer un gaz très riche et ceci avant d'arriver au tuyau d'admission. Ajoutons que l'appareil ne mesurant que 10 centimètres de hauteur sur 6 de large, ne dépasse pas le poids de 8 à 900 grammes, ce qui est insignifiant pour un motocycle ; il a surtout l'avantage d'éviter les complications dues aux tringles indispensables pour la manœuvre des autres carburateurs, aussi est-il assez apprécié et ses applications sont-elles nombreuses.

Carburateur Huzelstein. — Cet appareil que la fig. 32 représente en élévation et la fig. 33 en coupe est encore un carburateur à pulvérisation et à pointeau, mais non à niveau constant. Son fonctionnement s'opère par le déplacement de ce pointeau à chaque aspiration du piston moteur. Le réglage de l'arrivée d'essence s'obtient par le jeu d'une vis micrométrique mobile dans un écrou ; l'essence arrivée du réservoir par la tubulure E, l'air extérieur est aspiré en *a a* au travers de toiles métalliques à mailles serrées, et le mélange carburé est conduit au moteur par la tubulure A. Le tuyau R amène de l'air chaud emprunté à l'échappement, et qui, circulant dans la double enveloppe de l'appareil, assure le réchauffement par les temps les plus incléments et favorise le mélange de l'air et de l'hydrocarbure.

CHAPITRE V

L'ALLUMAGE

Divers procédés d'allumage du mélange explosif. — Allumage par l'étincelle électrique. — Organes de l'allumage; le générateur du courant, piles et accumulateurs. — Le transformateur. — La bougie. — Divers modèles de bougies, de Bisson-Bergès, G. Richard, etc. — Le trembleur, divers modèles. — Le circuit électrique. — Le coupe-circuit. — La poignée interruptrice.

Deux procédés sont employés concurremment pour l'inflammation du mélange explosif à l'intérieur du cylindre dans les moteurs d'automobiles ; mais, en ce qui concerne les motocycles, il n'est presque jamais fait usage que de l'un de ces procédés : celui utilisant, pour produire l'explosion, la chaleur d'une étincelle d'induction de haute tension. Ce dispositif est supérieur à l'allumage par tube incandescent, car on peut, grâce à lui, produire la déflagration juste au moment voulu pour donner au moteur l'allure qui lui convient le mieux, vu l'importance du travail extérieur et la quantité de travail qu'il effectue, obtenir en un mot l'effet connu sous le nom *d'avance à l'allumage.*

Le système d'inflammation par l'électricité, à côté d'incontestables avantages, n'est pas sans présenter certains inconvénients, dont les deux principaux résident dans le procédé d'obtention du courant et les soins réclamés par l'appareillage si l'on veut avoir un fonctionnement satisfaisant. Un grand nombre de *pannes* et d'arrêts ou d'irrégularités de marche proviennent de l'électricité et, de même que tout motocycliste doit devenir peu à peu, et au fur et à mesure de la pratique, un artiste de la carburation, il doit être, avant de se mettre en selle, assez électricien pour découvrir dans le circuit électrique de l'appareil la cause produisant un allumage défectueux ou insuffisant (ratés). C'est surtout là une question de mémoire et de raisonnement.

Les organes constituant l'appareillage électrique d'un motocycle sont les suivants :

1. — Un générateur d'électricité (piles primaires ou accumulateurs).
2. — Un transformateur à haute tension (bobine d'induction).
3. — Un trembleur mécanique à came.
4. — Une bougie (en matière isolante) entre les pointes de laquelle jaillit l'étincelle.
5. — Un coupe-circuit à fiche ou cheville.
6. — Une poignée interruptrice.

Nous étudierons successivement, et dans cet ordre, cette série d'appareils, lesquels sont réunis les uns aux autres dans un ordre déterminé, par des fils conducteurs bien isolés et suivant deux circuits distincts.

Générateurs de courant. — Il en existe de deux systèmes différents : les piles et les accumulateurs qui possèdent chacun leurs avantages et leurs inconvénients respectifs. Les premières, lorsqu'elles sont bien construites, fournissent un courant suffisant, bien que d'une tension assez faible, ce qui oblige d'en grouper un certain nombre ; mais, lorsqu'elles sont polarisées ou *mortes* suivant l'expression ordinaire, il faut les changer et en acheter de neuves, ce qui ne laisse pas que d'être assez coûteux. Les fabricants ne reprennent les éléments morts qu'à un prix infime, tandis que les batteries neuves coûtent de 25 à 40 francs. Or, comme un court-circuit dû à une inadvertance, un oubli, la pluie, peut amener en peu de temps la polarisation de la pile, on voit que ce système n'est pas sans avoir son mauvais côté.

Fig. 34. — Piles sèches.

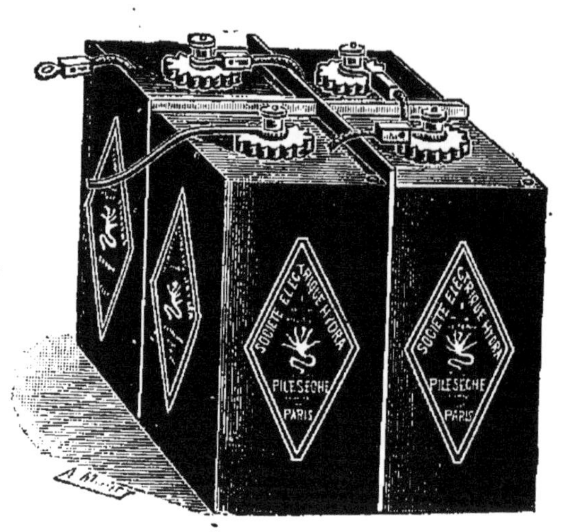

Fig. 35. — Piles sèches Hydra.

On reconnaît toutefois à ces appareils l'avantage d'être étanches, le liquide excitateur étant immobilisé par une gelée d'agar-agar, ou du cofferdam comme dans la pile Leclanché (fig. 34), qui a reçu quelques applications.

Les accumulateurs sont d'un prix d'achat également assez élevé, mais, lorsqu'ils sont déchargés, au lieu de les mettre au rebut ou de les échanger chez le fabricant, il n'y a qu'à leur rendre la quantité d'énergie qu'ils ont dépensée (rendement à part, bien entendu) pour les remettre identiquement dans les conditions du début, et cela presque indéfiniment. Les accumulateurs n'ont contre eux que leur délicatesse et l'ennui résultant de leur rechargement.

Il est nécessaire, en effet, de porter fréquemment son attention sur les accumulateurs qui, pour cette application spéciale, sont construits toujours un peu légèrement, afin d'éviter ou de réparer les érosions et oxydations dues aux sels grimpants ou aux projections de liquide acide hors des éléments. Le point capital est de ne jamais pousser la décharge au-dessous de 1,9 ou 1,8 volt au maximum, faute de quoi on amènerait la sulfatation des plaques, et la chute de la matière active entre ces plaques, d'où courts-circuits internes et mise hors de service irrémédiable de la batterie. Pour éviter cela, il suffit de mesurer de temps à autre le voltage des éléments au moyen d'un petit voltmètre, et de les faire recharger aussitôt qu'ils sont descendus à 1,9 volt par élément.

Quant à la recharge, elle peut s'opérer de diverses manières : on peut faire passer, dans les accumulateurs groupés en quantité (les pôles de même nom ensemble), le courant de deux piles de Bunsen groupées *en tension* (zinc relié au charbon suivant). Il faut une dizaine d'heures pour recharger ainsi les accumulateurs.

On peut encore procéder à la recharge sur un courant de secteur d'éclairage (courant continu, bien entendu). La tension de ce courant étant ordinairement de 110 volts, tandis que la tension à donner aux accumulateurs ne doit pas dépasser 5 volts, pour abaisser ce voltage au chiffre voulu, on intercale *en série* des résistances appropriées, — des lampes à incandescence peuvent parfaitement convenir dans ce cas, et l'on en met une, deux ou davantage, de façon à absorber l'excès de voltage. Mais on gaspille ainsi 95 pour 100 de l'énergie empruntée à la canalisation, et il est plus économique de confier l'appareil à une usine d'électricité ou à un garage qui, pour une somme minime, reconstituera la charge électrique sans détériorer l'accumulateur.

Mentionnons en passant les *transformateurs rotatifs*, sortes de petites dynamos à induit à double enroulement se branchant sur les canalisations des secteurs et fournissant alors du courant à basse tension, 8 à 10 volts, pouvant servir à la recharge des batteries secondaires. Mais c'est faire de bien grosses dépenses pour un fort piètre résultat.

Disons aussi que, dans le but d'éviter toute cette complication, certains constructeurs ont imaginé de placer sur le motocycle une petite dynamo, actionnée par une transmission sur le moteur à pétrole, et fournissant l'électricité nécessaire pour l'alimentation de la bougie. C'est une solution qui présente un certain intérêt, à condition que cette dynamo absorbe peu de force et soit d'un prix modéré.

Transformateur. Le courant fourni par les piles ou les

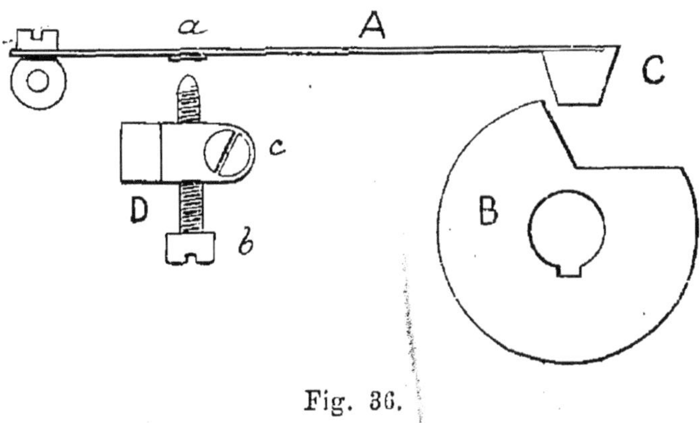

Fig. 36.

accumulateurs ayant une tension beaucoup trop faible pour produire une étincelle assez puissante et enflammer le mélange explosif, on a pensé à utiliser les phénomènes de l'induction pour augmenter l'intensité de cette étincelle. Le courant est donc envoyé dans le *circuit primaire* (à gros fil), d'une bobine genre Ruhmkorff. Chaque fois que, par le jeu de la came d'allumage (que nous examinerons plus loin), le courant passe dans les spires du fil inducteur, il se développe dans le *circuit secondaire* ou fil induit de la bobine, un courant instantané de très haute tension, que l'on augmente encore par des dispositions sur lesquelles nous n'insisterons pas pour ne pas compliquer l'explication.

Trembleur. Sur l'arbre secondaire de transmission du moteur est clavetée une came B faisant un tour pour deux de l'arbre principal. Sur une plaque de cuivre triangulaire, doublée d'ébonite ou de fibre isolante, est montée une lame de ressort A (fig. 36), portant un marteau C à son extré-

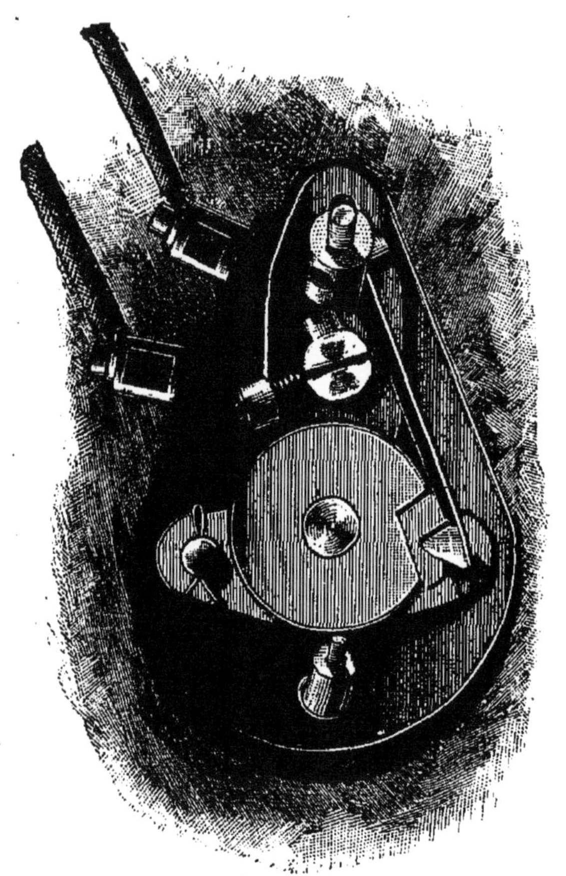

Fig. 37. — Appareil d'allumage complet.

mité libre. Cette lame élastique porte un plot *a* en platine qui vient en contact avec la vis *b* lorsque la marteau tombe dans l'encoche de la came. Pour que cet appareil soit bien réglé, il faut que la touche C ayant pénétré à moitié dans l'encoche de la came, la vis *b* soit bien en contact avec le plot *a*, la lame étant par suite un peu soulevée. Ce contact ainsi opéré, le circuit se trouve fermé et le transformateur est actionné, de telle façon qu'un courant induit est pro-

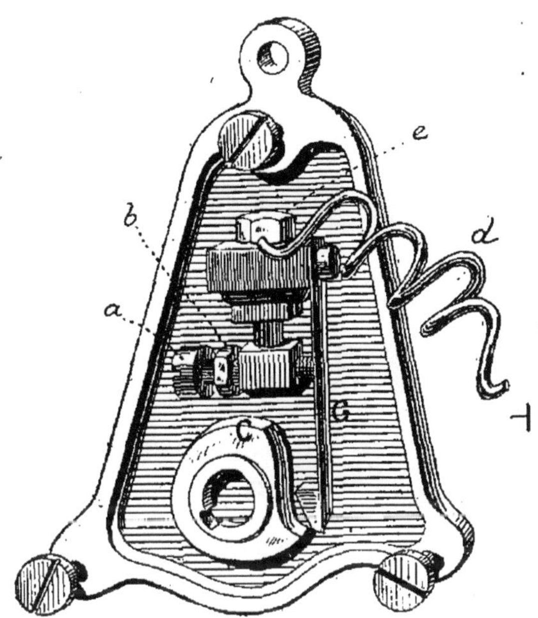

Fig. 38. — Allumeur du moteur Gaillardet.

duit et que l'étincelle éclate entre les pointes de la bougie. On ne dépense donc de l'électricité que pendant l'espace extrêmement court suffisant à la production de l'étincelle, au lieu de laisser le courant passer constamment; de plus l'instant précis où doit s'effectuer la déflagration du mélange carburé peut être déterminé, la plaque sur laquelle sont montées la lame vibrante du trembleur et la vis de butée pouvant tourner sur elle-même, de telle façon que le marteau occupe à volonté telle ou telle position par rapport à l'encoche. On peut donc, en manœuvrant cette plaque, par le moyen d'une manette et d'une tringle, régler le moment de l'explosion et donner ainsi de l'avance ou du retard à l'allumage, suivant la vitesse de rotation que l'on veut donner au moteur.

Bougie. L'étincelle produite par lecourant envoyé par

Fig. 39. — Bougie d'allumage.

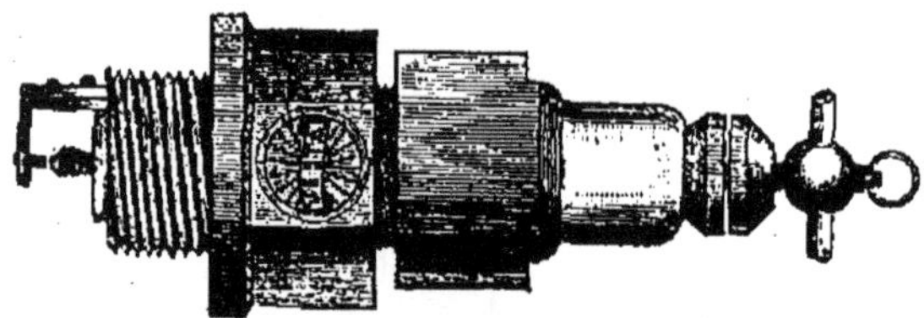

Fig. 40. — Bougie modèle « Volta ».

l'accumulateur et transformé par la bobine, jaillit à l'extrémité d'un petit organe vissé dans la culasse du moteur et appelé *bougie.* Dans sa forme la plus simple, la bougie (fig. 39) se compose d'un petit tube de porcelaine de 8 centimètres de longueur, à l'intérieur duquel se trouve un fil métallique terminé par une pointe de platine. Ce tube est scellé avec du plâtre dans un cylindre de fonte terminé par un pas de vis sur la face duquel est soudée une autre pointe de platine. Un écrou à six pans sert à visser ou à dévisser la bougie sur son siège à l'aide d'une clef anglaise, et une borne reçoit le fil conducteur venant de la bobine, fil qui est maintenu et serré par une vis.

Un des gros ennuis de la bougie d'allumage provient de l'inégalité de dilatation de la porcelaine et de la tige centrale métallique. Le joint entre la porcelaine et la tige centrale est fait, en général, d'un lut au plâtre que les inégalités de dilatation démolissent rapidement ; il se produit vite une fuite qui « souffle » pour ainsi dire l'étincelle et empêche l'inflammation du mélange explosif.

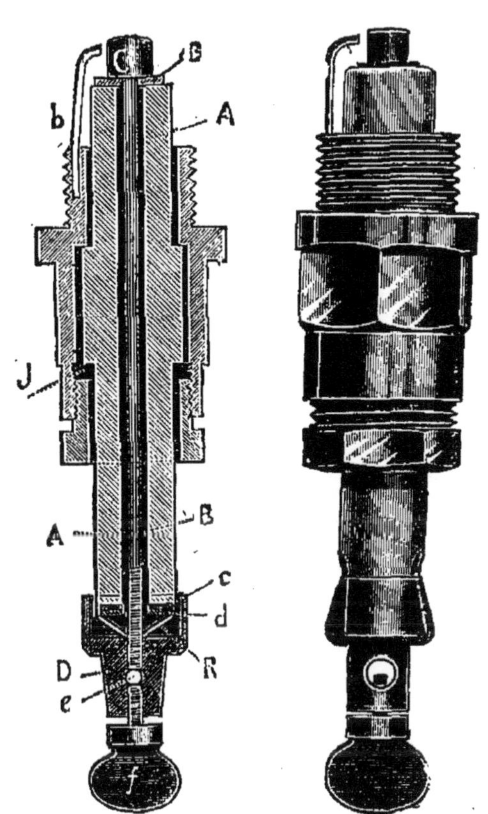

Fig. 41 et 42. — Bougie Richard (élévation et coupe).

Outre cet inconvénient, déjà grand, les différences d'allongement sous l'effet de la température sont cause le plus souvent des ruptures de porcelaine, et par suite de perte de la bougie et de pannes.

La nouvelle bougie Georges Richard, dont nous donnous une vue extérieure et une coupe, supprime ces inconvénients de la façon la plus simple (fig. 41 et 42).

La tige centrale présente, à son extrémité, une partie renflée C ; entre cette partie renflée et la porcelaine A sont placées des rondelles de cuivre *d* qui forment le joint remplaçant le lut en plâtre. A son autre extrémité, la tige est filetée, et un chapeau D, pouvant se visser sur ces filets, écrase un ressort R entre lui et la face de la porcelaine. Il en résulte que constamment le ressort tend à pousser le chapeau et avec lui la tige dont la partie C appuie toujours

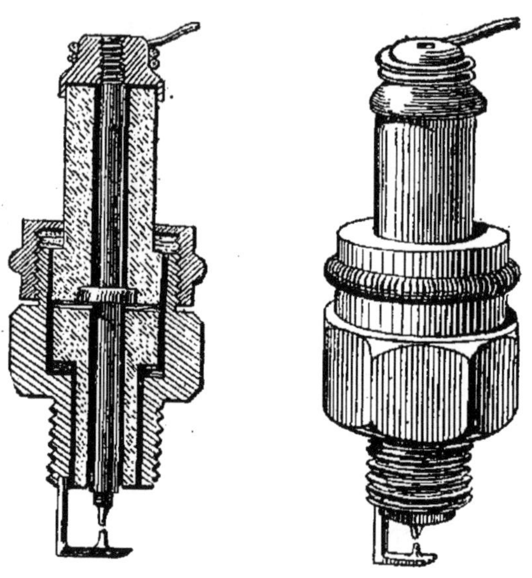

Fig. 43 et 44. — Bougie Bisson-Bergès (coupe et élévation).

énergiquement sur les joints métalliques *d;* donc plus de fuite. Les ruptures sont également supprimées, car la liaison entre la porcelaine et la tige n'est plus rigide, mais est, en quelque manière, élastique par suite de l'interposition des ressorts. Les inégalités de dilatation n'ont maintenant comme effet qu'une compression plus ou moins grande de ces ressorts.

En J se trouve un joint en amiante absolument parfait.

Le fil de bougie est engagé par son extrémité dans l'ouverture *e* et serré à l'aide d'une vis.

Afin que pendant les manipulations de cette vis on ne vienne pas à serrer ou desserrer le chapeau sur sa tige, ce chapeau est écrasé sur la porcelaine, et ne peut ainsi de lui-même tourner tout en pouvant glisser le long de cette même porcelaine, permettant ainsi le libre allongement de la tige centrale.

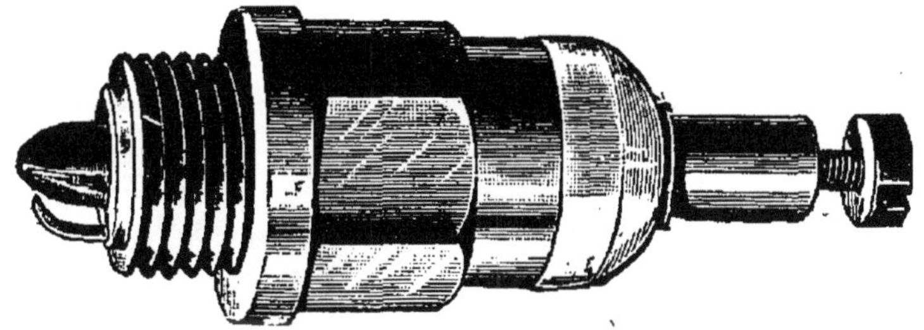

Fig. 45. — Bougie Reclus.

Il existe d'ailleurs un assez grand nombre de modèles de bougies d'allumage, tous plus parfaits les uns que les autres, à en croire les fabricants. Citons encore la bougie Bisson-Bergès que les fig. 43 et 44 représentent en élévation et en coupe, et dont le principal avantage réside dans le réglage facile et rapide de l'écartement des pointes que permet de réaliser un bouton moleté disposé au-dessus de l'écrou de serrage et la bougie Reclus (fig. 45).

Coupe-circuit. Dans le but d'éviter toute dépense intempestive d'électricité, les constructeurs ont l'habitude d'intercaler, sur le trajet du fil positif de la source de courant, un contact à cheville, sorte d'interrupteur servant à couper la communication entre l'accumulateur et la bobine chaque fois que le motocycliste doit s'éloigner de son véhicule. Ce coupe-circuit de sûreté est unipolaire (fig. 46) ; la communication est rétablie en glissant entre les deux contacts une cheville métallique de section appropriée et que l'on met

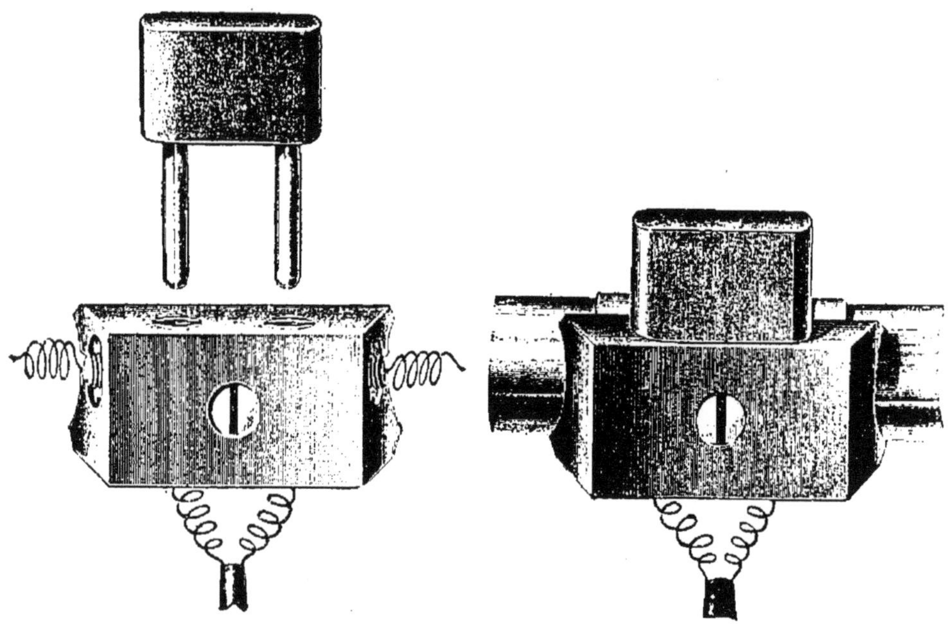

Fig. 46 et 47. — Coupe circuit de sûreté, modèle de Gianoli et Lacoste.

dans sa poche chaque fois que le motocycle est inactif. A moins de remplacer cette cheville par un fragment de métal convenable, nul intrus ne pourra s'emparer de l'appareil et le mettre en marche ; c'est donc une bonne précaution.

Poignée interruptrice. C'est encore un contact électrique, ordinairement disposé à l'intérieur de la poignée gauche du motocycle, rendue mobile autour de son axe, et qui sert à envoyer le courant du générateur à la bobine ou à l'interrompre instantanément, ce qui est indispensable pour ce genre de locomoteurs rapides. C'est par cette manœuvre si simple, consistant à tourner la poignée du guidon, que l'on peut arrêter instantanément le moteur ou le faire repartir suivant les nécessités et les encombrements de la route. Cet

Fig. 48. — Serre-fils de guidon.

Fig. 49. — Coupe circuit de cadre.

interrupteur si simple est indispensable, et on ne voit pas bien comment un motocycle qui en serait dépourvu pourrait évoluer sans cette adjonction si utile !

Circuits électriques. A part quelques modifications de détails insignifiantes, on peut dire que l'appareillage pour l'inflammation du mélange dans le cylindre est composé de deux circuits distincts que l'on peut suivre sur la fig. 50.

Des extrémités de la boîte contenant les éléments de piles ou d'accumulateurs, partent deux fils conducteurs. L'un, (+) le positif, se rend d'abord au coupe-circuit de sûreté à cheville A, puis à un plot *a*, vissé à l'extrémité de la branche gauche du guidon. D'un second plot, situé à peu de distance du premier, repart le fil positif qui se rend alors à l'une des bornes du circuit primaire de la bobine. C'est la poignée

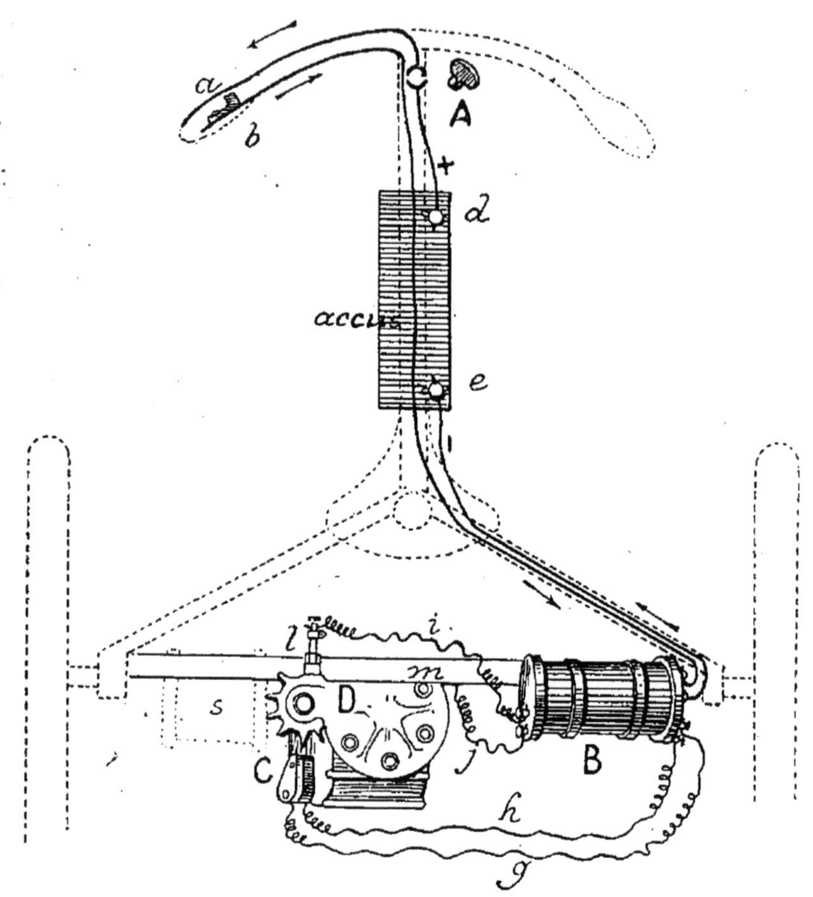

Fig. 50. — Circuit électrique.

A coupe-circuit. — *a*, *b*, poignée interruptrice. — *e*, *d*, bornes des accumulateurs. — B bobine d'induction. — C allumeur. — D moteur. — *g*, *h*, *i*, *j*, fils conducteurs. — *l*, bougie. — *s*, silencieux.

qui, par le mouvement qu'on lui donne, met en communication ou non les deux plots *a* et *b* de l'interrupteur. Le fil négatif (—) de l'accumulateur est relié à la deuxième borne de la bobine, sans être interrompu en aucun point de son trajet. Voilà pour le circuit primaire à basse tension.

Sur la bobine, en plus des deux réophores amenant le courant de la batterie, se trouvent quatre autres bornes dont voici alors les communications :

Borne reliée à la vis de contact de l'allumeur ;
— — à la lame de ressort portant le marteau frottant sur la came.
— — à la borne formant la tête de la bougie.
— — à la masse métallique du motocycle.

Ces deux circuits distincts, l'un alimentant l'interrupteur mécanique constitué par la came, le trembleur et sa vis de réglage, l'autre se rendant à la bougie où doit jaillir l'étincelle, sont à haute tension, étant pris sur le circuit secondaire de la bobine. On peut donc, en les vérifiant sans précaution, recevoir des secousses assez désagréables, tandis que la manipulation du générateur primaire à basse tension est absolument inoffensive.

Nous croyons en avoir assez dit maintenant pour familiariser le lecteur avec la question de l'électricité, délicate et complexe c'est vrai, mais qu'il suffit d'avoir bien comprise, une fois pour toutes, pour que la circulation de ce mode de l'énergie dans les différents fils ne présente plus aucun mystère. Nous en viendrons maintenant à la description des principaux modèles de motocycles et accessoires.

CHAPITRE VI

LES MOTOBICYCLETTES

Les bicyclettes à moteur à pétrole. — Premières automobiles allemandes. — Description des systèmes de motobicyclettes de Bouilly, Werner, Pernoo, Garreau, Bonnefis, Landru, de Durey. — Bicyclette Labre et Lamaudière. — Systèmes de Ridel, Flinois, Chapelle, Bergeron, Boyer, Girardot, etc. — Tandems à moteur, systèmes divers. — Résumé.

Le véritable *moto* est le tricycle, et c'est sous la forme de véhicule à trois roues, analogue comme aspect à l'ancien cripper, que cette automobile en réduction a conquis une faveur incroyable. Cependant il ne manque pas de défauts, résultant surtout de son poids considérable, et qui le rendent peu maniable en cas d'avarie survenue au moteur. On conçoit donc que les innovateurs se soient efforcés de réduire ce poids, de façon à faire une machine avec laquelle il soit possible à l'infortuné chauffeur, qu'une *panne* incoercible immobilise sur la route, de gagner en pédalant un endroit hospitalier où il puisse dompter le monstre aux mille formes qui est la terreur du motorman.

C'est de cette idée que provient la motobicyclette, qui est un motocycle réduit dans toutes ses parties, et dont il

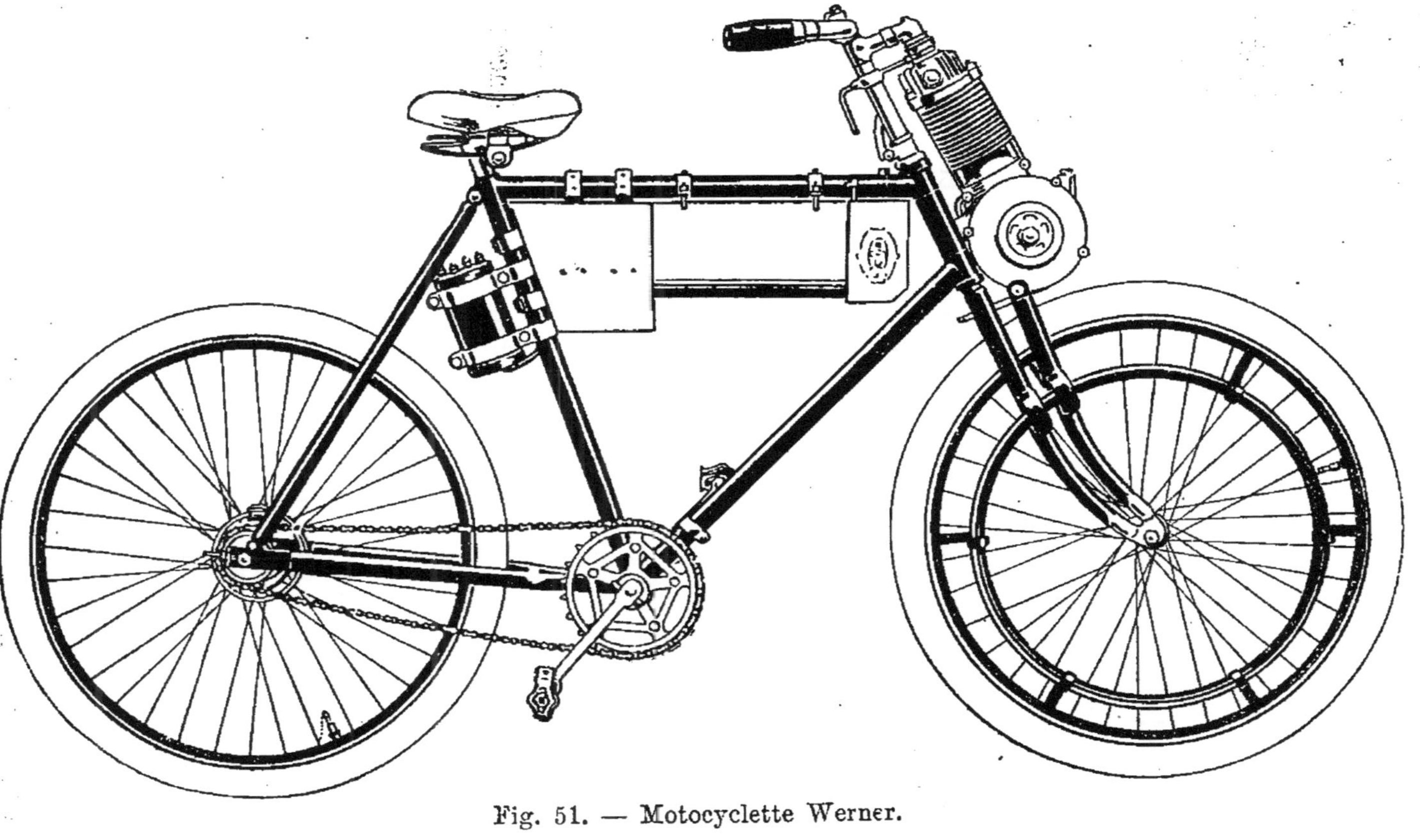

Fig. 51. — Motocyclette Werner.

existe de nombreux modèles aujourd'hui. Certains mêmes sont fort bien étudiés et capables de fournir d'aussi bons résultats que le tricycle, — je dirai presque de meilleurs résultats, car on dépense moins de pétrole, on passe partout, dans les moindres sentiers, et enfin on peut pédaler sans être obligé de traîner son moteur en cas de panne.

Nous avons décrit, dans notre ouvrage le *Conducteur-constructeur de cycles et d'automobiles,* les premiers modèles de bicyclettes à moteur qui ont vu le jour et ont reçu la sanction de l'expérience; nous avons ainsi étudié le système munichois de Wolfmuller et Hildebrand, introduit en France par Huzelstein, et dont les organes étaient plus qu'insuffisants à tous égards; nous avons décrit également la « *Volta* » de M. Dalifol, les bicyclettes J. de Cosmo, Millet et le système Kane-Pennington. Nous ne reviendrons pas sur ces vénérables ancêtres de la récente motobicyclette, leur succès a d'ailleurs été éphémère, aussi nous bornerons-nous à décrire les systèmes dont l'expérience a montré l'intérêt ou l'originalité.

A mesure que le goût de l'automobilisme se répand davantage, la nécessité d'un motocycle de construction simple et de prix modique se fait sentir de plus en plus. Nombreuses sont, en effet, les personnes qui, déjà conquises à ce nouveau mode de locomotion, ne peuvent cependant posséder une voiturette ni même un tricycle, soit que l'emplacement pour loger le véhicule leur manque, soit que la mise de fonds élevée qu'occasionne encore un semblable achat les en empêche. Or la bicyclette à moteur constitue certainement l'automobile la moins coûteuse et la moins encombrante. N'ayant qu'une seule voie puisque ses roues sont placées dans le même plan, elle permet à son cavalier d'éviter les mauvais chemins plus facilement qu'avec le tricycle, lequel a trois voies. Il en résulte que la promenade à bicyclette automobile est plus agréable, lorsque l'état des routes est bon, que le voyage à tricycle.

Dans certains pays accidentés, où les côtes sont nombreuses avec des déclivités exagérées, l'usage du motocycle et de l'automobile est fort aléatoire ; la bicyclette à moteur permettra cependant de circuler, et il est fort possible qu'avant bien longtemps d'ici, le tourisme à motobicyclette soit des plus répandus. Le développement de ce genre d'automobile dépend surtout de la perfection atteinte par les machines motrices et de leur agencement sur la bicyclette.

On a déjà fait de multiples essais pour réaliser une bicyclette automotrice à la fois légère, de mécanisme simple et solide et d'aspect agréable à l'œil, et ces tentatives ont démontré aux inventeurs que le problème n'est pas aussi simple qu'il le paraît de prime abord. La solution offre même de nombreuses difficultés que l'on n'avait pas soupçonnées au début. Tandis que, dans le tricycle, le moteur et sa transmission doivent être le principal souci du constructeur, dans la bicyclette, toute l'attention doit se porter sur l'agencement des divers organes et leur répartition judicieuse sur le véhicule.

La motocyclette Werner. Cet appareil n'est autre qu'une bicyclette à moteur à pétrole, présentant ceci de particulier que le moteur agit sur la roue d'avant tandis que le cycliste continue à pouvoir donner la propulsion par la roue arrière.

Comme on le voit sur la figure 51, le moteur est peu volumineux. Il est fixé au guidon et transmet son mouvement à la roue avant par l'intermédiaire d'une courroie entraînant une poulie à gorge que l'on fixe sur la roue à l'extérieur de la fourche. Le moteur lui-même, qui est du type ordinaire à quatre temps, de dimensions très restreintes, ne pèse que 10 kilos, poids auquel il faut y ajouter 4 kilos pour le carburateur et les accessoires. Il développe 3/4 de cheval, en tournant à 1.200 tours à la minute.

L'allumage se fait par tube incandescent ou par étincelle électrique. Le brûleur très réduit est enfermé dans une petite lanterne. Le carburateur se compose d'un réservoir en cuivre nickelé qui suit le tube horizontal du cadre. Il contient deux litres et demi d'essence, quantité suffisante pour faire 100 kilomètres.

La manœuvre du moteur est commandée au moyen d'une manette placée sur le guidon.

Il est bien certain que ce dispositif présente à première vue un aspect des plus séduisants, mais l'expérience a vite désabusé les plus enthousiastes partisans de ce système qui présente malheureusement de très sérieux défauts. Nous ne pouvons admettre les affirmations des constructeurs sur bien des points, car, en réalité leur motocycle est un instrument assez dangereux en raison de son manque de stabilité. Tout le poids se trouvant reporté sur le guidon, il en résulte que la direction est alourdie et rendue plus difficile. Le centre de gravité étant très haut, les dérapages sont fréquents dès que le sol est gras ou même simplement humide et le moteur manquant un peu de force l'ascension des côtes raides est plutôt difficile à moins de pédaler.

L'autocyclette Garreau. — On peut appliquer à ce système les mêmes critiques qu'à la motocyclette, en les atténuant toutefois, car l'inventeur, loin d'avoir eu l'idée absurde d'attacher le moteur au guidon, a songé à abaisser le plus possible le centre de gravité, et il a placé sa machine verticalement au-dessus du pédalier, ce qui est plus rationnel.

L'autocyclette est une bicyclette ordinaire à laquelle est adjoint un moteur, réduction du type de Dion et Bouton, capable de produire 30 kilogrammètres environ par seconde à la vitesse de 1.500 tours par minute, bien que son poids soit de 5 kilos environ. La force est transmise à la roue d'arrière par un engrenage de réduction et une chaîne. L'axe du pédalier est agrandi pour que les pédales ne viennent pas, en tournant, buter dans le volant du moteur.

L'allumage du mélange explosif est opéré par l'étincelle électrique, comme dans la plupart des moteurs d'automobiles, et les trois manettes de commande de la carburation et de l'avance à l'allumage sont disposées sur des pivots fixés à la traverse supérieure du cadre. Le réservoir carburateur contenant 1 litre et demi de gazoline est disposé à l'arrière, sous la selle et au-dessus de la roue motrice. La bobine d'induction est fixée sur ce récipient, et la caisse d'accumulateurs est disposée dans le cadre.

Le principal avantage de cet appareillage, c'est qu'il peut être monté sur la première bicyclette venue ; il suffit de changer l'axe du pédalier. Le multiplication étant très faible, la mise en route est facilitée, et la compression pouvant être entièrement supprimée dans le cylindre, on peut rouler sans grande fatigue en entraînant le moteur (que l'on peut débrayer d'ailleurs), ce qui présente une réelle utilité en cas d'avarie survenue en cours de route au mécanisme.

Théoriquement, l'autocyclette paraît donc pouvoir donner des résultats assez satisfaisants, à la condition que sa construction soit irréprochable. Nous ne savons si, dans la réalité, il en serait de même, car l'unique modèle que nous avons pu voir fonctionner nous a paru bien insuffisant et l'inventeur devra améliorer sa fabrication pour que sa machine puisse donner satisfaction.

Bicyclette Bouilly. — Dans ce système, le moteur est placé entre deux tubes jumeaux reliant la douille au pédalier, le carburateur est placé sous la selle ; les accumulateurs et la bobine pour l'allumage électrique sont accrochés au cadre, enfin les manettes sont disposées exactement comme dans le tricycle de Dion.

Il n'existe donc aucune nouveauté, aucune originalité dans ce système, et le premier mécanicien venu peut établir sans peine un motocycle équivalent.

Le moteur, qui développe 80 kilogrammètres au frein, à la vitesse de 1.500 tours par minute, commande la roue d'arrière par une transmission à courroie ; cette dernière se tend à volonté au moyen d'un levier à crémaillère placé à portée de la main, et cette tension variable, combinée avec l'avance à l'allumage, permet d'obtenir toutes les vitesses entre 6 et 35 kilomètres à l'heure. Deux freins disposés

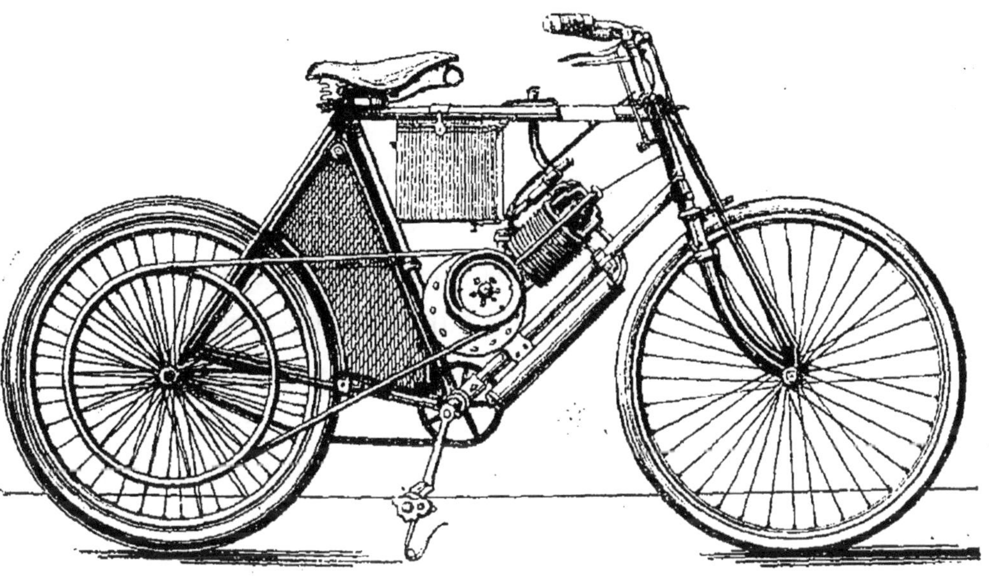

Fig. 52. — Motobicyclette la « Parfaite », de Durey et Bernard.

chacun sur l'une des roues, assurent d'autre part un arrêt rapide.

Bicyclette à pétrole Durey, la *Parfaite*. — Ce système se rapproche, comme disposition générale, de celui de la bicyclette Bouilly. Le moteur est disposé dans le cadre, le long de la traverse oblique, et la commande est effectuée par poulies et courroie. Le travail développé par le moteur est de 120 kilogrammètres à l'allure de 35 kilomètres à l'heure ; le poids du véhicule, avec sa machine et son carburateur, ne dépasse pas 45 kilogrammes. Le principal avantage de la machine Durey réside dans l'emplacement des divers leviers de commande et leur simplification, ce qui facilite considérablement les manœuvres à effectuer. Ainsi, il n'existe qu'une seule manette de carburation, la tuyauterie est supprimée et remplacée par les tubes du cadre. La commande de l'allumage est sous la main droite, et la compression peut être annulée par le jeu d'une soupape commandée par un autre levier placé sous la poignée de gauche du guidon. Enfin l'avance à l'allumage est réglée à volonté au moyen d'une longue poignée verticale au milieu du cadre.

Nous avons essayé la bicyclette Durey, et la comparaison que nous en avons pu faire avec les types précédemment décrits a été toute à son avantage, comme douceur de roulement, stabilité et commodité de réglage. L'axe de la roue arrière portant une roue à rochet, la chaîne ne tourne pas, et l'on peut prendre appui sur les pédales immobiles, qui deviennent ainsi de simples repose-pieds. La manœuvre est simple et facile, les virages s'exécutant aisément presque sans ralentir, enfin, dans le cas d'une avarie ou d'un arrêt du moteur, on enlève la courroie de transmission et on n'a plus qu'une simple bicyclette, un peu lourde peut-être, mais dont les pignons n'ont qu'un faible développement, ce qui permet de pédaler sans trop de fatigue et terminer quand même, et par ses seuls moyens, l'étape commencée, ce qu'il est fort difficile de faire avec un tricycle, à moins de débrayer le moteur.

Bicyclette Hertschmann. — M. Arthur Hertschmann ingénieur de la « Dunlop Motor C° » de Londres, a fait connaître également un modèle de bicyclette à moteur rappelant la forme des précédentes. Le moteur est à deux cylindres, dont l'effort s'équilibre, et qui agissent à quatre temps comme à l'ordinaire. Les pistons, par l'intermédiaire d'une manivelle courte, actionnent une roue dentée fixée sur la base

Fig. 53. — Bicyclette à moteur de Hertschmann.

d'une bicyclette ordinaire, près du pédalier. Cette roue engrène avec un pignon intermédiaire qui transmet le mouvement à la roue motrice à l'aide d'une chaîne à rouleaux. Les pédales ne sont donc utiles que pour la mise en train du moteur et dans les côtes ; elles sont munies d'un rochet pour les débrayer à volonté (fig. 53).

Le moteur peut développer 50 kilogrammètres, il est à allumage par tube incandescent, et le refroidissement est assuré par deux cônes largement évasés, dans lesquels l'air s'engouffre pour circuler autour des cylindres.

Motocyclette système Ridel. — Dans la motocyclette de M. Ridel, de Bayeux, le moteur est fixé derrière la selle et il commande la roue d'arrière par une courroie. La

Fig. 54. — Motocyclette Ridel.

bielle du piston est supprimée et remplacée par un coulisseau agissant dans une cage dont la course est guidée par les parois de la boîte. La trépidation se trouve atténuée par la compression de l'air dans la partie inférieure du moteur, compression résultant du déplacement du piston. La caisse commandant les mouvements des soupapes est remplacée par un excentrique à déplacement latéral, sous l'effet duquel se trouvent l'allumage et l'échappement (fig. 54). Le carburateur, de construction spéciale, ne distribue de l'essence qu'en marche, de sorte que n'étant jamais en contact avec l'air ce liquide s'appauvrit moins rapidement et que l'on peut faire usage d'essence ordinaire à la densité de 720.

Le moteur de la bicyclette automobile Ridel peut déve-

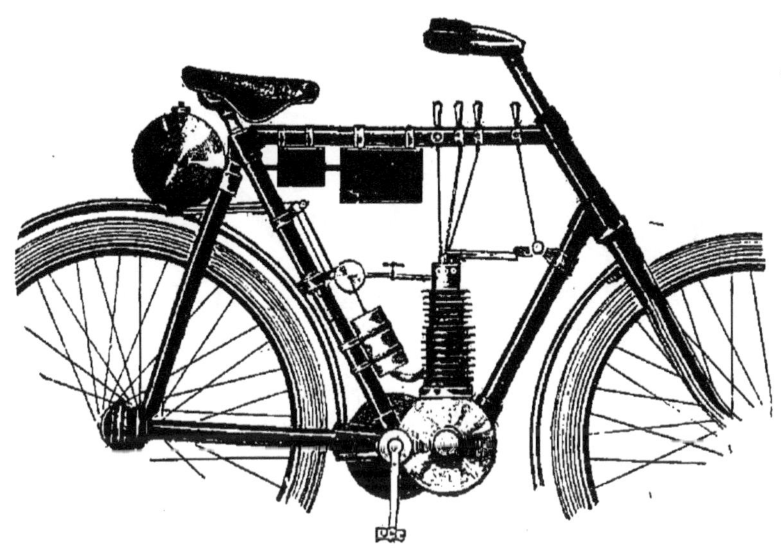

Fig. 55. — Pétrolette Oméga.

lopper 90 kilogrammètres environ, comme le modèle de Dion-Bouton; il est donc suffisant pour imprimer à ce véhicule, dont le poids en charge ne dépasse pas 35 kilogs avec allumage électrique et 30 kilogs avec allumage par chalumeau et brûleur à incandescence, une vitesse de 30 kilomètres à l'heure environ.

Pétrolette « Oméga ». Ce modèle dû à M. Bergeron, et que représente la fig. 55, est muni d'un moteur disposé au-dessus du pédalier et dont le mouvement de rotation est transmis à la roue d'arrière par un double train d'engrenages d'angle, comme dans les bicyclettes du type « Acatène ». Il n'y a pas de carburateur, mais un appareil de distribution le remplaçant. Ce système n'ayant pas reçu la sanction de la pratique, nous n'insisterons donc pas sur les avantages qu'il peut posséder, et que nous ignorons.

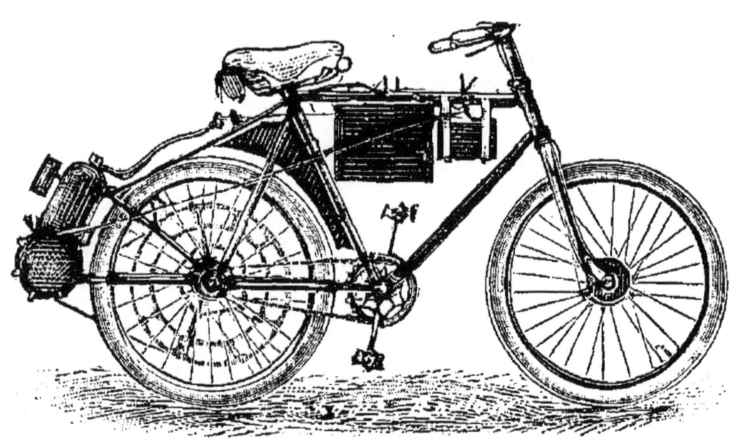

Fig. 56. — Motobicyclette Pernoo.

Motobicyclette Pernoo. C'est sur une machine de ce système qu'a été remporté le premier « criterium des motobicyclettes » en 1899. Le moteur, de construction spéciale, est disposé derrière la roue motrice à l'extrême arrière et la commande s'effectue par courroie. Cette machine (fig. 56) paraît avoir une grande stabilité, mais elle est assez pesante : 45 à 50 kilogs environ, et les longues tringles servant à commander, depuis le guidon, ses divers organes, lui donnent un aspect peu séduisant. Toutefois les succès qu'elle a constamment remportés dans les courses la mettent sans contredit très au-dessus de tout ce qui a été fait jusqu'à présent dans cet ordre d'idées.

Motobicyclette Landru. La fig. 57 montre la disposition donnée à l'assemblage mécanique : le moteur, de la force de un cheval environ, est encastré dans le cadre, ainsi que la boîte d'accumulateurs, et en avant du pédalier. Ce modèle, que l'on peut examiner à l'Exposition universelle,

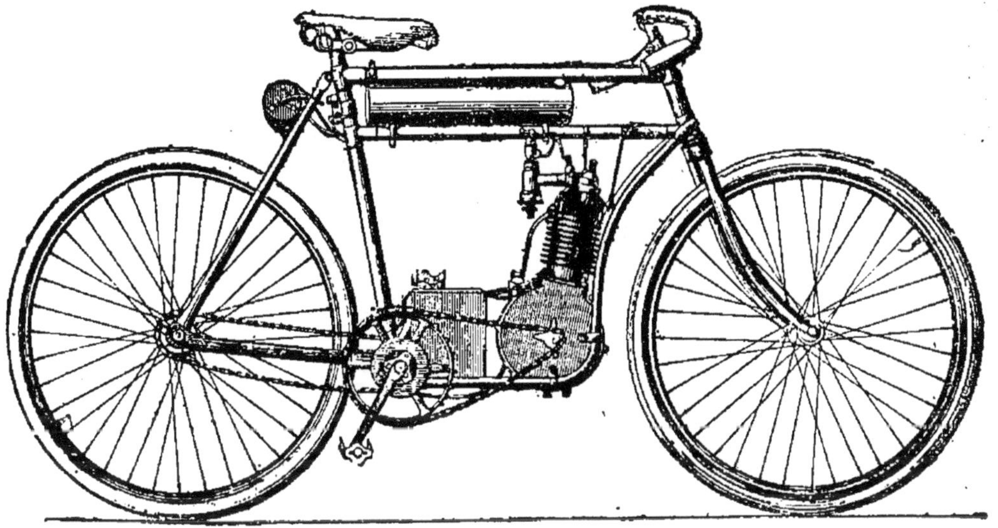

Fig. 57. — Bicyclette à moteur, de M. Landru.

classe 30, paraît rationnellement conçu et capable de donner de bons résultats; sa stabilité est certainement très grand^ et ce point mérite attention.

Motobicyclette Labre et Lamaudière. Cette machine est incontestablement la plus *au point* de toutes les bicyclettes à pétrole que nous avons pu voir fonctionner, car chaque organe a été soigneusement étudié pour donner un résultat parfait, et c'est la plus élégante et la plus légère : elle ne dépasse pas 30 kilogrammes de poids en ordre de route; on peut dire que c'est le modèle du genre.

Comme le montre la fig. 60, c'est une véritable bicyclette avec laquelle il est possible de pédaler, et c'est à peine si le

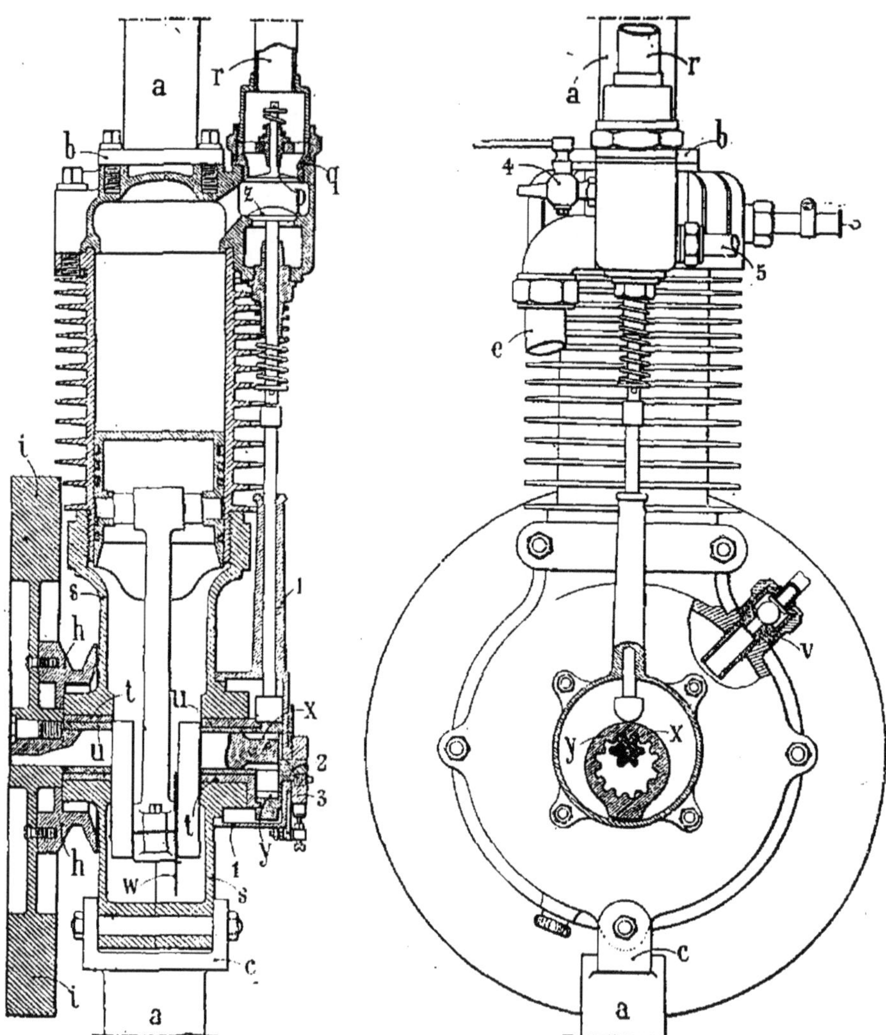

Fig. 58 et 59. — Moteur de la bicyclette à pétrole de MM. Labre et Lamaudière.

mécanisme moteur alourdit l'ensemble de ses lignes ; toutes les proportions sont conservées, et le moteur ainsi que le carburateur et l'appareillage électrique, ayant des dimensions extrêmement réduites, sont logés dans le cadre.

Le moteur représenté à part (fig. 58 et 59), est disposé dans l'axe du tube central du cadre, qu'il remplace même sur une certaine longueur ; son cylindre à ailettes de refroidissement mesure 65 millimètres de diamètre intérieur, la vitesse normale de rotation est de 2000 tours par minute, la puissance développée est d'environ 90 kilogrammètres par seconde, enfin l'ensemble ne dépasse pas 8 kilogrammes de poids. Le fonctionnement du moteur s'effectue, bien entendu, suivant le cycle à quatre temps; le volant de régulation, au lieu d'être enfermé dans un carter, tourne librement à l'extérieur ; le graissage est automatique et la commande de la soupape d'échappement est effectuée par un procédé nouveau, fort ingénieux, supprimant les engrenages intermédiaires.

Le carburateur, à barbotage, dont nous avons déjà parlé, est constitué par une boîte métallique divisée en deux compartiments, dont l'un sert de réservoir et l'autre de carburateur proprement dit. Dans ce dernier, des lames disposées verticalement à la partie inférieure de la boîte limitent l'agitation du liquide pendant la marche ; on obtient ainsi une carburation uniforme, quels que soient les cahots et les trépidations de la route.

La transmission du mouvement à la roue d'arrière se fait par une courroie en cuir passant sur deux poulies d'inégal diamètre, la plus grande étant fixée directement sur les rayons de la roue motrice. La courroie passe entre les deux bras d'une coulisse destinée à guider l'axe d'une poulie-tendeur, que le cycliste peut faire fonctionner à l'aide d'une manette à déclic articulée sur la traverse supérieure du cadre. On peut donc, par ce moyen, débrayer instantanément le moteur et le rendre indépendant de la bicyclette.

L'allumage est déterminé par une étincelle électrique dont le jaillissement est réglé par une came avec trembleur. Le courant est fourni par un petit accumulateur accroché au cadre, devant la caisse du carburateur, et dont le courant actionne une bobine d'induction fixée derrière la selle.

Cette bicyclette automobile est la plus légère qui ait paru jusqu'à maintenant. Tandis que la plupart des bicyclettes automobiles pèsent en moyenne 40 à 50 kilogrammes, la machine Labre et Lamaudière ne dépasse pas un poids de 30 kilogs en ordre de marche, ce qui est fort remarquable et constitue un avantage très appréciable pour le touriste, car il permet, en cas d'avarie au moteur impossible à réparer sur la route avec l'outillage restreint que l'on a pu emporter, de pédaler sans trop de fatigue à une allure de promenade et d'atteindre la ville voisine ou de revenir à son point de départ. Ajoutons que la consommation d'essence ne dépasse pas 3 litres 1/2 pour un parcours de 100 kilomètres, considération qui a bien aussi son importance quand on a de longues distances à parcourir.

En résumé, la motobicyclette Labre et Lamaudière nous paraît constituer le meilleur type du genre, car son moteur est assez puissant pour lui permettre de remonter des rampes assez dures sans avoir à donner un coup de pédale; elle est stable en raison de l'abaissement du centre de gravité, et son mécanisme, quoique réduit à des proportions qui en font un bijou de mécanique, est d'une surveillance et d'un entretien faciles. Nous avons pu étudier de près son fonctionnement et notre conviction est que c'est un excellent outil, capable de rendre les meilleurs services aux mains d'une personne soigneuse.

Si nous voulons tirer une conclusion impartiale de cette étude rapide des principaux modèles de bicyclettes automobiles (car nous ne les avons pas *tous* décrits, ce qui eût été fastidieux), nous serons amenés à reconnaître qu'une opinion s'impose pour quiconque a pu examiner de près les cycles à moteur de toutes catégories. C'est que la bicyclette automobile, rationnellement construite, présente d'indéniables avantages, même sur le tricycle si en faveur aujourd'hui. Avec le moteur appliqué sur le pédalier, le centre de gravité se trouve abaissé et la stabilité est assurée à un tel point que, sur un sol uni, on peut abandonner sans danger le guidon, comme avec une bicyclette ordinaire. De plus, ces machines n'ayant qu'une voie peuvent passer partout, circuler dans les moindres sentiers cyclables et éviter le pavé, ce que le tricycle ne saurait faire. En cas d'avarie au moteur, celui-ci peut être rendu instantanément indépendant en enlevant la courroie de transmission, et l'on peut pédaler sans trop de fatigue, chose presque impossible avec le tricycle auquel est survenu une panne irréparable sur route. Enfin, c'est par excellence le motocycle du grand public, en raison de son prix relativement peu

Fig. 60. — Bicyclette automobile Lamaudière et Labre.

élevé, qui n'atteint pas 1000 francs, et surtout de sa faible consommation d'essence, autant de qualités que l'on ne rencontre pas réunies avec le véhicule à trois roues. La plupart des défauts que l'on pouvait reprocher avec juste raison aux premiers systèmes de motobicyclettes, ont été heureusement atténués, sinon complètement supprimés dans les modèles les plus récents, qui sont, il faut le reconnaître en toute sincérité, aussi commodes et avantageux qu'il est permis de l'être à des cycles à deux roues actionnés par le moteur à air carburé.

Tandems à pétrole. — Ce sont des machines destinées

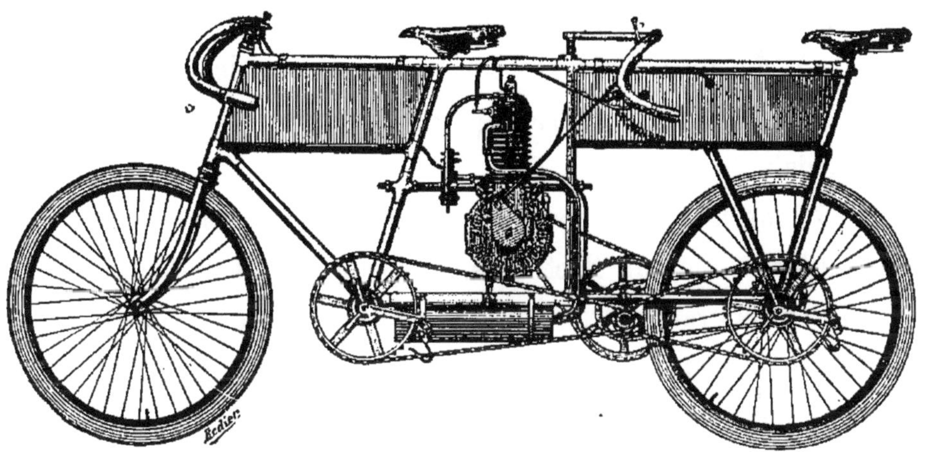

Fig. 61. — Tandem à pétrole Richard-Choubersky.

surtout à l'entraînement des coureurs cyclistes sur piste et sur route. Le moteur est disposé dans le cadre, et peut fournir près de 100 kilogrammètres par seconde. Les tandémistes ajoutent encore à l'effort en pédalant vigoureusement, de telle façon qu'il est possible de maintenir l'allure de 50 à 60 kilomètres à l'heure, ainsi qu'on a pu le constater dans différents essais au cours desquels la vitesse a été soigneusement mesurée. Le tandem à essence présente donc un très réel intérêt pour l'application en vue, et il est à penser qu'il devra faire partie à l'avenir de l'outillage des recordmans et du matériel d'entraînement des rois de la piste, car il est incontestablement supérieur dans ce cas aux meilleures équipes de tandems, triplettes et même quadruplettes à moteur humain.

Notre fig. 61 montre l'aspect d'un tandem de course (disposition Richard-Choubersky), à moteur de Dion 2 chev. 1/4) employé par certaines équipes de coureurs. M. Boyer a supprimé la place de l'équipier d'arrière, inutile à son avis, et le moteur est disposé verticalement au-dessus de la roue motrice qu'elle actionne par une chaîne spéciale.

Tandems électriques. — De même que le précédent, le tandem à moteur électrique est spécialement destiné à faciliter les grandes vitesses aux cyclistes, pour les courses et les records sur piste. Le meilleur système, celui qui a donné les preuves de son efficacité, paraît être celui de MM. Clerc et Pingault. Cette machine, capable de donner à volonté toutes les vitesses utilisables, a une régularité d'allure vraiment remarquable et fonctionne silencieusement sans bruit ni odeur, ce qui n'est pas le cas du tandem à pétrole. Mais, en revanche, les accumulateurs qui actionnent le moteur disposé à la partie inférieure du cadre, entre les deux équipiers, sont rapidement déchargés, si bien que, dans les épreuves un peu longues, il est nécessaire d'avoir un certain nombre de machines se relayant successivement.

Parmi les prouesses des champions de la pédale réalisées avec l'aide du tandem électrique comme entraîneur, nous ne rappellerons que le record classique du kilomètre, battu en octobre 1898 par Champion en cinquante-six secondes, ce qui correspond à une allure de 65 kilomètres à l'heure environ. On a fait, il est vrai, bien mieux depuis lors avec des motocycles à pétrole comme machines d'entraînement des coureurs.

M. Darracq a fait également courir sur les pistes une *triplette infernale,* pourvue d'un moteur électrique, et qui a montré son incontestable utilité pour les courses de vitesse et de demi-fond. Il est à supposer que l'usage de ces machines d'entraînement, capables d'atteindre les vitesses les plus fantastiques, ne fera qu'augmenter avec le temps et que toute « écurie » de courses cyclistes en devra être munie pour ne pas se trouver en état d'infériorité réelle vis-à-vis de ses concurrentes.

Pour en revenir aux bicyclettes automobiles destinées au grand public, lequel est surtout composé de touristes, et pour résumer les descriptions de ce chapitre, nous dirons que leur avenir nous paraît aussi brillant que celui des autres motocycles, vu l'avantage de leur prix d'achat et d'entretien plus modique. Reconnaissons cependant, pour être impartial, qu'à côté des grandes qualités qui leur sont personnelles et que nous leur avons reconnues, elles ne sont pas sans présenter, en plus des inconvénients que l'on reproche aux tricycles, d'autres défauts, dont le moindre est le manque d'équilibre et de sécurité. Le moteur à pétrole est un peu compliqué pour être juché sur une bicyclette dont la première qualité doit être la légèreté : aussi la plupart des inventeurs n'ont-ils produit, en général, que des espèces de monstres hybrides manquant absolument d'élégance et de confort, et dont l'usage, surtout dans les villes, est assez dangereux. Faisons exception toutefois pour la motobicyclette Lamaudière et Labre, qui échappe à ces critiques, car, ainsi que nous l'avons montré, tout s'y trouve prévu et étudié avec le plus grand soin.

CHAPITRE VII

LES TRICYCLES ET QUADRICYCLES A PÉTROLE

Classification : différentes marques de motocycles. — Avantages et inconvénients propres à ces machines. — Les quadricycles. — Les avant-trains. — Les voiturettes remorques. — Les arrière-trains, système Garin, système Besançon. — Les changements de vitesse pour tricycles.

Nous venons de voir, dans le précédent chapitre, qu'il existe une douzaine de modèles différents de bicyclettes pourvues de moteurs à essence leur permettant de rouler à des vitesses pouvant atteindre 40 et même 50 kilomètres à l'heure. Les constructeurs ont fait connaître également divers types de vélocipèdes automobiles à trois roues ; on peut même dire que la plupart des grands ateliers outillés pour la construction des cycles se sont mis, sur la demande de leurs clients, à monter des tricycles à l'aide de pièces détachées que l'on peut trouver maintenant en série.

Chacun de ces constructeurs donne au véhicule à trois roues la disposition qui lui paraît la plus convenable pour atteindre le maximum de solidité. Beaucoup d'entre eux ont songé à consolider le bâti, assurer la rigidité de l'ensemble, à établir surtout des machines donnant une entière sécurité, mais, en ce qui concerne le moteur, ils ont conservé les dispositions déjà connues, et c'est le plus souvent le moteur de Dion et Bouton qui est employé, avec son carburateur et ses accessoires, décrits dans notre chapitre III.

Comme on reproche à ce moteur de manquer un peu de puissance dans les côtes, surtout quand le tricycle remorque une voiturette ou un arrière-train, certains constructeurs lui préfèrent des systèmes plus robustes, et les modèles de l'*Aster*, du *Sphinx* commencent à recevoir des applications de plus en plus nombreuses. En général, les constructeurs suivent tous les désirs de leurs clients et ils montent maintenant sur les tricycles fabriqués dans leurs ateliers le système de moteur et de carburateur qui leur est demandé. A l'acheteur de déterminer, en faisant sa commande, le genre de moteur qu'il préfère ; il sera fait suivant son goût.

Nous donnerons dans ce chapitre de courtes monographies des modèles de tricycles les plus estimés et dont l'expérience a montré les qualités.

Tricycle de Dion et Bouton. — La fig. 62 donne la vue d'ensemble du plus récent modèle construit aux ateliers de Puteaux. Les constructeurs ayant constaté qu'il était nécescessaire de protéger les engrenages de transmission laissés nus auparavant, et de les garantir contre la poussière et la boue, les ont enveloppés d'un carter formant partie intégrante du bâti du tricycle. Ce carter sert à la fois de préservateur contre les impuretés qui pourraient se loger dans les dentures d'engrenages et de boîte à graisse. A cet effet, il porte dans sa partie basse, au-dessus du renflement où est logé le pignon, un écrou formant bouchon et masquant une porte d'entrée par laquelle on peut introduire, à l'aide d'une spatule, une certaine quantité de graisse consistante suffisante pour un fonctionnement de six mois.

Dans les anciens modèles, lorsqu'il était nécessaire de démonter les deux parties de l'axe d'arrière, il était obligatoire de démonter également le mouvement différentiel dont cet axe était solidaire. Ce travail assez long et fastidieux est diminué dans les nouveaux tris. Chacune des deux parties de l'axe est enfermée dans un tube et supportée par des coussinets à billes dont les boîtes se vissent à chaque extrémité. Ce sont des *roulements trois points* évitant tout glissement.

Cet ensemble se présente un peu comme l'ensemble des pièces formant l'axe du pédalier d'une bicyclette et que tous nos lecteurs connaissent : un axe intérieur, à deux cônes opposés et deux boîtes à billes. Pour régler les roulements, il suffit d'agir sur une seule des boîtes, la boîte extérieure, puisque l'autre en est solidaire. La simplicité du réglage est donc réelle.

La simplicité du démontage l'est tout autant. En effet l'axe (c'est la portion gauche que nous continuons à examiner), porte à son extrémité droite une partie carrée qui vient s'engager dans un creux correspondant qui a été ménagé dans le centre de la roue dentée. La roue dentée (entraînée par le pignon), entraîne donc la portion gauche de l'axe moteur, par l'effet seulement de son emboîtement sur l'une et l'autre de ces portions d'axe. L'axe de la roue de droite porte à son extrémité gauche une partie carrée qui vient s'engager dans la boîte du différentiel. Même simplicité de démontage et de remontage.

En somme, par ce procédé, non seulement la manipulation de l'axe moteur se rapproche davantage du système véloci-

Fig. 62. — Tricycle de Dion-Bouton, modèle 1900.

pédique, mais encore le roulement est manifestement amélioré par la meilleure connexion des boîtes à billes entre elles.

Le frein dit *à cuiller* qui agissait sur le pneumatique de la roue directrice, a été supprimé. Son efficacité était en effet contestable ; son rôle destructeur du caoutchouc l'était par contre beaucoup moins. Le frein d'avant a donc été remplacé par un frein à lame qui agit sur un tambour placé à gauche de l'axe de la roue directrice.

Le frein d'arrière, également à lame et à tambour, a été

maintenu. Mais le diamètre du tambour a été augmenté. L'efficacité de ce frein en est donc accrue d'autant. Notons encore que les quatre manettes (carburation, admission, allumage et compression) sont toujours groupées au-devant de la selle, d'après le dispositif qui avait été précédemment adopté lors du « cheval 3/4 » 1898. Remarquons enfin que la construction d'ensemble de l'appareil a été beaucoup solidifiée et rendue plus pratique pour le client. Les écrous et les boulons sont plus accessibles, et le démontage de la distribution par exemple, qui représentait jadis presque un petit tour d'adresse, est aujourd'hui à la portée de tout le monde.

Suivant les demandes qui lui en sont faites par les acheteurs, la maison de Dion-Bouton monte sur ses motocycles soit le moteur de 85 kilogrammètres (type dit 1 cheval 3/4), soit le moteur de 2 chevaux 1/4 (donnant 160 kilogrammètres au frein) et étudié en 1899. Enfin, dans certains cas, pour les courses sur côtes notamment, certains chauffeurs ont fait usage de moteurs développant jusqu'à 3 chevaux 1/2 et 4 chevaux, et rendant ainsi inutiles tous les mécanismes de changement de vitesse.

Suivant l'usage auquel le tricycle est destiné, les constructeurs le munissent d'une multiplication particulière. Le rapport 11×106 (11 dents au pignon moteur, 106 à la couronne dentée de transmission) donne une vitesse moyenne de 25 kilomètres à l'heure, et convient surtout aux voyages en pays accidentés, ou aux motocycles tracteurs ; les rapports 13×104, 13×102 et 18×96, donnent des vitesses de 30, 35 et 45 kilomètres ; leur emploi est seulement avantageux dans les pays de plaine, pour les courses et lorsqu'on n'a pas de voiturette-remorque à atteler à la machine.

Tricycles à moteur de Dion et Bouton. — Comme nous le disions plus haut, beaucoup de constructeurs, précédemment spécialisés à la fabrication du vélocipède, se sont mis, devant la vogue prise par le motocycle et sur la demande de leurs clients, à construire des tricycles pourvus de moteurs achetés à l'usine de Puteaux ou aux spécialistes du moteur à pétrole pour motocycles, comme sont les Sociétés le *Sphinx* l'*Aster*, la *Minerve*, etc. Nous décrirons rapidement ici les machines de ce genre, qui ont été remarquées lors des récentes expositions, et dont l'agencement mérite un instant d'attention.

Tricycles Marot Gardon. — Ces motocycles sont d'une construction irréprochable, en matériaux de première qualité et montés avec un soin parfait, aussi sont-ils très appréciés, en raison de leur robustesse et de leur bon fonctionnement. La disposition générale est celle du tricycle de Dion, mais avec plus d'élégance et de fini. Toutes les parties mobiles se trouvent protégées ; des haubans empêchent toute flexion du pont arrière, l'ensemble donne une impression de solidité, et les organes de commande sont bien groupés. Ces machines ont prouvé leur valeur et leur endurance dans de nombreuses courses où ils ont honorablement figuré, notament dans la célèbre course de Paris-Amsterdam et retour et la Coupe des Motocycles de 1898.

Motocycles Clément. — La grande fabrique de bicyclettes Clément s'est adonnée à la construction des automobi-

Fig. 63. — Tricycle de Marot Gardon.

les, et le modèle de tricycle, exposé au dernier Salon du Cycle, se distingue surtout par son train arrière muni d'un différentiel à trois compartiments. Son encliquetage de mise en marche est enfermé dans le carter au lieu de l'être dans le pédalier, de telle sorte que la chaîne reste immobile quand le moteur travaille seul. Les roulements extérieurs de l'axe des roues motrices sont logés sous les moyeux, ce qui supprime tout porte-à-faux. Enfin toutes les pièces sont interchangeables et ajustées avec toute la précision désirable à l'aide de machines-outils perfectionnées.

La magnifique usine du quai Michelet, à Levallois, est d'ailleurs installée suivant les dernières prescriptions de la science moderne et possède, avec un personnel d'élite, un outillage de haute précision, capable de produire les machines les plus parfaites. Aussi est-ce à juste titre que les amateurs recherchent et vantent les motocycles et les voiturettes montés dans les ateliers Clément, et qui présentent un cachet d'élégance et de bon goût tout particulier, qualités qui ont contribué au succès de la grande marque française.

Motocycles Comiot. — Il existe deux modèles (type 1899). Le premier est destiné à la circulation ordinaire dans les villes et sur les routes, sa vitesse est de 25 kilomètres à l'heure ; le second est aussi allégé que possible et indiqué spécialement pour les courses, sa vitesse pouvant atteindre 50 kilomètres à l'heure. Le modèle ordinaire est d'une grande solidité, aucune rupture de pièces n'est à redouter ; il est muni de la fourche quadritubulaire Eadie, brevet Schmit et monté sur pneus Michelin. Le type de course ne pèse que 80 kilos et il est monté sur pneus Dunlop de course. Il possède un réservoir d'essence d'une capacité de 5 litres, alimentant le carburateur, et un compartiment renfermant 1 litre d'huile minérale à graisser. Le motocycliste pourvu de ce récipient peut courir 250 kilomètres sans avoir à quitter sa selle.

Tricycles Richard-Choubersky. Les cycles et motos por-

Fig. 64. — Tricycle à pétrole de Richard Choubersky.

tant la marque Richard Choubersky sont caractérisés par un fini et une élégance qui en font des machines de grand luxe. Notre fig. 64 représente le modèle de tricycle 1900, lequel est pourvu d'un moteur de Dion ou Aster au gré du client. L'émail et le décor sont des plus soignés : ils font de ces motos des appareils que l'on peut conduire en gants blancs, aussi la plupart des gracieuses personnes qui se risquent aujourd'hui à conduire des motocycles choisissent-elles de préférence la marque Richard Choubersky.

Motocycles Perfecta. Ces motocycles sont très renommés en raison de leur qualité supérieure à tous égards : les pièces les composant sont faites de métaux de première résistance, et leur forme est déterminée à la suite de longs calculs et d'expériences rigoureuses. Ils sont construits par M. Darracq, le créateur de la célèbre marque de cycles *Gladiator*, à sa nouvelle usine de Suresnes. Les motocycles Perfecta sont les seuls qui puissent résister impunément aux efforts excessifs des moteurs de course : Buchet à deux cylindres, Soncin-Ouzou, de Dion, Aster, etc., réalésés, etc., employés par des recordmans tels que Baras, Béconnais, Osmont, Marcellin, Gasté, Vasseur, Bardin, parmi les plus célèbres rois de la route. Aussi la saison 1900 ne sera-t-elle qu'un long triomphe pour cette marque, en raison de sa construction remarquablement soignée, surtout au point de vue de la solidité des assemblages et de la sécurité qui en résulte.

Tricycle système Renaux. — Le tricycle Renaux est actionné par un moteur horizontal. C'est surtout un tricycle de grande vitesse, un tricycle de course.

La disposition horizontale du moteur a permis aux constructeurs d'employer un moteur plus lourd et par suite plus puissant. Lorsque le moteur est vertical, les forces résultant du poids et de l'action de l'explosion sur le piston s'ajoutent simplement pour donner une force résultante qui tend à faire fléchir le pont arrière du tricycle.

Lorsque le moteur est horizontal, il n'y a qu'une partie du poids qui soit sur l'essieu d'arrière, la roue d'avant supporte seulement l'autre partie ; et ceci n'est pas un mal au point de vue de la sûreté de la direction ; de plus la force résultant de l'action des gaz explosifs est à 90° avec la direction du poids ; la résultante est donc inférieure à leur somme géométrique ; la diagonale d'un parallélogramme est toujours en effet plus courte que la somme des deux côtés issus du même sommet. L'essieu d'arrière sera donc ainsi considérablement allégé. Ce point n'a pas une grande importance quand il s'agit de petits moteurs de 1 ch. 3/4 ou de 2 ch. 1/4 même. Mais il en a une quand on songe que le moteur Renaux a 90 m/m d'alésage et 90 m/m de course et qu'il développe une puissance de 3 chevaux 3/4.

Tricycle l'Inséparable. — L'*Inséparable* à moteur est un tricycle dont les deux roues arrière ont un écartement de 90 centimètres, ce qui lui donne une très grande stabilité. Une selle est placée dans le plan de chaque roue arrière.

Un siège mobile peut être placé, sur le bâti du tricycle, entre les deux selles, ce qui constitue les trois places de front. Dans cette position, on a toutes ses aises, l'on peut se voir facilement et se causer sans être obligé de se retourner ou de faire des contorsions.

Le siège du milieu étant démontable, on peut instantanément transformer le véhicule comme on le désire, soit en deux ou trois places de front. La troisième place peut même servir à emporter une malle, une valise, etc., etc.

Le moteur qui actionne l'*Inséparable* est d'une puissance de deux chevaux. L'allumage est électrique au moyen d'une pile sèche dont la charge est suffisante pour 200 heures de marche. Le récipient à essence est d'une contenance de 10 litres, de quoi couvrir 300 kilomètres. La vitesse que l'on peut obtenir est de 30 kilomètres à l'heure, vitesse plus que suffisante pour un véhicule n'étant pas destiné à être une machine de course, mais un instrument pratique et agréable qui pourra être utilisé dans les familles pour les promenades, les excursions et les voyages en touriste. La commande du moteur ainsi que la direction sont laissées à la personne qui occupe la place de droite.

La direction est commandée par un guidon comme dans une tricycle ordinaire, la poignée de gauche forme interrupteur d'électricité pour la marche ou l'arrêt.

Sous le guidon, sur le bâti du tricycle et à portée de la main, 2 manettes ; à gauche la manette du carburateur, à droite celle de l'avance à l'allumage. La manette de compression se trouve à côté de la selle. Elle est d'un accès facile et on la manœuvre de la main gauche sans se baisser et sans effort.

Motocycles divers. — Il existe encore d'autres modèles de tricycles à moteur de Dion dont la construction ne possède pas toutefois de dispositions particulières pouvant leur mériter autre chose qu'une mention plus ou moins honorable suivant que leurs constructeurs ont su grouper ou non avec élégance les divers organes et que ceux-ci sont composés de matériaux de plus ou moins bonne qualité, bien ou mal ajustés. Tels sont les systèmes de Barrière et Cie, de *Phébus* (Noé Boyer, directeur), de Cochot, de Bary, de Tauzin avec moteur à ailettes de cuivre, le *Papillon*, de Barré, constructeur à Niort, de Mot et Sara-

Fig. 65. — Avant-train de Marot-Gardon.

legui, etc., etc. Nous n'insisterons donc pas, afin de ne pas allonger inutilement ce chapitre, les monographies données plus haut nous paraissant grandement suffisantes pour qu'on puisse se rendre compte des dispositions mécaniques adoptées dans les principaux systèmes de motocycles.

Avant-trains et remorques. — Le tricycle et la motobicyclette sont des instruments égoïstes ne permettant aux *motormens* qu'un plaisir solitaire. Il était donc tout indiqué d'adjoindre à ce genre de véhicules un supplément pour donner au voyageur la possibilité d'emmener avec lui, le cas échéant, un compagnon de route, et c'est pour réaliser ce desiratum très compréhensible et très naturel, que l'on a inventé l'avant-train, l'arrière-train et la remorque, trois dispositions dont nous devons dire un mot avant de clore ce chapitre.

L'avant-train est un siège monté sur deux roues, et qui peut se fixer à l'avant d'un motocycle dont on a enlevé la roue directrice. Le tricycle est donc transformé en quadricycle et cette transformation peut être effectuée seulement quand il en est besoin, en quelques instants. Au nombre des systèmes les mieux étudiés, nous citerons les suivants :

Quadricycles Chenard. — MM. Chenard et Walcker, constructeurs à Asnières, ont étudié un modèle de quadricycle démontable, que représente notre fig. 66, et qui s'est beaucoup répandu, en raison des avantages qu'il présente sur tous les types similiaires. L'avant-train, en tôle peinte, peut être adapté au tricycle en moins de quelques minutes et s'enlever de même. Le siège du voyageur peut même être remplacé par une caisse de marchandises, ce qui rend ce système très commode pour les voyageurs de commerce. On peut dire que le quadricycle Chenard, qui est l'un des premiers systèmes ayant donné des résultats satisfaisants, est resté l'un des plus réputés, en raison de sa bonne construction et de ses dispositions avantageuses.

Quadricycles de Dion-Bouton. La fig. 68 représente le modèle de quadricycle à avant-train construit par les ateliers dePuteaux. Ce véhicule est très bien étudié dans tous ses détails, et il est à la fois léger et puissant. Il est pourvu d'un moteur à cylindre réalésé pouvant développer plus de

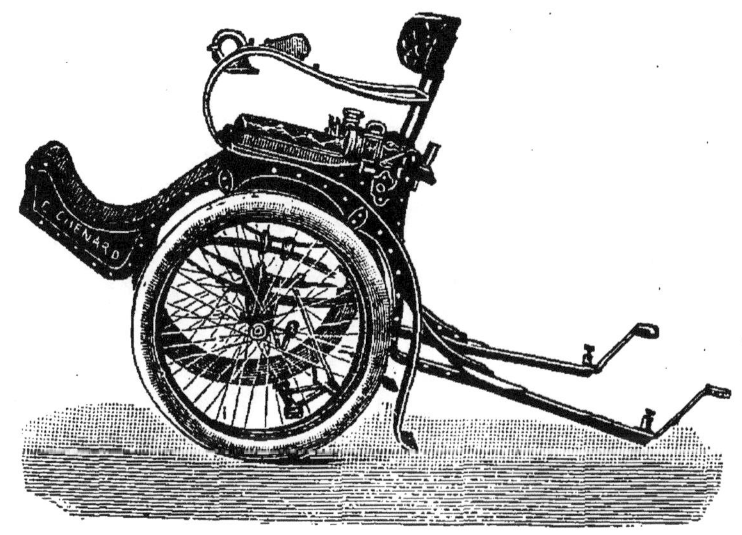

Fig. 66. — Avant-train Chenard.

2 chevaux-vapeur effectifs à l'allure de 1800 tours par minute. L'assemblage du siège d'avant est particulièrement soigné et le tout constitue un véhicule automobile d'aspect élégant et susceptible de nombreux usages.

La direction du véhicule, l'avant-train une fois mis en place, est obtenue de la même manière qu'avec le tricycle, le guidon commandant les roues d'avant par un dispositif très simple. Le conducteur, qui bénéficie de la suspension sur ressorts, est installé en bonne position les pieds sur des supports spéciaux, aussi confortablement que le voyageur assis à l'avant. La souplesse de l'ensemble est très grande, même sur les plus mauvaises routes, et les cahots sont amortis par les pneus et les ressorts de suspension.

On reproche toutefois à certains modèles d'avant-trains d'alourdir le tricycle et d'être la cause de nombreuses ruptures de fourche et de torsions de cadres. La position respective des deux voyageurs est peu rationnelle, le conducteur étant derrière son compagnon qui lui masque en partie la vue de la route. Toutes ces raisons ont donc amené à accrocher ce siège à deux roues derrière le motocycle, qui devient un tracteur au lieu d'être changé en quadricycle automobile.

Fig. 67. — Quadricycle Chenard-Walker.

Il existe aujourd'hui de nombreux modèles de voiturettes remorques pouvant être attelées à toutes espèces de motocycles et même à des bicyclettes ordinaires, tant sont grandes

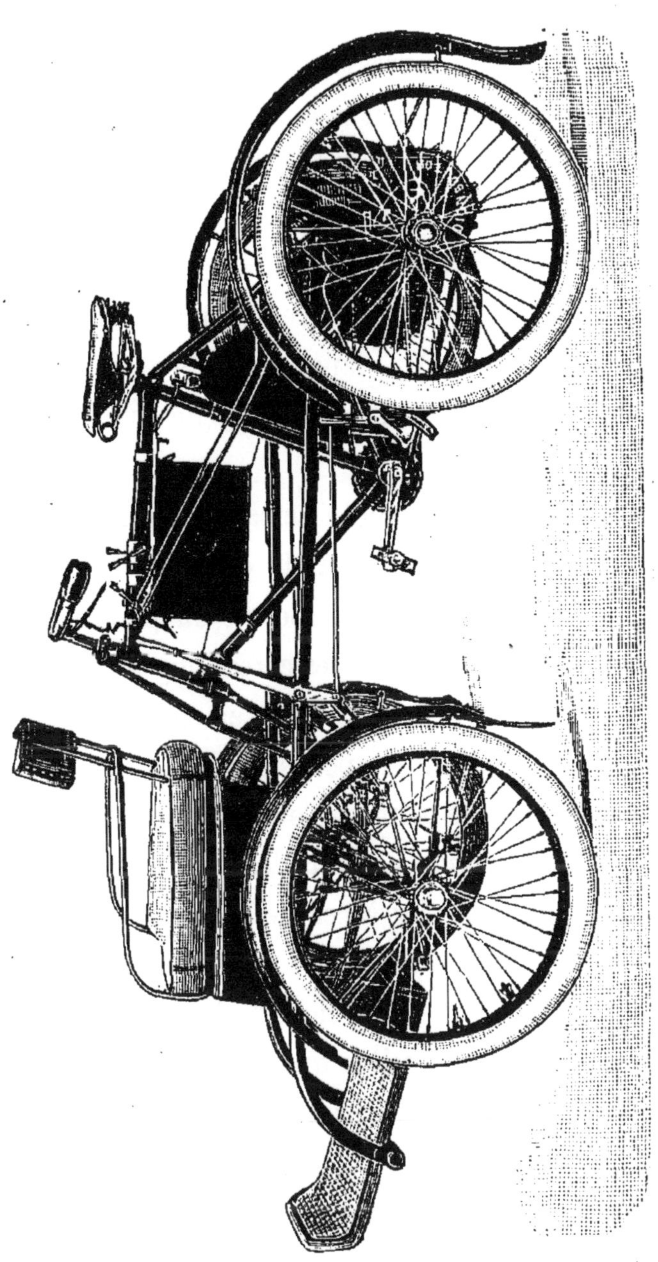

Fig. 68. — Quadricycle de Dion-Bouton.

leur légèreté et leur douceur de roulement. Ordinairement

le corps de ces véhicules est en osier de teintes diverses ou en bois très mince ; les coussins et tapis sont analogues à ceux en usage dans la carrosserie, et des ressorts en acier à doubles pincettes supportent la caisse sur l'essieu. Les roues sont ordinairement pourvues de pneumatiques : l'attelage est opéré à l'arrière du motocycle par une charnière à double pivot horizontal et vertical.

Citons, parmi les modèles de remorques jouissant d'une réelle célébrité, ceux de M. Planès, de M. Sevette, successeur de Petitjean, de M. Buat de Senlis et de quelques autres carrossiers avisés.

Ce genre d'attelage présente certains inconvénients ; sa traction nécessite une assez grande dépense de force motrice qui ralentit l'allure du motocycle en plaine et amène souvent son arrêt brusque sur les côtes longues et abruptes. La personne remorquée reçoit directement, et sans aucun moyen d'y échapper, toute la poussière ou la boue soulevées par les roues du tri, de même qu'elle est condamnée à subir constamment la mauvaise odeur des produits de l'échappement. C'est pour obvier à ces défauts que certains constructeurs ont cherché une disposition d'arrière-train plus pratique que la remorque, et il nous faut mentionner, parmi les heureuses solutions, celles qui ont été données, d'une part par M. Garin, et d'autre part par M. Georges Besançon, l'aéronaute bien connu.

L'arrière-train Garin est composé d'un cadre analogue à celui d'une bicyclette, avec deux fourches obliques entre lesquelles tourne une roue de bicyclette. Un siège canné est disposé au-dessus du cadre, dont la douille d'avant vient s'articuler sur un pivot vertical fixé sur le pont du tricycle. La personne remorquée est donc surélevée, à l'abri de la poussière et de la mauvaise odeur de l'échappement. L'appareil est démontable et peut se porter facilement à la main, son poids ne dépassant pas 12 kilogrammes.

Fig. 69. — Arrière-train Garin monté.

Ce système est très ingénieux et constitue une solution intéressante du problème du tricycle à deux places ; toutefois elle n'est pas complète, et M. Besançon a été très avisé de compléter cet arrière-train par un guidon monté sur la traverse supérieure du cadre, guidon vraiment nécessaire pour n'être pas ballotté sur le siège de remorque quand la marche est rapide ou le sol mauvais et cahoteux, et enfin par un pédalier à cliquets actionnant l'axe de la roue de l'arrière-train.

Il est impossible, avec ce dispositif, de demeurer en panne et de se trouver subitement arrêté sur une côte quelle que soit son inclinaison, le motocycliste et son compagnon pouvant pédaler tous les deux et conserver au moteur sa vitesse normale, même sur les rampes les plus dures. C'est, à notre avis, le mode d'attelage le meilleur et le plus susceptible de donner de bons résultats.

Voiturette-bicyclette-tricycle Grossot. — M. Grossot, l'ini-

Fig. 70. — Arrière-train Garin.

tiateur de la bicyclette à grand pignon, a fait connaître, sous cette désignation un peu compliquée, un dispositif original d'attelage automobile. Au milieu d'un tricycle tracteur, l'avant-train n'est autre chose qu'une bicyclette ordinaire, dont on a enlevé la roue d'arrière. Les fourches de cette roue s'articulent sur un cadre en tubes d'acier servant de châssis à une voiturette légère. Derrière le siège de celle-ci se trouvent le moteur, type Sphinx de 2 chevaux 1/4, et son carburateur. On a donc bien une voiturette avec direction de bicyclette, c'est-à-dire un tricycle à deux places d'un genre particulier. Cet appareil a été remarqué au dernier Salon du Cycle, et, sans son prix élevé, il est probable que ses applications auraient été fort nombreuses, car il est certainement très supérieur à tous égards aux *pen-*

Fig. 71. — Arrière-train à pédalier et guidon système G. Besançon.

tacycles, tricycles comportant cinq roues avec la remorque qu'ils traînent derrière eux.

Train-cycle Bonneville. — Nous terminerons ce chapitre par un mot sur cette extraordinaire invention. On reproche au moteur de Dion-Bouton de manquer un peu de puissance quand les routes parcourues sont boueuses ou présentent des rampes longues et accentuées, même quand le tricycle qu'il actionne n'est monté que par un seul cavalier. MM. Bonneville et Cazeneuve l'ont cependant trouvé suffisant pour mouvoir un quadricycle à avant-train remorquant une voiturette, c'est-à-dire portant quatre personnes en tout. Il est vrai qu'ils ont intercalé un démultiplicateur permettant, à ce qu'ils affirment, de remonter sans accident des rampes de 8 pour 100 avec trois voyageurs (sans doute à l'allure de 0 kilomètre 200 à l'heure !), et de 15 pour 100 avec le conducteur seul.

Les inventeurs ont imposé à cet assemblage le nom de *train-cycle*. L'idée est certainement ingénieuse, mais nous croyons que le moteur de Dion employé est beaucoup trop faible avec ou sans changement de vitesse, pour assurer, sans excès de fatigue de l'appareil entier et surtout des pneumatiques, une moyenne de marche raisonnable sur route moyennement accidentée.

Changements de vitesse. — Dès qu'on a eu l'idée d'atteler aux tricycles des avant-trains, des arrière-trains ou des voiturettes-remorques, on a été obligé de reconnaître que la force développée par le moteur du type courant était souvent insuffisante pour gravir, avec cette adjonction de poids, une côte longue et ardue. Contrairement au moteur à vapeur, le moteur à pétrole ne peut pas donner un effort momentané supérieur à celui pour lequel il est établi, et, sitôt que le travail extérieur dépasse son travail normal, dès que la vitesse tombe au-dessous d'un certain point, il ralentit et s'arrête. On a donc été obligé de pourvoir toutes les automobiles de dispositifs particuliers de transmission, à courroies, à chaînes ou à engrenages, permettant de faire varier la vitesse de rotation des roues motrices de la voiture, le nombre de tours par minute du moteur restant sensiblement constant.

Pour les motocycles, le problème était plus difficile, car l'emplacement du mécanisme est des plus réduits. Cependant, les inventeurs ne se sont pas découragés : un certain nombre de dispositifs de changement de vitesse pour motos ont été imaginés, et nous donnerons ici la description des systèmes actuellement les plus usités.

Changement de vitesse Guyenet-Balvay. — Dans ce mécanisme, les manchons d'embrayage portent des dents qui s'engagent dans des encoches correspondantes pratiquées dans quatre pignons de diamètres différents, et que l'on embraye à volonté, suivant que l'on veut obtenir la vitesse normale ou une vitesse réduite. A cet effet, les manchons sont commandés par un levier à double fourchette mû par une manette que l'on déplace à droite ou à gauche suivant la vitesse que l'on veut obtenir. Les manchons placés au milieu des pignons débrayent complètement le moteur, ce qui permet de pédaler sans difficulté et de descendre les côtes à de grandes vitesses tout en laissant le moteur se refroidir, puisqu'il est arrêté.

Cet appareil présente l'avantage de pouvoir s'installer sur tous les motocycles. Les pignons sont enfermés dans des carters étanches à l'abri de la poussière, et, comme ils restent toujours en prise et ne se déplacent pas, il est possible de passer instantanément de la marche à vide, du débrayage complet, à la grande ou à la petite vitesse, et *vice versa*, sans arrêter pour cela le moteur et le tricycle.

Le « multiplicateur de force » de Couget. — De même que le précédent, ce dispositif se compose, en principe, d'un engrenage additionnel, que le motocycliste peut commander de sa selle lorsqu'il veut réduire le rapport de la transmission entre son moteur et les roues de son tricycle. L'appareil

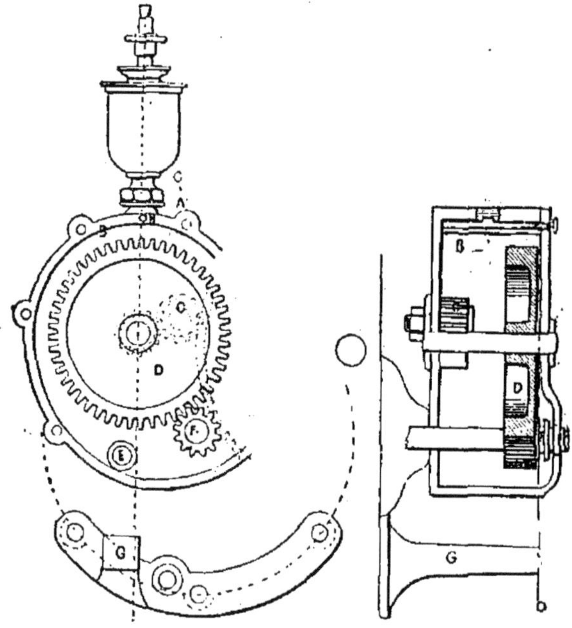

Fig. 72. — Changement de vitesse de Couget.

Couget se compose (fig. 72) de deux platines en aluminium formant *carter;* le pignon du moteur, placé à gauche, est commandé horizontalement au moyen d'un levier. Il est ainsi sous le rouage du différentiel, laissant ainsi le mécanisme moteur libre sans aucun frottement supplémentaire, ce qui constitue un avantage. Dans cette position, aucun organe du multiplicateur n'est actionné, donc pas d'usure ni de déperdition de force.

En plaçant ce pignon moteur à droite, il s'engage avec la roue de rapport de 1 à 4, en ce moment folle, qu'il entraîne. Sur l'axe de celle-ci se trouve calé un pignon semblable à celui du moteur qui devra tout à l'heure transmettre son énergie à la roue dentée du différentiel. Mais, comme il tourne en sens inverse, on se sert d'un autre pignon qui, actionné par le pignon intermédiaire, transmet le mouvement dans le sens de rotation avant au motocycle.

Lorsque le changement de vitesse est en marche, pour éviter le porte-à-faux, le pignon vient s'appuyer sur un tourillon extérieur en acier; quoique le pignon soit en partie baigné dans l'huile du carter, on a par surcroît de précaution placé un graisseur Stauffer qui n'a son utilité que pour les côtes ayant une grande longueur. Le support de ce tourillon, qui est en aluminium, vient se fixer aux boulons inférieurs du carter du moteur et assure une grande solidité à tout l'appareil. Le graissage automatique est obligatoire pour les fortes et longues rampes. Il suffit donc, avant de monter la côte, sans mettre pied à terre, de lever le pointeau du graisseur pour que l'échauffement des organes soit atténué au point de n'offrir aucun ralentissement dans la marche et de permettre ainsi à tout chauffeur de faire des ascensions qu'il croyait impossibles auparavant.

Changement de vitesse, système Gaillardet. — Ce changement de vitesse est applicable aux petits moteurs de motocycles. L'appareil complet comprend un différentiel, deux vitesses à volonté, une friction automatique, un frein automatique agissant sur la marche avant et sur la marche arrière, ainsi qu'une roue de chaîne à encliquetage.

Le pignon du moteur attaque la grande roue dentée ; à droite et à gauche de cette roue sont deux engrenages fous sur le même axe. Ces engrenages sont toujours en prise avec deux autres engrenages montés sur un manchon. Ce manchon porte les axes des pignons coniques du différentiel dont on voit l'extérieur de la boîte entre les deux engrenages. Les pignons du différentiel commandent les axes des roues comme dans un tricycle à un seul pont.

Pour obtenir l'une ou l'autre vitesse, il suffit donc de claveter l'un ou l'autre des deux engrenages. On y parvient à l'aide de manchons à griffes et d'une friction automatique.

L'axe, à droite et à gauche de la roue dentée, se termine en cône ; et c'est sur ces cônes que viennent se coincer les engrenages au début de la manœuvre, de sorte que les chocs violents sont évités, l'engrenage étant légèrement entraîné par les cônes avant la prise des griffes.

Le manchon à griffe glisse sur l'arbre coudé et il est ramené en arrière à l'aide de petits ressorts.

Ce système permet, en outre, comme on le voit, de débrayer le moteur, lorsque les deux manchons à griffes sont libres.

Changement de vitesse, système Petitjean et Sevette. — Ce système, qui a fort attiré l'attention au moment de son apparition, est caractérisé par les points suivants :

1° Tous les organes, en acier trempé et cémenté, sont

enfermés dans un carter en aluminium absolument étanche

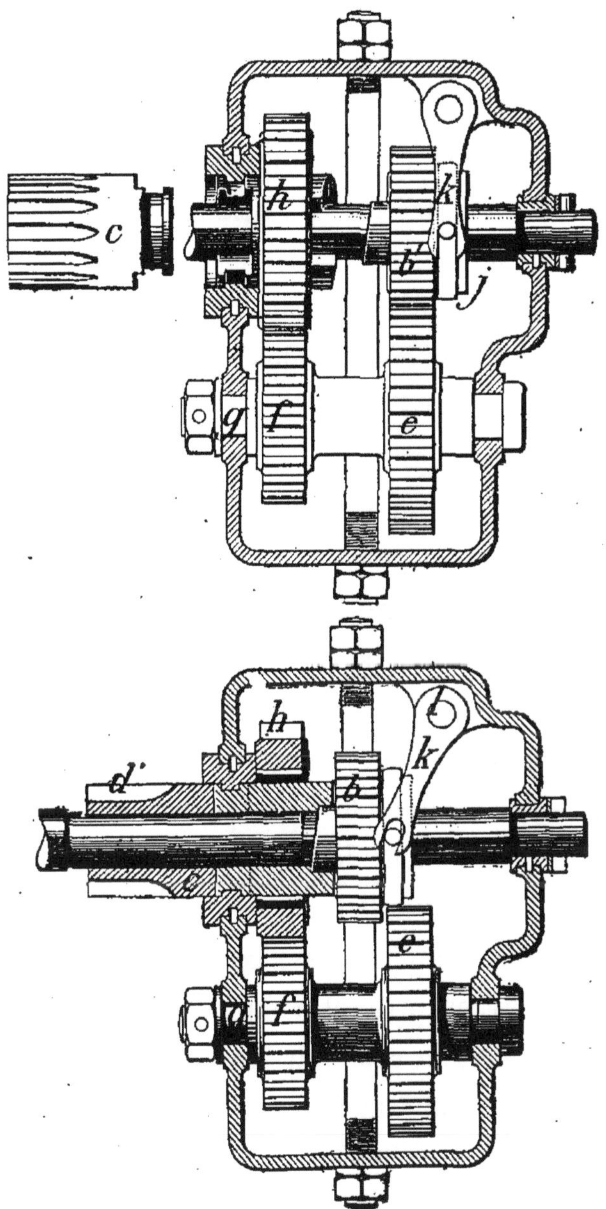

Fig. 73 et 74. — Changement de vitesse système Petitjean et Sevette.

et roulent constamment dans un bain d'huile.

2° L'entraînement à la grande vitesse se fait par l'embrayage direct de l'arbre du moteur au pignon de la grande roue dentée du différentiel. A cette vitesse aucun autre organe n'est entraîné, la transmission du mouvement est donc aussi simple et directe que possible, car elle se trouve exactement dans les mêmes conditions que dans les tricycles sans changement de vitesse ;

3° L'entraînement à la petite vitesse se fait par l'intermédiaire d'un renvoi commandé directement par un pignon coulissant à carré sur l'arbre du moteur ; ce renvoi transmet le mouvement au pignon de commande de la grande roue du différentiel par un encliquetage à galets par coincement très robuste ne pouvant ni casser ni rater ;

4° Le passage de la grande à la petite vitesse se fait à coup sûr, sans bruits, sans chocs et sans à-coups, à l'aide d'une seule manette que l'on peut mouvoir aussi lentement ou aussi vite que l'on veut.

L'avantage considérable de cette disposition est que, au moment du changement de vitesse, les deux vitesses, grande et petite, sont embrayées simultanément de sorte que lorsque l'embrayage à la grande vitesse cesse son action, celui de la petite vitesse est en prise et commence à fonctionner après avoir laissé le moteur reprendre sa vitesse normale.

On ne passe donc jamais par le débrayage complet pour passer d'une vitesse à l'autre, ce qui évite l'emballement du moteur au moment d'un changement de vitesse ;

5° En déplaçant la manette d'une quantité égale à celle du déplacement de la grande à la petite vitesse et dans le même sens, on débraye complètement le moteur, ce qui permet soit de s'arrêter sans arrêter le moteur, soit de mettre le moteur en marche sans entraîner le tri ou le quadricycle, comme cela se fait dans les voitures.

Démultiplicateur Delbruck. — Le démultiplicateur Delbruck se fait remarquer et apprécier par son extrême simplicité. Il consiste en une boîte ou carter en bronze d'aluminium, hermétiquement fermée et qui se met en lieu et place du pignon de commande sur l'extrémité conique de l'arbre du moteur. A cet effet, l'axe central de l'appareil est tubulaire et conique et se trouve maintenu en position par un écrou tubulaire qui pénètre dans l'intérieur de l'axe du démultiplicateur pour saisir l'extrémité de l'axe du moteur.

L'appareil contient une série d'engrenages tournant dans un bain d'huile. Un simple mouvement de bascule commandé par une manette fixée sur le tube horizontal du tricycle un peu en arrière des manettes de carburation, permet de passer de l'une à l'autre vitesse, la position intermédiaire donnant le débrayage. Un graisseur compte-gouttes perfectionné avec cadran régulateur assure le graissage constant des axes de rotation. L'huile est amenée par un conduit dans l'intérieur des axes qui sont creux. Dans ces conditions le démultiplicateur fonctionne sans effort et sans bruit; il est absolument silencieux.

Les points essentiels qui distinguent le système Delbruck des autres systèmes sont les suivants :

D'abord l'appareil peut être placé par n'importe qui en

lieu et place du pignon de commande dans l'espace de quelques minutes et cela sans apporter la moindre modification au tricycle. Il peut être enlevé avec la même facilité, le tricycle se retrouvant alors dans son état normal.

CHAPITRE VIII

APPRENTISSAGE ET CONDUITE DES MOTOCYCLES

Causes du succès des motocycles. — Conseils pour le choix d'un motocycle. — Puissance du moteur, système du carburateur et de l'allumage. — Vérifications à faire en achetant un motocycle. — La multiplication, le différentiel. — Soins à prendre avant chaque sortie. — Apprentissage de la motocyclette, du tricycle, du quadricycle. — Démarrer, arrêter, repartir, les virages, les côtes. — Réglage de la vitesse. — Règlements de la route. — Éclairage du véhicule.

Le vélocipède a été favorisé d'une vogue immense, car il constitue un engin de locomotion rapide et économique au premier chef ; on ne peut lui reprocher que la fatigue musculaire qu'il occasionne, quand le parcours effectué avec son aide a été un peu long ou effectué sur des routes accidentées. C'est, en grande partie, parce que le moteur à pétrole supprime cette fatigue que le motocycle a été accueilli avec une faveur telle que l'on peut évaluer à une trentaine de mille le nombre des machines de ce genre en circulation sur toutes les routes du monde. Mais tandis que le vélo n'exige aucune étude spéciale pour son emploi, la pratique du cycle à moteur nécessite quelques connaissances techniques sans lesquelles on serait fort embarrassé dans bien des circonstances. Nous résumerons donc dans ce chapitre, qui s'adresse aussi bien aux futurs acquéreurs qu'aux néophytes du motocycle, quelques principes qu'il est indispensable de posséder pour choisir un bon modèle de machine et vérifier les différents organes du mécanisme *avant* la sortie, *pendant* la route et *après* la rentrée au remisage. Nous nous efforcerons surtout d'être clair, concis, et surtout méthodique, dans le but de faciliter cette courte revue aux débutants qui n'ont pas fait de la mécanique, et particulièrement de l'automobile à pétrole, une étude approfondie.

Conseils à l'acheteur d'un motocycle. — Un mauvais calcul est celui qui consiste à chercher le bon marché dans un semblable achat. Il y a là une question primordiale de sécurité, et il est bien certain que l'on risque son existence en se confiant à des motocycles fabriqués à l'aide de pièces détachées, de provenances diverses, par des monteurs plus ou moins expérimentés. C'est aussi une économie illusoire, les pièces achetées en petite quantité revenant proportionnellement beaucoup plus cher. On aura donc tout avantage à s'adresser à une usine importante, possédant l'outillage perfectionné lui permettant de fabriquer *toutes* les pièces entrant dans la composition d'un motocycle, après que ses ingénieurs les ont étudiées et expérimentées l'une après l'autre. On pourra ainsi être certain d'avoir un mécanisme dont tous les détails ont été soignés en vue du travail qu'ils doivent faire, et on sera tranquille sur la solidité de l'ensemble et la sécurité qu'il présente. Et, comme on n'aura pas de retouches ultérieures à craindre, on aura, en résumé, plus d'économie que d'acheter les pièces détachées et faire exécuter le montage par un mécanicien, forcément peu au courant de ce travail spécial et capable de commettre, avec la meilleure volonté du monde, des *loups* phénoménaux.

Se méfier aussi des achats d'occasion, dans les ventes, surtout si l'on n'est pas mécanicien, car il y a bien des chances pour que le motocycle ainsi acquis à bas prix, revienne plus cher qu'un neuf après le retapage indispensable pour le remettre en état de fonctionner. Il est difficile, en effet, de se rendre compte, si l'on n'essaye pas l'appareil, de l'état de conservation de ses organes, et une visite attentive s'impose pour reconnaître le degré d'usure de chaque pièce. L'examen superficiel peut faire croire à une intégrité qui s'évanouit à l'examen interne : le différentiel est brisé, la bobine détériorée, les chambres à air des pneumatiques percées en dix endroits, les cliquets du rochet déréglés, le petit carter du trembleur et ses écrous perdus, etc., etc, soit plusieurs centaines de francs de dépenses à faire pour remplacer ces pièces et remettre l'appareil en état de fonctionner. Et encore, on n'aura qu'une machine d'occasion, faite de pièces et de morceaux hétérogènes, bien que, en définitive, son prix de revient soit presque aussi élevé que celui d'un motocycle neuf. Dans ce cas, il est plus rationnel et meilleur marché, en vérité, de se résigner à débourser la forte somme du premier coup pour avoir un appareil bien conditionné. A l'usage, on reconnaîtra combien il était préférable d'agir ainsi, car un appareil neuf, bien soigné, ne réclamera presque pas de réparations, et fonctionnera constamment d'une manière satisfaisante, tandis qu'un motocycle composé de matériaux déjà fatigués ou d'organes réparés et réajustés au petit bonheur, donnera naissance à des ennuis répétés et à des dépenses continuelles de réparations.

Donc, et pour nous résumer, disons que le motocycle est une mécanique délicate et dont l'ensemble exige des soins minutieux de la part des constructeurs, et que l'acheteur a beaucoup plus d'avantage et de bénéfice à faire emplette d'une marque honorablement connue plutôt que de s'adresser à un revendeur ou à un ajusteur de pièces détachées plus ou moins scrupuleux. On n'a d'ailleurs que l'embarras du choix, la plupart des ateliers de fabrication de cycles construisant maintenant des motocycles d'excellente qualité, sur lesquels sont montés les moteurs et carburateurs préférés par les clients ou indiqués par ceux-ci en remettant leur commande. Le prix a d'ailleurs baissé, en raison de la concurrence, et on peut estimer, en 1900, le prix d'une motobicyclette à 900 francs, d'un tricycle à 1500 et d'un quadricycle à avant-train ou remorque, de 2000 à 2500 francs.

Choix du moteur. Un moteur pouvant développer de 85 à 95 kilogrammètres par seconde (1 cheval 1/2 à 1 cheval 3/4), est le maximum de ce qui convient pour une bicyclette automobile, et beaucoup de moteurs de tricycle ne font pas une puissance supérieure, ce qui est encore suffisant pour assurer à ces véhicules une vitesse qui peut s'élever à 35 kilomètres à l'heure sur bonne route en palier. Mais si l'on attelle une remorque chargée de deux personnes au tricycle, le moteur devient insuffisant, surtout si la route suivie est en mauvais état ou accidentée, et alors plusieurs solutions se présentent et peuvent être choisies suivant le cas.

La première consiste à prendre un moteur d'alésage un peu plus fort, et pouvant, par suite, développer de 160 à 200 kilogrammètres par seconde, soit de deux à trois chevaux, mais on est limité dans cette voie par la difficulté du refroidissement des parois qui oblige, quand on a fait marcher le moteur pendant assez longtemps au maximum de sa puissance, à l'arrêter quelques instants pour le laisser refroidir, ce qui n'est pas sans avoir de réels inconvénients dans certaines circonstances.

Le second moyen consiste à intercaler sur le mécanisme un changement de vitesse permettant de marcher à petite allure lorsqu'on gravit les côtes, mais cette manière de procéder pèche, on peut le dire, par la base. Le refroidissement du moteur s'effectue d'autant mieux que ses parois sont fouettées par un courant d'air plus vif. Or, c'est justement au moment où l'on aurait le plus besoin d'un refroidissement rapide, que l'on restreint la vitesse de progression du véhicule et que le courant d'air produit par la marche diminue de vivacité. Aussi, et pour cette raison, ne sommes-nous guère partisans des changements de vitesse appliqués à des moteurs à refroidissement par l'air.

Enfin un troisième procédé consiste dans l'usage d'un

moteur à circulation d'eau, tout au moins pour la réfrigération de la culasse et des soupapes, mais alors c'est toute la complication de la voiture automobile : réservoir, pompe, tuyaux, etc., mis sur un véhicule qui doit être par-dessus tout simple et léger. Ce procédé a été rarement appliqué d'ailleurs pour le motocycle proprement dit, car, si l'on alourdit dans de telles proportions cet appareil, autant en faire immédiatement quelque chose de plus confortable et le transformer en voiturette.

En ce qui concerne les tricycles de course avec lesquels on désire atteindre les vitesses les plus fantastiques, le problème est moins ardu à résoudre, car il est bien évident que, plus on ira vite et plus le refroidissement des parois sera accentué, le courant d'air frappant les ailettes étant plus violent. On peut donc espérer que, sans transmission intermédiaire, on grimpera les côtes à bonne allure avec un moteur fournissant de 4 à 5 chevaux-vapeur, et que l'on combattra avec succès, pendant ces ascensions, l'échauffement du métal du cylindre.

La multiplication à choisir pour le motocycle dépendra donc de la contrée où celui-ci devra habituellement circuler, et, suivant le cas, on prendra une multiplication plus ou moins forte. Considérable si le pays est plat, le rapport entre les engrenages devra être diminué d'autant plus que l'on devra rouler à une allure moins grande par suite des déclivités que l'on devra gravir à tout instant dans une région montagneuse.

Les motocycles peuvent recevoir à volonté différentes

multiplications suivant l'usage auquel ils sont destinés. Les plus usitées sont les suivantes :

1° Le rapport de 102-15, soit 102 dents à la roue dentée et 15 dents au pignon de commande. Ce rapport convient aux personnes légères ou à celles qui désirent faire des vitesses de 40 à 45 kil. à l'heure ; mais la vitesse étant au détriment de la force, il faut s'attendre à aider au moteur sur les fortes rampes : il convient d'ajouter que cette multiplication est suffisante en pays de plaine, qu'elle est la plus économique comme dépense d'essence, et si la vitesse qu'elle peut fournir est dangereuse, on n'est point obligé d'y recourir ; malgré cela, ce rapport n'est pas à conseiller à un débutant ;

2° Le rapport 104-13. Ce rapport est le plus usité ; il convient aux personnes d'un poids un peu plus élevé ; il permet de faire des vitesses de 30 à 35 kil. à l'heure et de gravir sans pédaler des rampes de 7 à 8 0/0 ;

3° Le rapport 106-11. Ce dernier convient aux personnes dépassant la moyenne comme poids ou habitant des localités accidentées ; on fait avec ce rapport 20 à 25 kil. à l'heure et pour ainsi dire toutes les côtes sans pédaler ; c'est le rapport employé pour véhiculer avec soi une seconde personne, soit en voiturette, soit sur avant-train.

Comme on ne peut avoir aucun ennui avec ce genre de multiplication, il est toujours bon d'en posséder une de rechange, celle s'appliquant le mieux à ses besoins.

Un différentiel neuf est généralement monté avec un millimètre de jeu latéral ; ce jeu se constate par simple allée et venue du frein sur son axe, et si ce jeu arrivait à dépasser trois millimètres, il faudrait profiter du plus prochain démontage pour intercaler, entre les deux grands pignons d'axe du différentiel une bague en bronze de deux millimètres, et cela de façon à ce qu'elle ne gêne pas les mouvements de l'axe ; pour ce : 1° tenir l'alésage (ou perforation) de la bague d'un demi-millimètre plus grand que le diamètre de l'axe; 2° placer la bague de telle façon qu'elle porte sur le noyau du pignon, c'est-à-dire latéralement et non sur l'axe même. Un différentiel neuf a également un jeu dans le sens du mouvement. Ce jeu est normal lorsque l'une des roues, étant immobilisée sur le support, la jante de l'autre se déplace d'un centimètre environ dans le sens du roulement ; un jeu double ou triple indiquerait une usure probable des quatre petits pignons satellites ou des deux grands pignons d'axe, et peut-être de l'ensemble, cela vraisemblablement par défaut de graissage. Tant que les pignons ne chevauchent pas, c'est-à-dire engrènent suffisamment, ce jeu ne peut empêcher de marcher : mais il est prudent, lorsqu'il devient trop sensible et désagréable, de se procurer des pignons de rechange en indiquant le numéro du moteur.

Vérifications à faire en achetant un motocycle. — Un cycle à moteur, bicyclette, tricycle ou quadricycle, se compose de deux parties distinctes qu'il faut examiner l'une après l'autre. La première est le *bâti,* la carcasse, le cycle ; l'autre, c'est la *machine motrice,* avec ses accessoires et sa transmission.

Le bâti doit être en tubes d'acier étirés, sans soudure, et renforcés suivant la charge à porter ; le *pont* d'arrière doit présenter surtout une très grande solidité, car c'est sur lui que se portent tous les chocs de la marche. La fourche de la roue directrice peut être doublée, ce qui donne plus de solidité ; la fourche quadritubulaire Smith est excellente, et certainement elle fournit un cœfficient de sécurité plus élevé que la fourche à assemblage simple, genre fourche de bicyclette.

Après le bâti, il faut visiter le pédalier, qui doit posséder des roulements à billes aussi doux que ceux des cycles, et sans jeu latéral ni dureté, puis les roues, dont les jantes seront en acier de 1 ^{mm}, 5 et les rayons tangents renforcés, et enfin le mouvement différentiel qui doit être très doux. Un coup d'œil sera donné aux bandages pour s'assurer de l'étanchéité de la valve et de la solidité de l'enveloppe et de la chambre à air. Ces différentes constatations peuvent être faites très rapidement sur un appareil neuf sortant des mains de l'ouvrier monteur, et un cycliste exercé s'apercevrait vite de la moindre imperfection de l'un de ces organes purement vélocipédiques.

Le *moteur* est complété par le dispositif devant fournir l'étincelle et par le *carburateur* produisant le mélange. Nous avons décrit précédemment ces appareils et nous n'y reviendrons que pour indiquer comment on peut s'assurer de leur fonctionnement régulier.

Tout d'abord, on examine la pile ou l'accumulateur fournissant le courant au moyen de l'appareil appelé *volt-*

mètre, qui permet de reconnaître si la tension réglementaire est bien obtenue ; on vérifie ensuite l'attache des fils conducteurs sur les bornes des piles et de la bobine d'induction, surtout au point de vue de la propreté des fils et du serrage, car les contacts doivent être parfaits. On examine ensuite l'état du trembleur, de la vis platinée et de la came ; ces organes doivent être nets et modérément graissés.

Le tricycle étant supporté sur un chevalet, on fait tourner le moteur à vide, après avoir garni le carter d'une petite quantité d'huile de graissage. Cet essai est d'ailleurs fait devant l'acheteur par le fabricant, et le client peut se rendre compte ainsi de la bonne marche de l'appareil.

Soins à prendre avant chaque sortie. — Les tricycles neufs ne sont ordinairement livrés par le constructeur qu'après avoir subi un réglage consciencieux de tous les organes du mécanisme, mais s'ils ont dû être expédiés par chemin de fer, il est bon de s'assurer, à l'arrivée, qu'ils n'ont subi aucune avarie pendant le transport. Voici l'ordre à suivre pour cette vérification, de même d'ailleurs que pour chaque sortie :

1° *Allumage.* — Examiner la pile ou l'accumulateur, nettoyer au besoin les contacts en grattant les extrémités dénudées des fils ; s'assurer, avec le *voltmètre* (fig. 75), de la tension qui doit toujours être de 5 volts en moyenne. Suivre les fils du point de départ à l'arrivée pour reconnaître s'il n'y a aucune interruption sur leur trajet. Vérifier l'élasticité du trembleur, l'état de la vis de contact, puis la propreté et l'intégrité de la bougie d'allumage. On tourne la poignée du guidon sur l'indice *marche*, et on fait jaillir l'étincelle en faisant avancer doucement le tricyle à la main. Si cette étincelle est bien nette et bien bleue et éclate bien entre les deux pointes de platine de la bougie, l'allumage est normal ; on peut remonter cette dernière sur son siège et replacer le couvercle de la came.

Fig. 75. — Voltmètre pour motocycles.

2° *Compression.* — La bougie étant replacée, et la poignée du guidon sur l'indice *arrêt*, on pousse le tricycle à la main en fermant le robinet de compression placé sur le cylindre. On doit sentir, à un moment donné, une grande résistance, qui est notablement atténuée si l'on ouvre ce robinet. Si cette résistance ne se faisait pas sentir, c'est que la soupape d'admission, pour une raison quelconque, ne serait pas étanche et ne fermerait pas l'orifice correspondant. Il faudrait donc démonter la boîte de soupape pour réparer ce défaut.

3° *Graissage.* — Les motocycles n'étant jamais expédiés sans avoir été minutieusement essayés par le fabricant, le carter du moteur contient, à l'arrivée, un peu de résidu des précédents graissages lors du réglage de l'appareil. On évacue donc cette huile en dévissant la vis-bouchon ou en ouvrant le robinet du carter. Le cambouis et l'huile épaissie enlevés, on referme le robinet ou on revisse le bouchon, puis, si l'on est pour sortir, on verse une mesure d'huile de graissage par l'ouverture supérieure du carter, ou par le jeu du graisseur dont le motocycle peut être pourvu.

4° *Essai à blanc sur le chevalet.* — Toutes les pièces composant le système d'allumage ayant été visitées l'une après l'autre, les points d'attache des fils vérifiés, ainsi que le serrage de tous les écrous du mécanisme, on garnit le réservoir d'essence de pétrole de densité de 650 à 700 au maximum. Les marques *Moto-naphta, Stelline, Vaporine, Automobiline, Benzo-moteur*, sont les plus appréciées. Tout étant mis en place, on peut procéder d'abord à un essai à vide, le pont du tricycle étant supporté par un chevalet ad-hoc, de manière à ce que les roues tournent dans le vide.

Si l'on a un carburateur à barbotage on règle la hauteur de la cheminée d'arrivée d'air ; si c'est un carburateur à pulvérisation, on ouvre le robinet qui l'alimente et on règle l'admission par le pointeau qui obture l'orifice, puis on se met en selle. La cheville est enfoncée entre les mâchoires du coupe-circuit de sûreté, la poignée gauche du guidon tournée sur l'indice « marche » et on pédale vigoureusement en manœuvrant les manettes de la carburation (la compression étant diminuée par l'ouverture du robinet que porte la culasse).

Cet essai « à blanc » prévient bien des ennuis et des mécomptes ultérieurs, car il permet de se rendre compte, de la manière la plus pratique et sans quitter son *home,* du fonctionnement de tout le mécanisme, aussi ne saurait-on trop conseiller aux motocyclistes l'achat d'un chevalet support, dont le prix est modique, et qui donne toute facilité pour la vérification et l'essai de la machine avant la sortie.

Apprentissage du motocycle. — Tout le monde aujourd'hui a fait peu ou prou de la bicyclette ou du tricycle, et il est assez rare de voir un débutant motoriste, n'ayant jamais enfourché de vélocipède d'un genre quelconque. Pourtant le cas peut se présenter et alors la première chose à faire pour ces néophytes dans toute l'acception du terme, est de prendre tout d'abord quelques leçons sur un cycle à pédales, de façon à acquérir la notion de l'équilibre et de la direction, chose plus facile avec une machine mue par la force des jambes qu'avec un véhicule à moteur. Il serait au moins imprudent de se lancer du premier coup, et sans aucun essai préparatoire, sur un tricycle ou un quadricycle à pétrole ; on risquerait fort d'aller se jeter sur le premier obstacle venu sans pouvoir l'éviter, et de verser au premier tournant de rue. Donc cet apprentissage, en somme assez court, est absolument indispensable, et c'est quand on sait parfaitement virer et circuler sans difficulté à toutes les allures, que l'on peut abandonner le tricycle à pédales pour monter sur le tricycle automoteur.

En résumé, l'apprentissage du futur motoriste doit être de deux sortes : il faut d'abord étudier quelque peu le fonctionnement théorique de la machine motrice que l'on veut conduire, afin de ne pas se trouver dans le plus grand embarras au moindre petit arrêt dans le fonctionnement du mécanisme ; il faut ensuite apprendre à diriger adroitement son véhicule sur les routes, de telle façon que les plus terribles embarras de voitures parisiens ne soient pas un sujet d'arrêt, pas plus que les côtes les plus raides et les plus longues en pleine campagne, et que surtout, avant tout, on sache éviter toute cause d'accident, à soi et aux autres. Donc il faut, pour devenir un fin motocycliste, être quelque peu mécanicien et cocher, ne pas craindre le cambouis ni le maniement de la burette à l'huile et de la clef anglaise, et en même temps posséder une certaine adresse pour se faufiler au travers des voitures, éviter les piétons et décrire des courbes savantes aux bifurcations. Ce programme des qualités du parfait motocycliste paraît au premier coup d'œil assez difficile et compliqué ; cependant, en réalité, les difficultés du début sont assez vite franchies, et après quelques sorties préparatoires, précédées de l'étude préliminaire du mécanisme, le débutant se familiarise vite avec le maniement de l'instrument : avec l'usage répété, l'habitude vient et, en peu de temps, le novice est passé maître et ne redoute plus guère les surprises de la route.

Les premières sorties. — Nous supposons donc que notre lecteur a passé par le court apprentissage dont nous venons de montrer la nécessité. Il sait quel est le but et le jeu de chaque organe de la machine, et déjà l'équilibre et la direction de ce genre de véhicules lui sont familiers, car il a été déjà tri ou bicycliste. Il n'a plus qu'un pas à faire pour devenir motocycliste. Il procédera donc de la façon suivante lors de ses premières sorties :

1° Remplir le carburateur ou le réservoir d'essence de

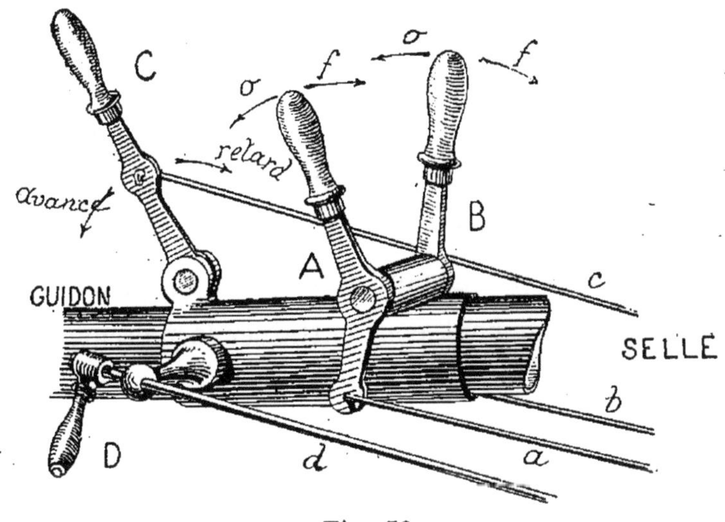

Fig. 76.

A, manette de carburation ; B, manette d'admission ; C, avance à l'allumage ; D, compression ; *abcd*, tringles de transmission.

pétrole à la densité de 700, régler la hauteur de la cheminée, dans les carburateurs à léchage, ou l'ouverture du chalumeau dans les modèles à pulvérisation.

2° Envoyer une mesure d'huile dans le carter du moteur (après avoir fait écouler l'huile vieille pouvant y avoir été laissée); remplir le graisseur d'huile, graisser les divers frottements du motocycle (axes des pédales et des roues, etc.).

3° Mettre en place la cheville dans le coupe-circuit de sûreté, la poignée du guidon étant tournée sur l'indice *arrêt.*

Pour partir, après s'être mis en selle, il faut opérer les manœuvres suivantes, et dans l'ordre :

1° Ouvrir le robinet de compression à l'aide de la manette D (fig. 76).

2° Mettre la manette C (vitesse) au point mort, ou même un peu en arrière pour avoir un peu de retard à l'allumage pendant l'instant du démarrage.

3° Ouvrir, en poussant les manettes A et B vers le guidon, l'entrée de l'air dans le carburateur et l'admission du mélange formé au moteur.

4° Tourner la poignée du guidon sur l'indice *marche* et pédaler vigoureusement pour entraîner le moteur. On doit entendre aussitôt des explosions dans le cylindre. Tout en pédalant, on manœuvre les manettes commandant la carburation en observant l'intensité de l'explosion ; quand on est arrivé à les entendre se succéder régulièrement avec le maximum de force, on ferme le robinet de compression et on cesse de pédaler.

Dès que l'on est en marche, il ne reste qu'à régler la carburation suivant le profil de la route, la température ambiante et la vitesse que l'on veut obtenir. C'est là que se révèle petit à petit l'habileté du conducteur, car tout changement de position de l'une des manettes A, B, C, nécessite un déplacement des deux autres manettes. Voici donc la meilleure manière de procéder.

Nous supposons que la route soit libre et dégagée d'obstacles. En chassant la manette C vers le guidon, nous accélérons l'allure jusqu'à la porter à 25 kilomètres à l'heure (ce chiffre absolument arbitraire étant seulement pris comme exemple.) On ramène à soi doucement et progressivement la manette A de manière à réduire au strict nécessaire l'arrivage de l'air extérieur dans le carburateur, et la manette B commandant l'admission du mélange explosif au moteur. Si le réglage est bon, on en aura la preuve en poussant un peu la manette d'avance à l'allumage : il ne devra pas se produire d'accélération de vitesse, ou bien c'est que la manette B ne serait pas encore assez fermée.

Des causes multiples nécessitent, en cours de route, le réglage à nouveau des trois manettes. Nous allons énumérer les principales :

Après quelques minutes de fonctionnement, l'allure réglementaire étant atteinte, il faut ouvrir un peu la manette A, en raison de ce que la volatilisation de l'essence se fait de plus en plus généreuse au fur et à mesure que cette essence arrive à son plus haut degré d'échauffement. Pour la raison inverse, il est bon de fermer cette arrivée d'air à mesure que le niveau baisse dans le carburateur (système à léchage), car il résulte de la disparition progressive de l'essence un appauvrissement de vapeurs carburées. Il devient donc indispensable, pour maintenir la constance de la vitesse, de diminuer l'afflux d'air extérieur en augmentant peu à peu en même temps l'admission d'une plus grande proportion de mélange gazeux au cylindre. En conséquence, il faut être pénétré de la nécessité qu'il y a d'augmenter l'arrivée d'air extérieur (manette A) chaque fois que l'on ouvre l'une des deux manettes B ou C et vice-versa, car plus on admet de mélange au cylindre, et plus il faut augmenter la proportion d'air, afin de conserver un dosage convenable à ce mélange.

Que l'essence soit neuve ou qu'elle soit vieille, toute variation de son échauffement dans le carburateur sollicite un déplacement de la manette *carburation;* or ce degré d'échauffement varie en marche. Il est facile de montrer que les déréglages de la manette peuvent, dans une certaine mesure, être prévus par qui cherchera à les raisonner.

Après quelques kilomètres de marche, en plaine, par exemple, la carburation se serait-elle maintenue avec une parfaite régularité, si nous trouvons une pente qui nous oblige par sa rapidité à supprimer l'allumage, notre essence n'étant plus chauffée par l'échappement se refroidira forcément et d'autant plus que le courant d'air provoqué sera plus vif ; il est donc à prévoir qu'au bas de la descente il faudra fermer l'air en chassant la manette ; il en sera de même si nous nous arrêtons un instant à l'auberge, où notre essence se rapprochera graduellement de la température du lieu. Quand nous repartirons, il est à prévoir également qu'il faudra progressivement ramener à soi la manette *carburation,* cela d'autant plus que nous irons plus vite ou monterons davantage, c'est-à-dire d'autant plus que le moteur fournira plus d'échauffement à l'essence ; et, lorsqu'en haut de la rampe nous retrouverons la plaine, il est certain aussi que fermant la *force,* l'échauffement diminuera et qu'il nous faudra, avant quelques centaines de mètres, chasser à nouveau la manette, c'est-à-dire fermer l'air et ouvrir d'autant l'admission des gaz d'essence, en raison de ce qu'ils se forment plus paresseusement.

La température extérieure a également une influence sur la carburation. Le carburateur est l'appareil respiratoire du tricycle ; ses organes fort simples sont sensibles autant

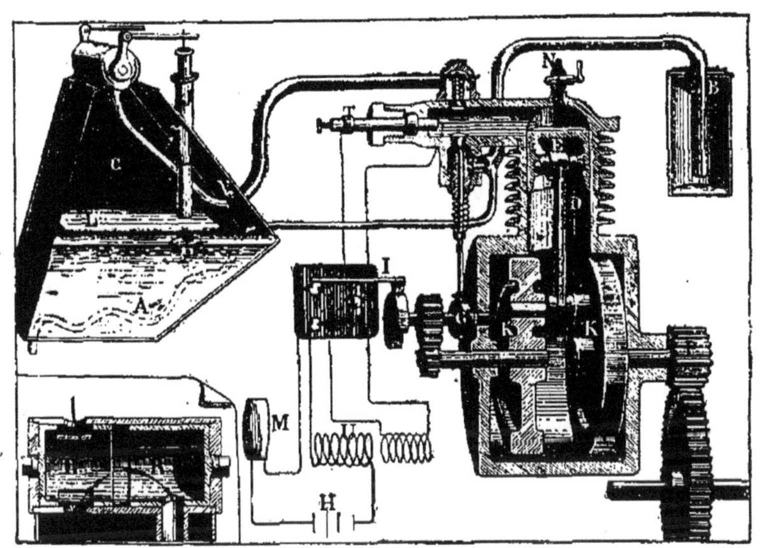

Fig. 77. — Schéma de l'ensemble du mécanisme d'un motocycle. Moteur, carburateur, allumage.

qu'ils sont robustes ; l'air tiède, ensoleillé de la route à découvert, s'y trouve instantanément distingué de l'air frais des allées ombragées ; l'un et l'autre n'ont plus la même action et sollicitent immédiatement un réglage différent. Passer du pavé au macadam et réciproquement, appelle également un réglage nouveau de la *carburation*, en raison de ce que l'essence étant plus ou moins agitée le gaz se dégage plus ou moins rapidement. Sur les pavés ou les mauvaises routes, il peut également arriver qu'un cahot plus fort que les autres arrête net la carburation, c'est le résultat d'un dégagement trop abondant de l'essence; il suffit en ce cas d'ouvrir *en plein*, durant une seconde, l'arrivage de l'air par la manette *carburation*, que l'on replace de suite après dans la position première.

Souvent on se demande ce qui se passe dans le cylindre lorsque la *carburation* est déréglée, dans un sens ou dans l'autre, le voici : S'il y a trop d'air admis, il en résulte de la faiblesse d'abord, puis des ratés; si au contraire il est admis trop de gaz, il en résulte de la faiblesse également, plus un encrassement des organes, encrassement produit par la fumée qui résulte d'une combustion imparfaite des gaz, lesquels répandent alors une odeur désagréable.

Cette dépendance des trois manettes B, C, D, l'une par rapport à l'autre étant comprise, on saisit de suite les secrets d'où résulte une bonne préparation du mélange gazeux consommé par la machine, et l'on peut dire qu'une fois qu'on les possède bien, pour les avoir un peu pratiqués et surtout raisonnés, la conduite d'un motocycle ne présente plus aucune difficulté pour quiconque surveille avec quelque attention le mécanisme de l'allumage électrique.

En résumé, on peut dire que les manettes B et C sont celles auxquelles on touche le plus rarement, tandis qu'on est obligé de manœuvrer constamment la manette D suivant la nature du terrain, la quantité d'essence demeurant dans le carburateur, etc. On a recours aux manettes vitesse et admission au moteur quand il est nécessaire d'augmenter l'allure ou la puissance développée, comme c'est le cas notamment sur les côtes et dans les mauvais passages.

Comme il serait extrêmement nuisible de marcher avec une admission (manette D) trop ouverte, car on encrasserait rapidement la chambre d'explosion par des dépôts de suie, sans aucun avantage appréciable, il est utile de vérifier de temps à autre si le mélange est bien dosé, en ouvrant pendant quelques secondes le robinet de compression à l'aide de la manette A. Si la carburation n'est pas parfaite, l'explosion n'aura pas sa force normale ; s'il y avait des ratés, on les attriburait sans hésiter à un défaut dans le mécanisme d'allumage. Mais, comme ouvrir la compression c'est laisser bénévolement s'enfuir la force motrice, il sera préférable de s'habituer à reconnaître à l'oreille la qualité de l'explosion ainsi que les ratés d'allumage ; il suffit d'un peu d'attention et d'habitude pour distinguer nettement en marche les bruits anormaux pouvant se produire dans l'appareil.

Les côtes. Montées et descentes. Il est indispensable que la carburation soit très bien réglée quand on va attaquer une rampe assez dure. On augmente un peu l'avance à l'allumage, puis on ouvre progressivement le robinet d'admission jusqu'au maximum. Si la marche se ralentit, en un certain moment, à un point qui fasse craindre l'arrêt, il faut aider au moteur en pédalant fortement. Si l'arrêt se produisait quand même, il pourrait être dû à ce que le moteur est surchauffé par la course qu'il a donnée avant d'arriver sur la côte, plutôt qu'à la carburation, et il serait nécessaire de le laisser refroidir un instant, au besoin en le faisant rouler à vide pendant quelques instants, la compression étant ouverte pour laisser passer une certaine quantité d'air frais à l'intérieur du cylindre. Il faut une certaine expérience pour arriver à gravir convenablement, et sans pédaler, les rampes longues ou dont la pente est un peu forte, surtout quand on a un motocycle lourdement chargé et n'ayant qu'un moteur un peu faible.

Pour descendre une côte, il est bon de ne pas omettre certaines précautions non sans importance et ne pas oublier que c'est surtout là que le grippage du piston peut se produire, surtout s'il y a déjà un certain temps que l'on marche. La manœuvre la plus élémentaire consiste à couper le courant, ce qui arrête la dépense d'électricité, et à appliquer, le cas échéant, les freins de la roue d'avant ou du moyeu d'arrière pour ralentir. On peut également éviter toute dépense d'essence en fermant le robinet D d'admission du mélange, et profiter de la descente pour refroidir le cylindre en ouvrant la compression.

Arrêt. Pour arrêter, on tourne la poignée du guidon sur l'indice « arrêt » et, l'allumage se trouvant supprimé, on serre progressivement les freins. Pour arrêter court, et si on n'avait pas le temps de couper l'électricité, le frein à tambour et à ruban dont est pourvu l'essieu moteur doit être assez énergique pour caler le moteur lorsqu'on le serre à bloc, mais c'est là un moyen peu recommandable, car une action aussi brusque peut avoir un résultat fâcheux pour la machine et surtout pour les pneumatiques, qui peuvent être détériorés.

Lorsqu'on descend de motocycle pour une station prolongée, on enlève la clavette du coupe-circuit, que l'on met dans sa poche, et on ferme les robinets A et B d'arrivée d'air et d'admission pour éviter toute déperdition inutile du gaz d'essence ; on peut même clore hermétiquement la cheminée d'appel d'air avec un bouchon.

Règlement de la route. L'usage veut que tous les véhicules tiennent la droite de la route qu'ils suivent. Si l'on veut dépasser une voiture suivant la même direction, il faut obliquer de manière à passer sur sa gauche. Il est prescrit d'avoir un avertisseur sonore, trompe ou sonnerie, pouvant être entendu à 50 mètres au moins ; mais c'est une précaution dont les automobilistes ont été portés à abuser pour se faire faire place, et nous n'en sommes que peu partisan, car nous craignons qu'à bref délai l'autorité n'exerce des représailles dont pâtiront les motocyclistes sérieux. L'avertissement par la voix, à l'égal des cochers, serait fort suffisant et empêcherait, mieux que toute mesure draconienne, les excès de vitesse des amateurs de folle vitesse qui seraient bien obligés de modérer leur ardeur, dans la sage crainte d'accidents dont ils seraient responsables pécuniairement et pénalement.

La nuit, le règlement exige l'éclairement du véhicule avec deux fanaux, un blanc et un vert, visibles à une certaine distance ; c'est une mesure générale de sécurité, et l'on dispose aujourd'hui de sources de lumière puissantes et pratiques, telles que l'acétylène, dont on ne saurait trop rappeler l'utilité.

CHAPITRE IX

L'EXAMEN DU MOTOCYCLISTE

Classification des chauffeurs au point de vue légal. — Demande de permis de circulation. — Formalités à remplir, pièces à fournir. — L'examen théorique, les questions de l'examinateur. — Les colles. — L'examen pratique; en quoi il consiste. — Utilité du certificat de capacité.

Ainsi que l'on pourra s'en rendre compte à la lecture de l'*Appendice*, la loi qui régit toute la France, et qui est en vigueur depuis le 10 mars 1899, ne fait aucune différence entre le cavalier d'une modeste bicyclette ou d'un simple tricycle à pétrole et le mécanicien conducteur d'un omnibus automobile à huit ou dix places. Tous deux doivent avoir obtenu et présenter à toute réquisition d'un représentant quelconque de l'autorité le « permis de conduire », dont ils doivent être pourvus pour avoir le droit de circuler à l'intérieur des villes comme sur toutes les routes du territoire. La loi est formelle : nul n'a le droit de piloter sur la voie publique un véhicule mécanique de quelque nature qu'il soit sans être muni de l'estampille officielle délivrée par les ingénieurs du gouvernement.

La loi nouvelle a eu un heureux résultat : elle a mis fin à la manie de réglementer et de décréter, chacun suivant leur fantaisie, des moindres détenteurs d'une parcelle d'autorité, maires et préfets, chacun dans la limite de terrain soumis à leur pouvoir. La réglementation est uniforme pour le pays tout entier, et elle est énoncée en termes précis. On peut déplorer l'excès de paperasserie qu'elle exige, mais il faut bien fournir pâture à la débordante activité qui caractérise les nombreux fonctionnaires de l'Administration que l'Europe nous envie (mais dont, hélas ! elle ne nous débarrasse pas).

Nous sommes bien certain que cet excès de pièces que réclame l'administration, empêche un grand nombre de motoristes de se munir de ce bienheureux certificat. Pour notre part, nous connaissons nombre de pétrolistes fervents, pratiquant le moto depuis deux ou trois ans, et qui se soucient fort peu de posséder le bout de carton de la Préfecture. D'ailleurs, il est bien rare qu'un agent de l'autorité, *intra* ou *extra-muros*, réclame la production de cette pièce officielle, mais c'est lorsque l'on aurait, par sa faute, causé un dommage quelconque à autrui, qu'il serait grave de ne pas avoir pris la précaution de se placer sous l'égide de la loi. La peine encourue serait certainement plus grave pour le chauffeur non muni du bienheureux permis que pour celui ayant pris la précaution de s'en pourvoir. Et cependant, concluons-nous, tandis que la plupart des motocyclistes s'empressent d'aller porter leur excellent argent au guichet du percepteur pour acquitter l'impôt dont est frappée leur machine, les mêmes se soucient peu de perdre leur temps à réunir une demi-douzaine de pièces d'identité et à passer des examens qui leur paraissent superflus, dans le seul but d'obtenir une carte dont l'utilité leur paraît au moins contestable.

Cependant, puisque « nul n'est censé ignorer la loi » dans notre doux pays, disons qu'il est préférable d'être en règle; on ne sait pas ce qui peut arriver, et peut-être des circonstances se présenteront-elles où l'on s'applaudira d'avoir eu de la prévoyance.

Pour obtenir la pièce officielle désignée sous le nom de « certificat de capacité » et délivrable aux seuls motocyclistes, — qui, avec cette autorisation, n'auront toutefois pas le droit de conduire des voitures automobiles mais devront se borner à circuler avec le genre de véhicules dénommés « motocycles » — pour obtenir ce certificat, disons-nous, il faut adresser à la préfecture de police à Paris, aux préfets dans les départements, une pétition (dont nous reproduisons les termes à l'*Appendice*), et joindre à cette pétition, faite en double, l'original sur papier timbré à 60 centimes la feuille, la copie sur papier libre, deux photographies non collées, le livret de famille ou l'acte de naissance, enfin un certificat de résidence délivré par le commissaire de police.

Ces pièces sont remises au bureau de la Préfecture ; celle-ci, après une quinzaine de jours nécessaires pour leur examen, prévient le candidat; l'*impétrant,* pour parler le langage administratif, est convoqué par l'Ingénieur chargé du service des Mines, afin de justifier de son aptitude à conduire le véhicule pour lequel il réclame le visa de l'Autorité.

Les prescriptions du Ministère concernant l'application des articles de la loi sont précises et formelles. Il ne s'agit nullement d'un examen théorique, comme c'est le cas pour le diplôme de chauffeur de machines à vapeur; peu importe que le solliciteur ait ou non des notions sur le principe et le fonctionnement du moteur qu'il veut manipuler; tout ce qu'on lui demande, c'est de savoir diriger son instrument de façon à ne causer aucune anicroche dans la circulation urbaine si intensive, et de posséder le sang-froid nécessaire pour éviter tout abordage intempestif dans un virage ou autrement.

A Paris, M. Walckenaer, ingénieur en chef des Mines, chargé du service des machines à vapeur et de celui des automobiles, désigne un de ses ingénieurs ordinaires pour prononcer le *dignus intrare* ou refuser la faveur sollicitée. Un électricien assez connu, M. Hommen, est ordinairement investi de cette mission.

Vous êtes donc, en raison de la demande adressée au Préfet, convoqué pour un jour et une heure déterminés, avec votre instrument, afin de donner au représentant de la loi la preuve de votre maëstria de conducteur de moto, et la démonstration de votre prudence et de votre présence d'esprit.

Bien que, encore une fois, ce soient ces seules qualités qui importent, l'examinateur pose quelques questions d'ordre pratique au candidat ainsi sur la sellette au propre et au figuré, afin de se rendre compte de ses connaissances en ce qui concerne la manœuvre de son appareil. Ces « colles » ne sont ordinairement pas bien terribles, cependant on en a vu embarrasser des débutants, agissant simplement par routine et n'ayant jamais cherché jusqu'alors à se rendre compte du pourquoi de l'effet produit par le déplacement des manettes ou le jeu des organes de la machine. Cela marche, parce que le constructeur s'est arrangé pour que le mouvement se produise, les manettes étant placées dans une position déterminée, c'est là tout ce que certains éphèbes savent ; quant aux différentes teneurs d'hydrocarbures dans le mélange tonnant suivant le profil de la route suivie, quant aux influences du dosage du mélange, du degré d'admission, d'avance à l'allumage ou à l'échappement, tout cela pour eux est du pur chinois et ils ne se soucient guère de le raisonner. Aussi voit-on ces ignorants routiniers arrêtés au moindre dérangement d'un organe de leur moto : aucun indice ne leur paraît assez frappant pour les mettre sur la trace de la cause de l'arrêt ; ils tournent, la pince, le tournevis ou la clef anglaise à la main, autour de leur moteur, et si le hasard ne leur vient en aide d'une manière ou d'une autre, ils sont irrémédiablement en panne quand il eût suffi d'un instant de réflexion et de raisonnement pour diagnostiquer le siège du mal et le réparer sans difficulté.

Mais nous nous sommes éloigné de la question de l'examen, fermons la parenthèse et revenons à notre sujet.

Les questions posées par l'ingénieur ne constituent donc

que des généralités auxquelles un débutant doit être capable de répondre. Voici l'énoncé des demandes ordinaires :

Comment dosez-vous le mélange d'essence et d'air qui doit brûler dans le moteur ?

Quel est le rôle des deux robinets dans le carburateur à léchage ?

Comment règle-t-on la carburation avec les carburateurs à pulvérisation ?

Quelles sont les manœuvres à exécuter pour démarrer, ralentir, arrêter ? etc.

A quoi sert le robinet placé sur la culasse du moteur ?

Qu'est-ce que les deux boîtes cylindriques, fixées par des bandelettes de tôle nickelée au pont du tricycle, de chaque côté du moteur ?

Quel est le rôle et l'effet des différentes manettes ?

Etc., etc.

Bien entendu, ces questions ne sont qu'un exemple de ce qui peut être demandé par l'examinateur, et nous ne répondons nullement qu'il posera ces questions, ni même qu'il adressera la moindre demande à un candidat déclarant qu'il pratique le motocycle depuis un certain temps déjà et qu'il a approfondi l'étude théorique de cet instrument.

Nous le répétons, en ce qui concerne les machines dont le poids est inférieur à 150 kilogrammes, l'épreuve consiste surtout, pour le candidat, à manœuvrer un véhicule à moteur mécanique, de la nature de celui qu'il se propose de conduire, en présence et sous la direction de l'examinateur. Celui-ci aura à apprécier, dit le commentaire ministériel, surtout la prudence, le sang-froid et la présence d'esprit du candidat, la justesse de son coup d'œil, la sûreté de sa direction, son habileté à varier, suivant les besoins, la vitesse du véhicule, la promptitude avec laquelle il met en œuvre, lorsqu'il y a lieu, les moyens de freinage et d'arrêt, enfin le sentiment qu'il a des nécessités de la circulation sur la voie publique. L'examinateur pourra donc se borner, en ce qui concerne les motocycles, à faire évoluer devant lui le candidat monté sur un instrument de ce genre, et apprécier s'il possède à un degré convenable l'expérience et les qualités qui viennent d'être définies.

Ainsi s'exprime la circulaire ministérielle adressée aux préfets, et à laquelle doivent se conformer les ingénieurs commis à ces examens. Les connaissances théoriques ne sont pas requises et peuvent très bien faire défaut ; tout ce que l'autorité demande c'est que l'on ait assez d'adresse pour qu'il n'existe aucun danger à vous laisser circuler, juché sur votre monture mécanique, à travers les embarras de voitures se formant à tout instant sur nos boulevards si encombrés.

Ces prescriptions ont donc parfaitement leur raison d'être pour des villes comme Paris et quelques autres où, sur certains points, la circulation des voitures et des piétons est des plus intenses. Il faut donc protéger les uns, et les autres contre l'inexpérience possible des motormen et il faut bien reconnaître que, à part quelques points de détail prêtant à la critique, cette législation de la route est assez libérale.

A Paris, l'examen de capacité des conducteurs de motocycles s'opère ordinairement au Bois-de-Boulogne, et le candidat exécute ses plus savantes évolutions sous le regard attentif de l'examinateur jusqu'à ce que celui-ci se déclare satisfait et, d'un geste bienveillant, mette fin à ses prouesses. Au cas où le véhicule que l'on veut conduire comporterait une seconde place (avant-train ou remorque), pour un compagnon de route, on ne saurait mieux faire que d'offrir ce siège au dispensateur de la carte officielle, et lui démontrer, avec preuves à l'appui, que la marche à toutes les allures en terrain varié, le démarrage, l'arrêt, l'ascension des côtes, les virages les plus risqués même n'ont plus de secrets pour vous. Bien entendu, il faut éviter avec le plus grand soin, dans ces exercices de haute école, de verser le représentant de l'Administration sur un tas de cailloux ou dans une flaque de boue ; il est fort à craindre qu'au lieu d'obtenir la boule blanche rêvée, on ne récolterait que le veto préfectoral.

Une recommandation en passant. Il ne faut pas oublier que la vitesse maximum permise par la loi est de 30 kilomètres à l'heure en rase campagne et de 20 kilomètres au plus dans les agglomérations. On pourrait donc avoir une mauvaise note de l'examinateur si, oubliant les termes de la loi, on se lançait à des vitesses excessives qui ne sauraient convenir qu'à des recordmen ou à des professionnels du moteur lancés en pleine course de vitesse.

Pour être en règle sous tous les rapports, en même temps qu'être bien noté dès le premier abord, il faut se présenter à l'examen avec une machine portant la plaque réglementaire constatant que vous avez obéi aux injonctions du fisc et que vous êtes libéré de l'impôt dont les véhicules à moteur mécanique sont frappés. Cette plaque sera fixée d'une façon apparente, et le plus solidement possible, par exemple sur la douille de la fourche de direction. Au-dessous d'elle pourra être fixée la *plaque d'identité*, non moins réglementaire, et sur laquelle doivent être gravés le nom et l'adresse du propriétaire du motocycle.

Bien que l'examen ait lieu le plus souvent le matin, le véhicule devra porter les deux fanaux que le règlement lui impose : un fanal blanc, que l'on place ordinairement à droite, de façon à éclairer la bordure de la route, et une lanterne pourvue d'un verre teinté en vert clair, disposée à gauche. Ainsi conditionné, le véhicule est en règle, et l'examinateur ne peut que noter favorablement le candidat qui a pris ainsi toutes les mesures de sécurité dictées par l'autorité supérieure.

Comme on peut s'en rendre compte par ce qui précède, l'examen des motocyclistes est donc une simple formalité ayant pour but de vérifier les connaissances pratiques et l'habileté de direction des candidats. L'ingénieur n'a pas à tenir compte de la valeur théorique du mécanisme qui lui est soumis, mais à constater seulement que l'on a l'expérience voulue pour conduire le véhicule, virer, ralentir, arrêter et repartir instantanément sans danger pour la sécurité publique.

Lors donc que l'on a satisfait aux exigences de la loi, et que l'on est entré en possession du « certificat de capacité », qui vous est remis en même temps que les pièces d'identité énoncées au début de ce chapitre vous sont rendues, on peut se lancer sans hésitation sur les routes et se faufiler à ses risques et périls à travers les innombrables attelages et les piétons qui se bousculent sur les boulevards. Cependant que l'on se garde, par une involontaire distraction, de pénétrer à vive allure dans un paisible promeneur ou de renverser un omnibus ; la possession du morceau de carton préfectoral ne serait pas un palladium suffisant pour empêcher les justes récriminations des citoyens lésés dans leur intégrité corporelle !...

Nous ne nous occuperons pas ici des conditions exigées pour l'obtention du brevet proprement dit de conducteur de voitures mécaniques, le présent ouvrage étant exclusivement consacré aux locomoteurs légers désignés sous le nom de motocycles, et nous pensons en avoir dit assez pour montrer le but poursuivi par le législateur en édictant ces formalités destinées à sauvegarder autant que possible la sécurité générale contre l'inexpérience ou les excès des partisans de la locomotion nouvelle.

Ces quelques explications nous ont paru indispensables dans un livre comme celui-ci, car il faut non seulement connaître à fond la théorie et le maniement d'un appareil mécanique que l'on veut conduire, mais encore les devoirs que l'usage de cet appareil impose à son possesseur et les obligations auxquelles il se trouve soumis.

Si nous voulons donc résumer les droits et les devoirs du motoriste conducteur de motocycle à nombre quelconque de roues, mais de poids inférieur à 150 kilogrammes, nous verrons qu'ils peuvent s'énoncer comme suit.

Devoirs :

1° Payer l'impôt;

2° Porter la plaque d'identité ;

3° Obtenir le certificat de capacité ;

4° Avoir un avertisseur le jour, deux lanternes la nuit;

5° Obtempérer docilement aux injonctions de tous les agents de l'autorité.

Droits :

1° Circuler partout, sauf dans les allées des promenades réservées par arrêtés spéciaux.

2° Rouler à l'allure maximum de 30 kilomètres à l'heure sur les routes, et de 20 kilomètres dans les villes et villages.

Telles sont les conditions faites pour la pratique de la machine à pétrole et que de nombreux motoristes ne sont que trop portés à oublier, exagérant leurs droits et ramenant leurs devoirs à la plus simple expression, quand ils ne les oublient pas complètement, au détriment du droit naturel du voisin.

Les exigences de l'administration ne sortent pas, comme on a pu s'en rendre compte, d'une certaine modération basée sur des principes généraux d'équité. On a donc tout avantage à se conformer à ce qu'ils ont de rationnel, et, si un accident vient à se produire, on aura mis de son côté l'autorité qui n'aime pas à ce que l'on transige avec ses prescriptions, et on aura bien moins d'ennuis, ce qui vaut bien la perte d'une matinée passée en compagnie d'un ingénieur d'ailleurs toujours homme du monde.

CHAPITRE X

LES PANNES

Les accessoires et l'outillage de la route. — Nomenclature des causes de *pannes*. — Carburation, compression. — Défauts dans l'allumage. — Accidents au moteur, au bâti, perte de pièces. — Remèdes : recherche des causes de la panne, réparations de fortune. — Soins généraux divers. — Les pneus.

Quand on fait l'emplette d'un motocycle à deux, trois ou quatre roues, cet appareil est ordinairement vendu « nu », c'est-à-dire sans aucun des accessoires qui le complètent; il y a seulement une petite trousse accrochée sous la selle et contenant deux ou trois petits outils assez insignifiants. Il est donc de toute nécessité de se monter de l'outillage et des pièces de rechange que l'on doit prévoir ; les unes seront conservées à demeure dans une armoire, les autres seront rangées dans une sacoche solidement attachée au motocyle. Voici la nomenclature des accessoires qui doivent faire partie du motocycle et être emportés à chaque sortie.

Sur le véhicule lui-même :

Plaque d'identité.
Plaque de contrôle annuel.
Un grelot.
Une trompe.
Un réservoir à deux compartiments pour huile et pétrole.
Lanternes.

Dans la trousse derrière la selle :

Petite burette à pétrole.
— à huile oléonaphte.
Mesure pour l'huile du carter [1].
Flacon d'huile pour le moteur [1].
Densimètre. — Voltmètre.
Un tournevis.
Une clef anglaise à molette.
Une clef longue à clapets et bougie.
— à griffes pour régler les mouvements à billes de l'essieu.
Un petit morceau toile émeri.
Un chiffon gras.
Un chiffon sec enveloppant le tout.
Des pinces à mors plat.

Dans la grande sacoche :

Pompe à air et son raccord.
Chambre à air de rechange.
Boîte de réparation de pneus.
Clef du pédalier, pour régler la tension de chaîne.
Trembleur de rechange.
Bougies — id —
Pignon — id —
Cheville de contact de rechange.
Grosse clef anglaise.
1 mètre ficelle d'amiante.
6 mètres fils conducteurs bon isolement.
4 rondelles caoutchouc.
Boîte de graisse consistante.
Un petit entonnoir.

Avec ce matériel, on peut se mettre en route pour effectuer des trajets assez étendus, et on peut espérer que, quoi qu'il arrive, on pourra faire face aux difficultés et ne pas se trouver arrêté d'une façon définitive et irrémédiable, faute d'un outil ou d'un accessoire. N'oublions pas, pour être

1. Ces deux accessoires sont inutiles si l'on a un réservoir à pompe ou un graisseur sur le carter.

complet, les objets suivants que l'on place dans le double compartiment de la sacoche :

Une petite boîte contenant : 1° quelques pincées de pâtée d'émeri ; 2° même quantité de plâtre de Paris ; 3° même

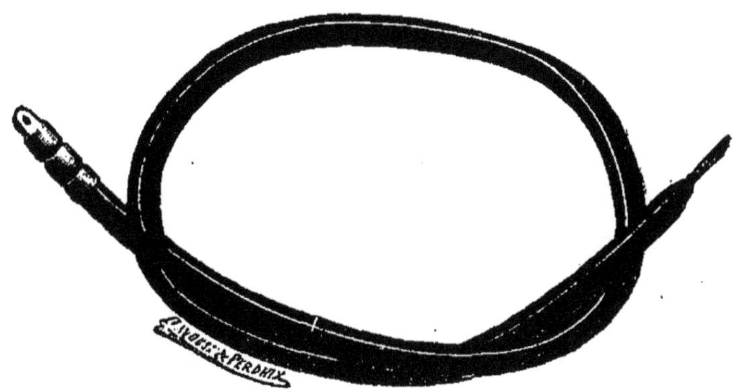

Fig. 78. — Fils de bougie incassables de Gianoli Lacoste.

quantité de résine pulvérisée ; 4° quelques goupilles et vis de rechange.

Cartes de la région traversée, liste des dépositaires d'essence, boîte d'allumettes-tisons, couteau à plusieurs lames.

Le porte-bagages fixé sur le guidon peut recevoir la pèlerine imperméable, les vêtements de rechange, et surtout un petit nécessaire de toilette contenant savons, peignes, brosses, etc. La tenue du motocycliste est aujourd'hui bien connue :

En été, maillot de laine, veston en peau tannée, culotte ample boutonnée au-dessous du genou, bas de laine, souliers de course, gants de chevreau.

En hiver, chemise de flanelle et plastron à col, veston et

gants fourrés, pantalon serré dans des molletières imperméables ; pélerine en peau de chèvre à longs poils.

En tout temps, casquette russe, en toile blanche l'été, en drap l'hiver, et masque à lunettes fumées pour préserver les yeux de la poussière et de la réverbération de la route.

Cette tenue est très rationnelle et appropriée à ce genre de sport, elle complète l'attirail du *motoriste* (le terme de *chauffeur*, absolument insuffisant est maintenant tombé en désuétude), qui, équipé ainsi qu'il vient d'être dit, peut alors hardiment affronter la route.

Mais, ainsi que la longueur de cet ouvrage le démontre éloquemment, quoique fort simple en principe, le moteur à pétrole à allumage électrique est délicat, et ses organes, comme ceux de toutes les machines, sont susceptibles de se déranger. Sans avertissement préalable, le moteur qui fonctionnait admirablement bien s'arrête tout d'un coup et refuse obstinément de repartir. C'est la *panne,* la fâcheuse *panne,* si fréquente au début de l'apprentissage de l'automobile, et qui devient de plus en plus rare, à mesure que l'on acquiert plus d'expérience et que l'on connaît mieux les détails de l'appareil. Le *panne* est la terreur du débutant, et l'on peut dire que, pour en triompher aisément, il faut connaître à fond le mécanisme du motocycle, par suite avoir pratiqué déjà un certain temps ce véhicule. Le tricycle est la moins compliquée des automobiles, aussi est-il quelque peu humiliant d'être soudain immobilisé sur une route avec un appareil de ce genre sans savoir à quoi attribuer cet arrêt subit, dû le plus souvent à une faute de manœuvre. On est souvent porté en effet à rejeter sur la machine, qui n'en peut mais, toutes les défaillances qui lui surviennent, quand, au contraire c'est à soi-même qu'incombent ces défaillances, résultant d'oubli ou d'erreur. C'est dire comme nous l'avons lu quelque part : « Tiens, ma montre s'est arrêtée ! » au lieu de : « Tiens, j'ai oublié de remonter ma montre ! » Il y a une nuance.

Quoi qu'il en soit, pour faciliter la tâche au débutant et l'empêcher de perdre son temps à chercher un défaut imaginaire, quand la cause est visible et flagrante, voici l'énumération méthodique des causes d'arrêt, que nous examinerons l'une après l'autre au cours de ce chapitre.

Arrêts dus à l'alimentation du moteur.

Mauvaise carburation, trop d'air ou trop peu d'air, robinets fermés par mégarde, mauvaise essence de densité trop élevée, absence complète, par usure ou autrement, d'essence dans le carburateur, encrassement des tamis.

Arrêts dus à l'allumage du mélange.

Trembleur déréglé ou sali, fils desserrés, contacts imparfaits ou oxydés, bougie fêlée ou dont les pointes se sont écartées, bougie suiffée, oubli de la fiche du coupe-circuit, détérioration de la poignée interruptive, défauts dans les fils, courts-circuits, pile usée ou accumulateurs déchargés, prises de courant oxydées, fils brisés sous l'isolant.

Arrêts dus au moteur.

Compression insuffisante, fuites par le grand joint, par le joint de la bougie. Grippage du piston, encrassement de la culasse. Rupture ou déclavetage du pignon. Soupape grillée.

Causes diverses.

Rupture de billes, de la chaîne, du différentiel ; pneumatiques perforés, roue voilée, coussinets déréglés, freins déréglés.

Quand on est parvenu à découvrir la blessure, la guérison est ordinairement l'affaire de peu d'instants, mais c'est la découverte du point lésé qui exerce particulièrement la sagacité et surtout la patience de l'infortuné *motoriste* encore novice. Certes, après quelque temps d'épreuve, il sourira au souvenir des déboires du début, mais il n'empêche que cette période de tâtonnements est souvent exaspérante, aussi devons-nous nous efforcer de faciliter la tâche pour ceux que nous appellerons les étudiants de première année, de façon à ce qu'ils perdent le moins de temps possible dans la recherche du gîte de ce monstre aux mille têtes qu'est la redoutable panne. Après quelque temps de pratique, les moindres indices mettront sur la voie et faciliteront cette recherche. Au commencement, il faudra beaucoup de chance, ou une observation constante du mécanisme, pour reconnaître du premier coup l'endroit défectueux ; toutefois, nous espérons qu'avec les indications qui vont suivre on abrégera notablement ces recherches et surtout que l'on évitera la répétition de ces dérangements.

Arrêts dus à l'alimentation. — En premier lieu, veiller à la bonne qualité de l'essence introduite dans le carburateur, qualité que l'on vérifie à l'aide du *densimètre.* Rejeter sans exception les pétroles pesant plus de 710° et rechercher de préférence, surtout en hiver, des essences n'ayant pas plus de 680° de densité. Avec des produits de mauvaise qualité, on n'a qu'une carburation défectueuse, donnant lieu à un encrassement rapide du moteur, ce qui peut causer des arrêts répétés par le suiffage de la bougie et l'occlusion des clapets.

S'assurer, en cas d'arrêt subit, que ce n'est pas un manque d'essence dans le carburateur qui l'amène.

L'arrêt peut être produit par une carburation défectueuse résultant de ce qu'on dose mal la proportion d'air et de gaz d'essence. Il est donc bon, dans ce cas, de vérifier la position respective de chacune des trois manettes que nous appellerons *vitesse* (avance à l'allumage), *force* (admission du mélange dosé au cylindre) et *carburation.* Chaque position de la manette *vitesse* correspond à un nombre de tours différent du moteur, à une vitesse différente. Régler la *vitesse,* c'est mettre l'allumage en accord avec la vitesse du moteur qui varie selon la *force* de l'explosion ou la résistance du sol, c'est allumer les gaz à l'instant le plus favorable au rendement, à l'instant précis où leur compression est au point.

Le réglage de la manette *vitesse* doit se faire sans à-coups, en d'autres termes on doit passer de la petite à la grande vitesse par des vitesses intermédiaires. Ramener à soi la manette *vitesse*, c'est retarder l'allumage, ainsi qu'on doit le faire au fur et à mesure que l'allure doit diminuer ; chasser la manette, c'est au contraire avancer l'allumage, ainsi qu'on doit le faire quand l'allure doit augmenter.

Il résulte des exigences ci-dessus : que le départ, qui se fait forcément à petite allure, devient impossible si la manette est chassée à la position de la grande vitesse. La manette vitesse sera donc toujours réglée selon l'allure désirée, à condition toutefois que l'allure désirée soit possible, contre le vent, par exemple, la mauvaise route, les rampes ; on n'ouvrira la manette qu'en rapport à la *vitesse* permise.

Plus le moteur tourne vite, plus il donne de force ; on a toujours avantage à gravir une rampe rapidement, mais en aidant au moteur, plutôt que d'ouvrir en plein la *force*, à moins qu'elle ne reste ouverte que peu de temps, pour un coup de collier de 100 à 200 mètres. La manette *vitesse* n'a rien à perdre en usant de toute la force qui lui est fournie ; quand, en chassant la *vitesse,* il en résulte une accélération, on doit augmenter l'allure ou diminuer la *force*. Quand, en chassant la *vitesse,* il n'en résulte aucune accélération, on doit ramener cette manette au point primitif.

Chaque position de la manette *force* correspond, comme nous avons dit, à l'admission dans le cylindre moteur d'une quantité plus ou moins considérable de mélange ; régler cette admission, c'est donc produire une explosion d'une force suffisante pour soutenir l'allure cherchée par la manette *vitesse*.

Quant à la manette *carburation*, elle est l'humble servante des deux autres et sa position varie continuellement, afin de rétablir ce que les deux autres manettes dérangent, et fournir par le robinet *force* une proportion toujours convenable d'air et de vapeurs d'essence, quel que soit le volume de l'admission ou le nombre d'admissions par seconde.

Une cause d'arrêt, ou plutôt de ralentissement, peut résider dans l'encrassement des toiles métalliques, ou *tamis*, disposées sur le trajet du tuyau d'aspiration ou sur le robinet d'admission. Les gaz n'arrivant plus en quantité suffisante, l'explosion est amoindrie et le moteur ne fait plus sa force normale. Donc vérifier de temps à autre et débarrasser ces tamis des impuretés qui obstruent ou recouvrent les toiles.

Arrêts dus à l'allumage. — C'est au mécanisme d'allumage que sont imputables en majeure partie les pannes déconcertantes dont sont victimes les automobilistes, mais il faut ajouter, pour être juste, qu'elles résultent souvent d'un défaut d'attention et de surveillance du conducteur. Lorsqu'on se trouve subitement arrêté en cours de route et que l'on est sûr de la quantité ainsi que de la qualité de l'essence contenue dans le carburateur, que l'incident n'est pas dû à une fausse manœuvre des manettes, on peut attribuer la faute au système d'allumage et il faut le visiter en entier pour arriver à découvrir l'endroit défectueux.

En premier lieu, le trembleur peut s'être déréglé par la trépidation ; on s'en assure en le faisant vibrer à l'aide du doigt (le carter qui le renferme étant enlevé).

Si la vibration est sonore, c'est que le contact entre la vis et le plot de platine est bon, mais le contact peut être sali par de l'huile venant de la came, ou de la poussière; on le nettoie avec un chiffon sec et au besoin en le frottant avec de la toile d'émeri fine.

Pour faire une vérification complète, on agit comme il va être expliqué. Le petit carter d'aluminium recouvrant le trembleur étant enlevé avec précaution pour ne pas briser ou égarer les écrous qui le maintiennent, on fait avancer le motocycle à la main de quelques centimètres, de telle façon que la partie massive ou *marteau* du trembleur pénètre dans l'encoche de la came et sans toucher à cette dernière. Cette position atteinte, on peut, pour plus de sûreté, caler les roues du moto, afin qu'il ne puisse bouger. On dévisse la vis de serrage maintenant le fil sur la bougie et, prenant ce fil de la main gauche, on approche son extrémité métallique à quelques millimètres d'une partie quelconque du moteur. La poignée du guidon étant tournée sur l'indice *marche*, et la cheville du coupe-circuit étant dans son logement réglementaire, on fait vibrer le trembleur en le pinçant avec l'index ou en le grattant avec un morceau de bois si l'on craint de recevoir des secousses électriques plus désagréables que dangereuses. Si une étincelle bien nourrie et bien bleue éclate entre le fil et la masse, le défaut n'est pas dans le trembleur, et il faudra vérifier le reste du circuit.

Pour que la lame vibrante soit convenablement réglée, il faut que, le marteau étant dans l'entaille de la came, le plot de platine appuie sans forcer sur la vis de contact ; si la lame appuie ou trop ou pas du tout, ce qui peut arriver, on visse ou dévisse la vis de contact jusqu'à parfait réglage, en desserrant préalablement la vis de frein que l'on resserre à bloc, le réglage de l'autre vis une fois opéré, afin qu'un nouveau déréglage ne puisse survenir par l'effet des trépidations dues à la marche.

L'étincelle jaillissant normalement entre le fil et la borne de la bougie lorsqu'on fait vibrer le trembleur à l'aide du doigt, on peut s'assurer si le défaut ne serait pas dans la bougie elle-même, dont les pointes peuvent être suifées, salies par les dépôts charbonneux de l'explosion ou écartées. La poignée du guidon étant remise sur l'arrêt pour éviter toute dépense inutile d'électricité, on dévisse la bougie au moyen de la clef anglaise et on l'enlève complètement de son siège pour l'examiner avec attention et voir si la porcelaine n'est pas fêlée ou descellée. Opérer cette vérification avec précaution pour ne pas risquer de détériorer la porcelaine ou les joints d'amiante, le tout étant assez délicat. On nettoie les pointes de platine, dont l'écart ne doit pas dépasser 1 millimètre 1/2 au maximum, avec la toile d'émeri, afin d'en aviver les surfaces, et on essuie toute la bougie, qui peut être humide ou remplie de boue et de poussière.

Pour s'assurer si la bougie fonctionne normalement, on revisse le fil qui l'alimente sur la borne et on pose la bougie sur le moteur en prenant le soin que le fil ne s'approche pas de trop près de la masse métallique de ce moteur. On tourne la poignée du guidon pour alimenter le circuit, et on fait vibrer le trembleur au doigt. L'étincelle doit jaillir à chaque vibration entre les deux pointes de platine de la bougie, sinon on peut craindre qu'il n'y ait un court-circuit dans l'intérieur de la bougie, par suite d'une fêlure quelquefois imperceptible de la porcelaine.

Cette vérification de la valeur de l'étincelle aux pointes de la bougie est une opération toujours délicate et qui fait perdre un temps précieux. Dans le but d'éviter ce démontage, un de nos amis, M. Gustave Hermite, a inventé un petit appareil, que l'on trouve maintenant dans le commerce et qui supprime cet inconvénient du démontage.

Ce vérificateur d'allumage, ainsi que son nom l'indique, permet de contrôler d'une façon permanente le fonctionnement de l'étincelle électrique à la bougie, en la faisant reproduire en dehors du moteur, dans l'intérieur d'un petit tube de cristal placé sous les yeux du chauffeur, généralement sur la tête de la bougie.

Ce petit appareil (fig. 79) se compose essentiellement de deux tiges métalliques isolées et séparées qui sont montées solidement à l'aide de douilles au centre d'un petit tube de cristal.

Une des tiges de l'appareil s'adapte à la bougie et l'autre au fil de la bobine à l'aide d'un dispositif ad hoc très simple. Il n'y a aucun danger d'incendie, car l'étincelle se produit au centre du tube de verre fermé, aux extrémités mêmes des tiges métalliques qui sont filetées et vissées dans les douilles de façon à pouvoir régler leur écartement.

Le montage et le démontage sont très faciles.

Cet appareil restant à poste fixe sur la bougie permet au chauffeur de vérifier continuellement son allumage en cours de route : il évite donc les démontages et les remontages si fréquents du fil de la bougie et de la bougie elle-même, il diminue ainsi la durée de la panne. Il permet aussi de vérifier la longueur de l'étincelle et supprime ainsi les secousses électriques, ou coups de torpille, qui rappellent brutalement quelquefois aux motoristes distraits les effets physiologiques des courants électriques de haute tension.

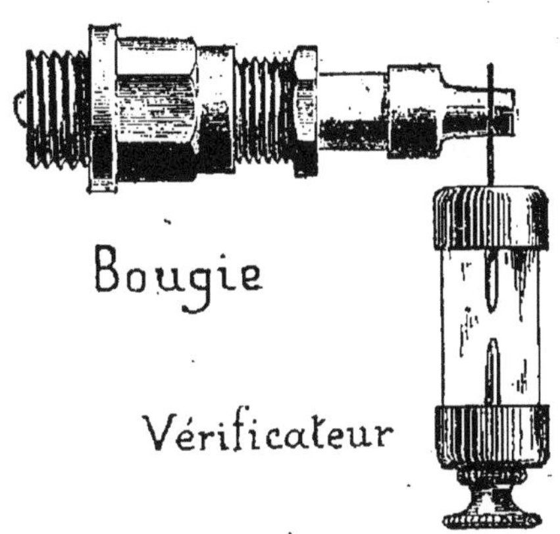

Fig. 79. — Vérificateur d'étincelle de G. Hermite.

Il faut éviter autant que possible de toucher au petit écrou du milieu qui dissimule le joint de la bougie ; on peut, en serrant ou desserrant ce petit écrou, casser net le tube de porcelaine, et dérégler en même temps l'écart des pointes qu'il faut alors revoir. Pour ces raisons, ce petit joint se règle, avant de mettre la bougie en place, à l'aide de la clef à bougie et de la clef anglaise. Cependant, dans le cas où l'on ne parviendrait pas à isoler l'endroit défectueux de l'allumage, on serait bien obligé de s'assurer, en dévissant cet écrou, si la porcelaine est en bon état à cet endroit, car il peut justement exister une fêlure invisible autrement, qui s'ouvre lorsque la bougie s'échauffe en marche et laisse établir une dérivation du courant entre le fil central et la masse. Il pourrait également résulter de cette fêlure une diminution de compression. De toute façon, cette vérification demande du soin, de l'attention et beaucoup d'adresse pour que le remède ne soit pas pire que le mal, aussi est-il préférable quand, sur la route, on s'est aperçu d'un accident de ce genre, de mettre immédiatement en place sur le moteur l'une des bougies de rechange emportées dans la sacoche ; la bougie en mauvais état sera réparée à loisir à l'atelier, une fois le voyage achevé.

La panne survient fréquemment par suite d'un contact défectueux ; un seul écrou desserré ou perdu, un seul contact gras ou oxydé peut supprimer le passage du courant et amener l'arrêt du moteur par ratés d'allumage. Il faut donc revoir, en cas d'arrêt imputable ou non fonctionnement de l'électricité, l'intégrité des fils et le bon état des bornes et écrous suivants : les deux bornes de la vis de réglage et de la lame du trembleur (sur le fond de la boîte du mécanisme d'allumage) ; la vis de la bougie, et les six bornes de la bobine d'induction, puis, en continuant l'examen, les contacts du coupe-circuit de sûreté, les plots intérieurs de la poignée interruptrice, et les attaches des fils partant de l'accumulateur ou des piles, suivant qu'il est fait usage de l'un ou de l'autre de ce genre de générateurs d'électricité. Pour découvrir le défaut, il faut même poursuivre ses investigations jusqu'à la liaison des éléments entre eux, car c'est quelquefois dans cette attache intermédiaire que se dissimule la détérioration, cause première et réelle de l'arrêt du fonctionnement.

L'absence totale ou partielle d'électricité dans le circuit secondaire (bougie) peut en effet provenir de la source du

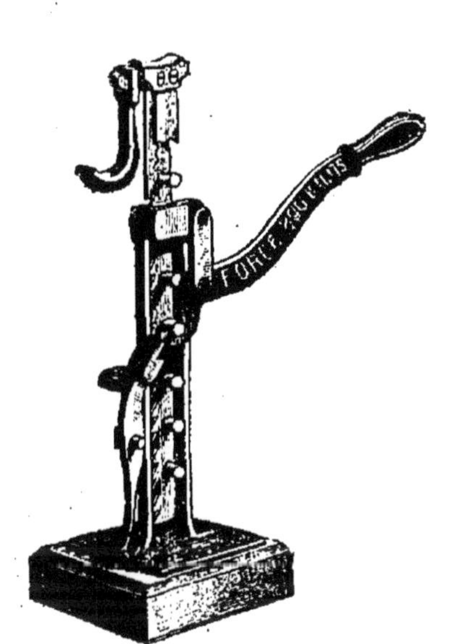

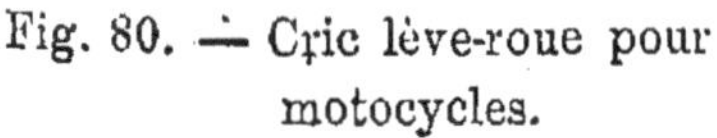

Fig. 80. — Cric lève-roue pour motocycles.

Fig. 81. — Grosse clef anglaise.

courant ou d'un accident dans le circuit primaire. Pour vérifier si celui-ci est en bon état, il est nécessaire d'avoir un petit voltmètre pour reconnaître le voltage de chaque élément d'accumulateur (qui doit accuser environ 2 volts de force électro-motrice). En reliant les fils du voltmètre aux fils sortant de la boîte d'accumulateurs, on doit avoir au moins 4 volts, puisque les deux éléments sont associés en tension ; si l'on a moins de 4 volts, c'est que l'un des éléments est détérioré ou qu'il y a une connexion défectueuse entre ces éléments. On applique ensuite les fils du voltmètre aux plots du guidon, puis aux deux bornes d'arrivée des fils primaires sur la bobine ; en suivant ainsi le trajet des fils on finit par circonscrire l'emplacement de l'interruption, qui peut être occasionnée par un fil brisé ou seulement en partie rompu et formant ainsi des contacts faux ou intermittents. Le remède est facile à apporter au dérangement, une fois que sa place a été déterminée. Si les accumulateurs ou les piles sont épuisés, il faut les recharger ou les changer ; si les contacts sont en mauvais état, on les répare ; enfin, si l'interruption se produit sur le trajet d'un fil, il vaut mieux le remplacer, c'est plus simple et plus vite fait.

Arrêts dus au moteur. — Le motocycle peut n'être plus capable de progresser autrement qu'à une allure très lente. Si cette irrégularité n'est pas imputable à la carburation ou à l'allumage, on peut craindre qu'elle soit due à un dérangement du mécanisme interne. Tout d'abord vérifier si la compression est normale, en poussant l'appareil devant soi pendant quelques mètres, le robinet de compression étant fermé ; on devra sentir ainsi, à des intervalles réguliers, une difficulté extrême à faire avancer la machine ; si cette résistance est amoindrie totalement ou en partie, on pourra craindre une fuite par le joint de la bougie ou le grand joint reliant la culasse au cylindre. On déterminera l'emplacement de la fuite en mouillant d'eau de savon le pourtour de ces joints, et, en répétant l'expérience, l'air chassé par le mouvement du piston décèlera le point par où s'échappent les gaz. On vérifiera de la même manière l'étanchéité du robinet placé sur la culasse.

Si le défaut de compression réside dans l'un de ces joints, il sera de toute nécessité de démonter les pièces et de refaire un nouveau joint avec de l'amiante, réparation délicate qui demande de la dextérité et ne peut guère être exécutée sur la route. Dans le cas où ces joints sont intacts, le défaut peut se trouver dans une des soupapes, particulièrement la soupape d'admission qui peut ne pas être retombée sur son siège par suite de l'interposition d'un débris quelconque. Il est donc nécessaire de démonter la cloche recouvrant cette soupape de manière à pouvoir l'examiner ainsi que son clapet et son ressort. Si l'on constate quelque irrégularité, on y apporte le remède approprié : changement du ressort si ce ressort a perdu son élasticité, remplacement de l'écrou ou de la goupille disparue, rodage du clapet détérioré par la chaleur, etc., etc. Il est plus rare que ce soit la soupape d'échappement qui se trouve dégradée.

Un accident assez rare, mais cependant possible, consiste dans la rupture du pignon de transmission ou de la clavette qui le fixe sur l'extrémité de l'arbre moteur. Si c'est la clavette qui s'est rompue ou qui ne maintient plus le pignon, son logement, pratiqué sur l'arbre, est ordinairement arrondi et on est obligé de le retailler à la lime ou à la fraise pour y replacer une clavette neuve. C'est donc un travail d'atelier, une réparation peu praticable en voyage. Si c'est le pignon qui est brisé, il est possible de le changer, si l'on a pris la précaution d'en emporter un dans la sacoche, et de continuer son excursion. Pour enlever le pignon brisé, on desserre l'écrou et le contre-écrou qui le retiennent ; il faut donc empêcher la roue dentée de tourner et dans ce but on introduit entre elle et le pignon un simple morceau de bois. Ensuite, au moyen d'un tournevis ou d'un instrument plus fort, on fait abatage entre le pignon et l'arbre. Cependant, si le pignon n'a pas été déplacé depuis longtemps, il ne peut abandonner par cette manœuvre l'arbre sur lequel il est encastré. Dans ce cas, et tout en continuant l'abatage, on frappe sur la tête du pas de vis soit avec un maillet de bois, si l'on en a un, soit en intercalant un morceau de bois, si l'on frappe avec un marteau en fer ; on ne risque pas, en procédant ainsi, d'endommager l'arbre. Le pignon de rechange est ensuite mis en place, sa clavette enfoncée dans le logemen qui lui est réservé, et l'écrou serré ainsi que son contre-écrou.

Plusieurs motocyclistes prétendent avoir été victimes de pannes causées par la gelée ou par la pluie. Quoique l'influence de la pluie ne paraisse pas devoir empêcher un moteur bien établi de fonctionner, il est certain que les départs sont souvent difficiles ; cela ne peut provenir que de la carburation ou de courts circuits dans la canalisation électrique dus à l'humidité ; on arrivera sans doute à rendre la carburation indépendante du degré d'humidité de l'atmosphère, en réchauffant préalablement l'air à carburer ; il serait facile d'étudier un dispositif utilisant en marche la chaleur perdue du moteur ou même d'allumer momentanément un foyer disposé spécialement pour les départs difficiles.

La pluie ou la boue peuvent produire des courts circuits et par conséquent des pertes d'électricité en tous les points où les conducteurs électriques sont nus, c'est-à-dire là où il existe une borne ou une connexion quelconque. J'ai supprimé certains de ces points en empâtant sous de la gutta-percha préalablement ramollie dans l'eau bouillante les deux bornes du contact de guidon et la borne de sortie de la bobine.

Ayant constaté que l'eau et la boue pénétraient sous le couvercle vissé de la bobine et emplissaient l'espace réservé aux quatre bornes, et cela par l'ouverture qui sert pour l'entrée du câble double, j'ai fermé hermétiquement, par le même moyen, le vide qui subsiste autour de ce câble. On donne à la gutta la forme extérieure voulue en se servant d'un fer chaud.

« Je fais du tricycle, nous a écrit un lecteur, et j'ai eu plusieurs fois à lutter contre une panne fort désagréable et difficilement réparable en rase campagne, quand on est éloigné de tous réparateurs. Il s'agit de la rupture de la goupille fixant le pignon sur l'arbre moteur.

« Par suite d'un peu de jeu existant dans les trous du pignon, la goupille se coupait et la soupape d'échappement s'ouvrait.

« Malgré tous les soins apportés au remplacement de ladite goupille, je ne pouvais éviter qu'un peu de jeu existât du côté où je la faisais entrer, ce qu'il aurait dû falloir éviter. Après l'avoir remplacée deux ou trois fois, l'idée me vint de graisser les trous par où se produisait le cisaillement : depuis cette opération rien n'a bougé et Dieu sait le nombre de kilomètres que j'ai parcourus.

Les gens du métier me comprendront facilement, et c'est pour eux que je porte à votre connaissance ce simple moyen de remédier à cette panne peu signalée dans les livres spéciaux, considérée qu'elle est comme se rapprochant trop de la construction elle-même. »

Accidents dus au véhicule. — Certaines pièces composant le bâti du motocycle peuvent venir à céder, par suite d'usure, de choc ou de mauvaise fabrication et compromettre la suite d'une excursion entreprise dans les meilleures conditions. En première ligne, il faut placer les perforations et les éclatements de pneumatiques au contact de clous, silex, débris de verre, etc., parsemant les routes. Tout cycliste doit savoir réparer un semblable accident, et, comme la sacoche doit contenir réglementairement un nécessaire de réparation pour pneumatiques, la piqûre étant aperçue, on la recouvre d'une rondelle de caoutchouc collée avec de la dissolution. Si la chambre à air a éclaté ou est arrachée sur une grande longueur, ce qui nécessite le remplacement d'une certaine partie de sa circonférence, on réserve cette réparation pour le retour et on met en place la chambre à air de rechange qu'on a eu soin d'emporter. La réparation se limite alors au démontage et au remontage du bandage et on économise un temps considérable.

La chaîne reliant le pédalier à l'essieu moteur doit être maintenue modérément tendue ; pour la régler, il suffit dans la plupart des systèmes de motocycles, de dévisser les deux petits écrous qui serrent l'excentrique jusqu'à une tension un peu plus forte que pour une bicyclette. Cependant, si l'excentrique tourné à l'extrémité de sa course ne tendait pas encore suffisamment, c'est que la chaîne se serait allongée par l'usure, et il deviendrait utile d'enlever un maillon, en revissant ensuite fortement l'écrou de jonction. Si, malgré l'entretien et un graissage modéré, cette chaîne venait à casser en cours de route, on ne serait pas pour cela en panne irrémédiable, même si l'on n'avait pas dans sa sacoche quelques maillons de rechange pour remplacer ceux brisés. La chaîne n'est pas en effet absolument indispensable pour la mise en train. On l'enlève donc complètement et, la carburation étant réglée, on met en route en poussant le véhicule devant soi, puis on saute en selle dès que le démarrage est obtenu. C'est élémentaire et ce petit exercice n'exige pas une dose d'adresse bien extraordinaire.

Les autres accidents propres au bâti sont le déréglage des coussinets de moyeu ou de pédalier, que l'on peut prévenir en visitant ces pièces avant le départ; le desserrage du guidon, qui peut faire perdre la direction, mais auquel il est facile de remédier en quelques instants; le jeu du différentiel, avarie plus grave et qui réclame le démontage et l'examen de ce mécanisme; le bris des billes dans l'un ou l'autre coussinet, nécessitant le démontage de cet organe pour remplacer le plus tôt possible la bille cassée et éviter l'éraillement des cuvettes; enfin le détraquement par suite d'usure, perte d'écrous ou de goupille, etc., du mécanisme du frein à tambour de l'essieu d'arrière ou du frein à simple friction de la roue d'avant. Les remèdes sont en rapport avec la nature du mal qu'il s'agit de réparer.

Telles sont les principales causes d'arrêt et de non fonctionnement dans les motocycles à moteur à explosion. Nous disons les principales, car les énumérer toutes exigerait presque un volume entier. Toutefois nous pensons en avoir dit assez pour que l'on puisse discerner, sans trop chercher, le repaire où se dissimule le défaut, et, en terminant, nous résumerons dans le tableau qui suit tout ce qui vient d'être dit.

TABLEAU DES CAUSES DE PANNE ET DE LEURS REMÈDES

Causes	Remèdes
1. Absence d'essence dans le carburateur	Remplir le carburateur d'essence fraîche.
2. Impossibilité de se procurer de l'essence	La remplacer par de la benzine ou de l'alcool à 90°.
3. Essence trop dense	L'additionner d'un peu d'éther.
4. Essence trop froide	Réchauffer de l'essence contenue dans un petit flacon en mettant celui-ci dans sa poche, le vider ensuite dans le carburateur et démarrer.
5. Tuyaux et tamis bouchés	Démonter le tuyau et nettoyer à l'éther.
6. Carburation défectueuse, trop de gaz	Admettre plus d'air et fermer la manette « force ».
7. — — trop d'air	Admettre moins d'air et ouvrir davantage la « force ».
8. Ratés d'allumage	Vérifier le mécanisme d'allumage.
9. Trembleur déréglé	Rétablir le contact de façon à avoir la vibration normale.
10. Trembleur et sa vis gras ou enduits de cambouis	Essuyer avec un chiffon sec.
11. Contacts insuffisants, vis de serrage perdues	Maintenir le fil en place à l'aide d'une ligature.
12. Bougie suiffée	Carburation trop riche ; nettoyer avec un chiffon sec.
13. — fêlée	Recimenter avec une pincée de plâtre humecté d'eau.
14. — déréglée	Rétablir l'écart normal des fils au moyen d'une pince.
15. Étincelle insuffisante sur la masse	Changer la bougie.
16. — — à la bougie	Vérifier les contacts du circuit depuis le trembleur jusqu'à la source : pôle ou accumulateurs.
17. Accident à la bobine	Si le courant passe encore, aucune importance.
18. Piles polarisées	Les changer pour des neuves.
19. Accumulateurs déchargés	Procéder à leur rechargement.

20. Voltage ou ampérage insuffisant à la source	Chercher et réparer le court-circuit interne ou le fil rompu.
21. Poignée interruptrice avariée, ne fonctionnant plus. .	Mettre le fil à la masse et faire les interruptions par la cheville.
22. Cheville ou fiche du coupe-circuit perdue.	La remplacer par un morceau de métal ou un fil de cuivre.
23. Contacts oxydés.	Les gratter avec une lame de canif et polir à l'émeri.
24. Fils dénudés ou dont l'isolant est écaillé.	Les entourer d'un ruban chattertonné.
25. Défaut de compression dû aux soupapes.	Démonter la cloche, vérifier les soupapes.
26. Fuites par les joints de bougie ou de culasse.	Refaire les joints à neuf.
27. Encrassement de la culasse et du piston.	Démonter la culasse, la gratter et la nettoyer au pétrole.
28. Clapet de soupape avarié.	Remplacer ce clapet.
29. Ressort de soupape avarié.	Remplacer ce ressort.
30. Piston collé dans son cylindre par l'huile desséchée . .	Injecter quelques gouttes de pétrole par le robinet de compression.
31. Piston grippé.	Envoyer la machine au constructeur pour opérer la réparation, changer les segments et réaléser le cylindre.
32. Fuites par les segments du piston.	S'assurer que les segments sont tiercés, ou les remplacer.
33. Dents des engrenages cassées.	Remplacer l'engrenage.
34. Pignon déclaveté.	Remplacer la clavette après avoir retaillé son logement.
35. — brisé.	Remplacer le pignon.
36. Coussinets, freins, guidon déréglés.	Resserrer les parties mobiles, remplacer les pièces perdues.
37. Chaîne brisée.	Remplacer le maillon brisé ou démarrer en poussant le moto.
38. Roue voilée, rayons tordus.	Remplacer la jante et les rayons, régler la roue.
39. Ruades et à coups au départ.	Régler la position des diverses manettes.
40. Panne incoercible, situation désespérée.	Revenir en pédalant ou charger le moto sur une voiture.

CHAPITRE XI

TOURISME A MOTOCYCLE

Les sorties dans la ville, les promenades en banlieue et le tourisme. — Préparation d'une longue excursion. — Étude de la carte ; un peu de topographie. — Établissement de l'itinéraire, tableau de route. — Précautions à prendre. — Bagages du moto-touriste. — Accidents de route. — Parcours de nuit. — Les avertisseurs, les lanternes. — Réglage du moteur suivant le profil de la route. — Pannes. — Renseignements divers.

Il y a une très grande différence entre la préparation d'une longue excursion à motocycle et une simple promenade dans la ville ou la banlieue. Dans ce dernier cas, une vérification rapide suffit pour s'assurer que le réservoir contient de l'essence et que le dispositif d'allumage est en bon état. S'il y a longtemps que l'on n'est sorti, on prend, de plus, la précaution de remplacer l'huile de graissage du moteur par une dose d'huile fraîche, ainsi que d'alimenter le carburateur d'essence légère. C'est l'affaire de cinq minutes à peine, et l'appareil doit se mettre en marche immédiatement dès les premiers coups de pédales.

Quand il s'agit de grands parcours, de « tourisme » pour

employer l'expression consacrée, il est indispensable de procéder à une visite minutieuse de tout le mécanisme, de façon à n'être pas pris au dépourvu en cours de route, et que le véhicule ne vienne pas à faire défaut juste au moment où l'on a le plus besoin de lui. Nous avons indiqué précédemment, comment on doit procéder à la visite de chaque organe avant une sortie, nous ne pouvons que renvoyer le lecteur à ce passage, et lui rappeler également *l'outillage de route* qu'il devra emporter.

Tout d'abord, la préparation d'une longue ballade, d'une tournée de plusieurs jours, exige quelques réflexions préalables et une courte étude, car il est utile de ne pas s'embarquer à l'aveuglette, mais en connaissant au contraire très bien son chemin, de façon à ne pas se tromper aux croisements de route ni prendre un chemin pour un autre ; afin de ne pas être obligé à chaque village de se faire indiquer la direction à suivre par des paysans plus ou moins complaisants. Le mieux est donc de déterminer exactement sa route soi-même, choisir son itinéraire à tête reposée et se conformer ensuite, pendant le voyage, aux exigences du tableau de marche que l'on a dressé.

Pour dresser fructueusement un itinéraire, il est indispensable de se procurer en premier lieu de bonnes cartes géographiques à grande échelle, et l'on peut dire qu'aujourd'hui on n'a plus que l'embarras du choix en raison du nombre de cartes spéciales éditées à l'usage des touristes depuis ces années dernières. Citons parmi les meilleures :

La carte d'état-major, au 80/1000° en 200 feuilles ;

Les cartes Tarride à l'usage des cyclistes ;

Les cartes du Touring-Club ;

Les cartes des environs de Paris, à l'échelle de 20/1000ᵉ.

Comme il est nécessaire de pouvoir faire un choix entre les différents itinéraires qui peuvent être suivis pour se rendre d'une ville à l'autre, on peut utilement compléter les indications des cartes par celles des *Guides* spéciaux, tels que ceux dus à M. Baroncelli qui donnent, avec les plus petits détails, les chemins à suivre, les côtes, les parties pavées, etc. Ces guides fournissent des renseignements beaucoup plus complets et circonstanciés que les cartes, aussi ne saurait-on trop les recommander aux motoristes.

Mais supposons que l'on n'ait à sa disposition que des cartes ; si l'on y veut trouver le plus de renseignements possible, on conçoit qu'il faut savoir les *lire*; et malheureusement, en France, on n'a pas très grand goût pour la topographie, ce qui est un tort, car une connaissanee même superficielle de cette science est susceptible de rendre les plus grands services. Rappelons que les signes conventionnels sont reproduits sur toutes les cartes de géographie (dans le bas de ces cartes). Quelques minutes d'examen suffiront pour reconnaître les signes servant à représenter les rivières, les chemins de fer, les courbes de nivellement, les prés, les bois, les marais, les ponts, et, ce qui intéresse plus particulièrement les touristes, les routes, les sentiers et les divers chemins de grande et petite communication. Ces signes sont ceux dont la connaissance importe le plus aux touristes pour l'établissement de leurs itinéraires;

car ils leur permettent de reconnaître les principaux accidents de la route, l'emplacement des villes et villages, le tracé des chemins de fer, la nature des chemins et surtout le relief du sol. On peut reprocher aux cartes de l'état-major de ne donner aucun renseignement sur la nature de ces routes : pavées ou macadamisées, et c'est pourquoi les nouvelles cartes de Taride, de Gautier et d'Andriveau-Goujon entre autres ont été accueillies avec empressement par les touristes.

Pour mesurer la route sur la carte, l'instrument dont l'usage est le plus commode est le *curvimètre*, petit appareil composé d'une roulette fixée à l'extrémité d'un manche en bois, et dont le mouvement est transmis à une aiguille se mouvant devant un cadran gradué en kilomètres. Le curvimètre, dont l'aiguille a été ramenée au zéro est donc promené sur la carte et l'on suit avec attention toutes les sinuosités de la route en relevant au fur et à mesure les distances de chaque ville au lieu de départ.

Les cotes de nivellement marquées sur la carte doivent faire l'objet d'une attention toute particulière, car elles permettent de se rendre compte du vallonnement de la route et des accidents de terrain qu'elle comporte. Sur la carte dressée par l'état-major français, un système de hachures représente la planimétrie du sol, et chaque étage de courbes de même niveau est marqué d'un chiffre indiquant l'altitude au-dessus du niveau de la mer. En relevant donc ces cotes, on se fera une idée approximative du profil de la route que l'on se propose de suivre, ainsi que de la longueur des côtes, descentes et parties en palier. Pour résumer ce relevé, on pourra faire le croquis sommaire du profil de la route, de façon à déterminer ensuite la vitesse de marche d'une localité à une autre.

L'itinéraire ainsi arrêté, il est bon de dresser, ainsi que nous le disions tout à l'heure, un *tableau de marche* détaillé, auquel il faudra autant que possible se conformer par la suite, car il doit tout prévoir : les arrêts pour le graissage et le ravitaillement en essence et autres produits, et par conséquent les heures de passage dans chaque localité, suivant que la vitesse aura été plus ou moins considérable à chaque moment en raison du profil de la route. Le futur voyage est ainsi détaillé minutieusement, de façon à laisser la moindre part à l'imprévu.

Nous allons donner pour exemple, sinon pour modèle, un tableau de marche dressé en vue d'une excursion aux bains de mer de Boulogne par une belle journée d'été. Les routes de Paris à Amiens par Persan-Beaumont, Luzarches ou Chantilly étant entièrement pavées, force est de passer par Beauvais, ce qui est d'ailleurs l'itinéraire classique, comme on peut le voir par les courses de Paris-Roubaix et Paris-Ostende que nous citerons parmi les plus connues. La vitesse moyenne de marche étant fixée à 30 kilomètres à l'heure (arrêts non compris), ce qui n'a rien d'excessif pour un motocycle, les 250 kilomètres pourront donc être parcourus en 8 heures et demie, plus une heure et demie d'arrêt, soit à 10 heures en chiffres ronds.

Tableau de marche Paris-Boulogne-sur-Mer (250 kilomètres

LOCALITÉS	Distance de cette localité à la précédente.	Heure d'arrivée.	Heure de départ.	Vitesse entre les deux localités.	Séjour dans la localité (en minutes).	OBSERVATIONS
	kilom.	h. m.	h. m.	kilom.		
PARIS (Porte Maillot).	»	» »	6 »	»	»	
Pont de Suresnes.....	5 »	6 12	6 12	24	»	Côte assez longue.
Chatou..............	7 »	6 33	6 35	20	»	
Saint-Germain.......	6 5	6 50	6 50	20	»	Côte pavée. — Prendre l'ascenseur
Achères.............	7 »	7 05	7 05	28	»	
Conflans-Ste-Honorine.	6 5	7 20	7 20	28	0 05	Arrêt pour graisser le moteur.
Pontoise (pont)......	6 5	7 35	7 35	30	0 10	Arrêt pour casser une croûte.
Vallangoujard.......	12 »	8 05	8 05	32	»	Longue descente.
Méru...............	13 5	8 30	8 35	35	0 05	Graissage du moteur.
Ressons-l'Abbaye.....	9 »	8 50	8 50	30	»	
St-Quentin-d'Auteuil.	5 5	9 02	9 02	35	»	Longue descente de 4 kilom.
Allonne............	10 »	9 25	9 25	28	»	Virage court. Pavé 2 kil.
Beauvais...........	2 »	9 30	» »	30	0 15	Achat essence. — Graissage.
	» »	» »	9 45	»	»	Côte raide en sortant de Beauvais.
Noirémont..........	14 »	10 15	10 15	26	»	Trois côtes entre Noirémont et Froissy.
Froissy............	5 5	10 30	10 30	20	»	
Breteuil...........	10 5	10 50	11 »	28	0 10	Graissage, vérification.
Esquennoye.........	5 »	11 10	11 10	30	»	Côte raide après Esquennoye.
St-Saufiieu.........	14 »	11 45	11 45	25	»	Raidillon. — Route pavée à la traversée des villages.
Dury...............	8 »	midi	midi	30	»	
Amiens.............	5 »	» 10	» »	30	1 15	Arrêt pour déjeûner. — Graisser.
	» »	» »	1 30	»	»	
Picquigny..........	15 5	2 »	2 »	30	0 05	Arrêt pour graisser.
Ailly-le-Haut-Clocher.	23 5	2 50	2 50	28	»	Deux côtes avant Ailly.
Abbeville...........	8 5	3 »	3 10	32	0 10	Achat essence.
Nouvion............	6 »	3 35	3 35	20	0 05	Arrêt pour graisser. — Deux côtes
Vron...............	7 »	3 45	3 45	35	»	
Nempont............	8 »	4 »	4 »	35	»	
Samer..............	18 »	4 30	4 30	35	»	Graisser.
BOULOGNE.........	11 »	4 45	» »	35	»	

Départ à 6 h. matin ; arrivée à 4 h. 45 soir.
Arrêts en route 2 h. 15 minutes. — Reste 8 h. 30 de route.
Vitesse moyenne : 30 kilom. à l'heure.

Ce tableau de marche, quoique exact dans ses détails et ses prévisions, n'est donné ici que comme un exemple de la façon de procéder pour établir d'avance les conditions suivant lesquelles un voyage quelconque devra s'effectuer. Nous aurions pu tout aussi bien donner le tableau-itinéraire de Paris à Bordeaux ou à toute autre ville de France, mais, nous le répétons, ce n'est qu'un exemple de la manière de déterminer le détail d'un parcours après que l'itinéraire a été fixé au moyen de guides ou de cartes. La vitesse moyenne de 30 kilomètres à l'heure que nous avons fixée dans ce tableau pourra sembler insuffisante à certains lecteurs, tandis qu'aux yeux de certains autres, elle paraîtra excessive, mais nous répondrons que ce chiffre est absolument arbitraire et qu'il doit même être modifié, augmenté on réduit suivant que l'on monte un motocycle plus ou moins lourdement chargé et que la route parcourue présente des déclivités plus ou moins nombreuses et de pente raide ou faible. Ainsi notre tableau montre que l'on compte une douzaine de côtes d'inclinaison et de longueur variables le long des 250 kilomètres du trajet de Paris à Boulogne. Certaines de ces côtes seront gravies sans grandes difficultés et sans pédales, mais d'autres nécessiteront un effort énergique, et il est facile de perdre plusieurs minutes dans ce cas qu'il est bon de prévoir. Où l'on pourrait gagner du temps sur cet horaire, c'est principalement pendant les graissages évalués à trois quarts d'heure avec le ravitaillement d'essence tous les 80 à 100 kilomètres.

Notre carte itinéraire, qui donne, de son côté, le détail de la route entre Paris et Beauvais (par Bezons et la Patte d'Oie d'Herblay), montre le profil de cette route avec les parties pavées, bas-côtés véloçables, accessibles aux bicyclettes automobiles sinon aux tricycles, et complète les indications du tableau de marche ci-dessus.

CARTE ITINÉRAIRE

DE LA ROUTE DE PARIS A BEAUVAIS (PAR BEZONS)

(avec le profil du terrain)

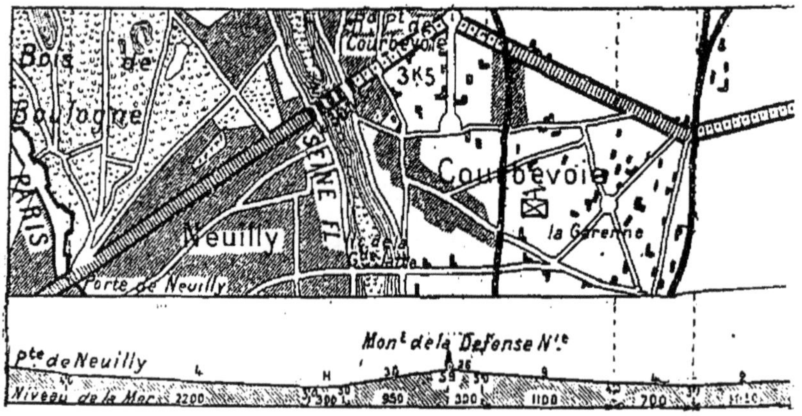

Fig. 82. — Porte-Maillot à Colombes

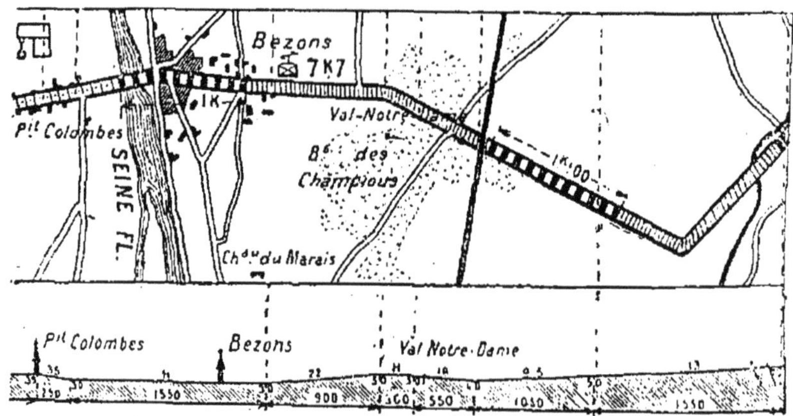

Fig. 83. — Petit Colombes à Cormeilles.

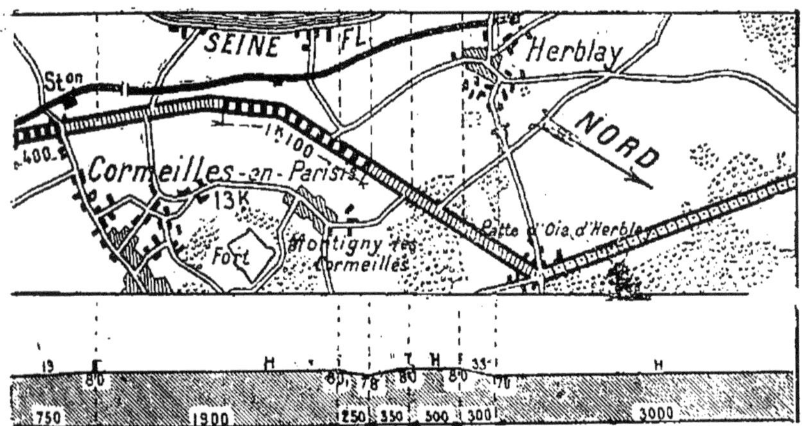

Fig. 84. — Cormeilles à Pierrelaye.

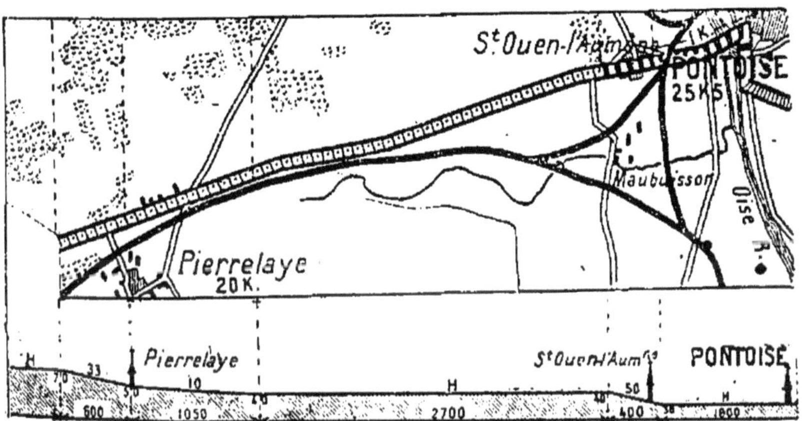

Fig. 85. — Pierrelaye à Pontoise.

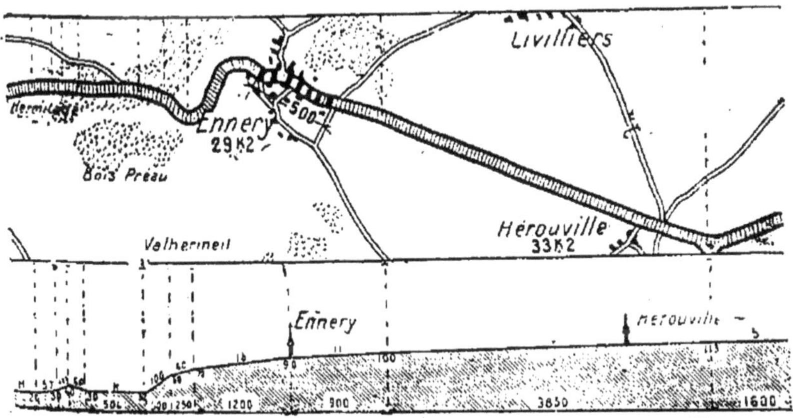

Fig. 86. — Pontoise à Hérouville.

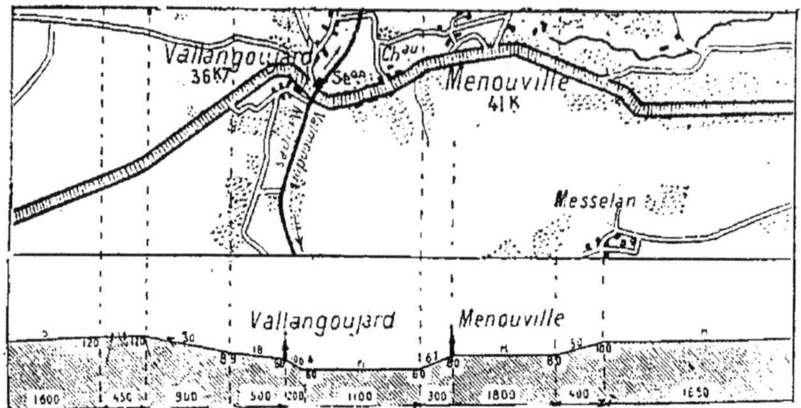

Fig. 87. — Hérouville à Arronville.

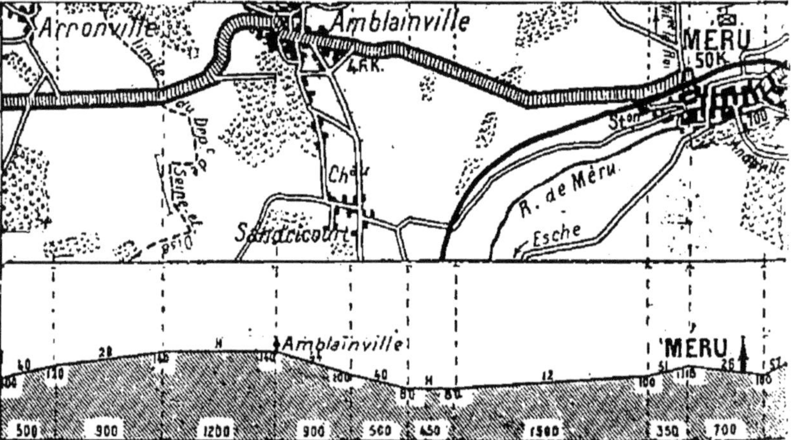

Fig. 88. — Arronville à Méru.

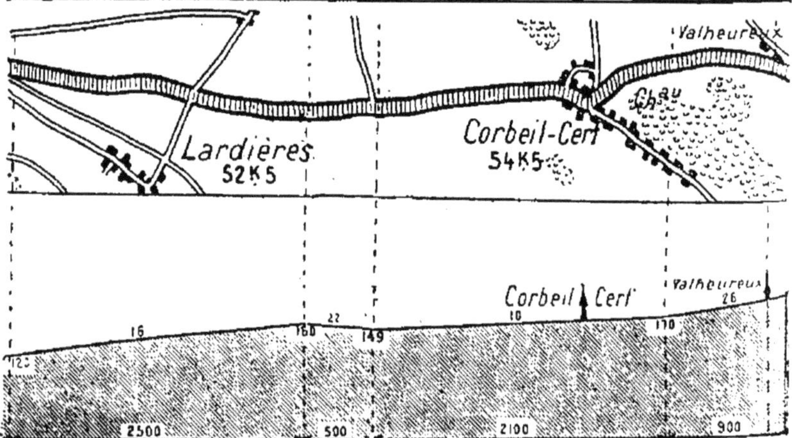

Fig. 89. — Méru à Valheureux.

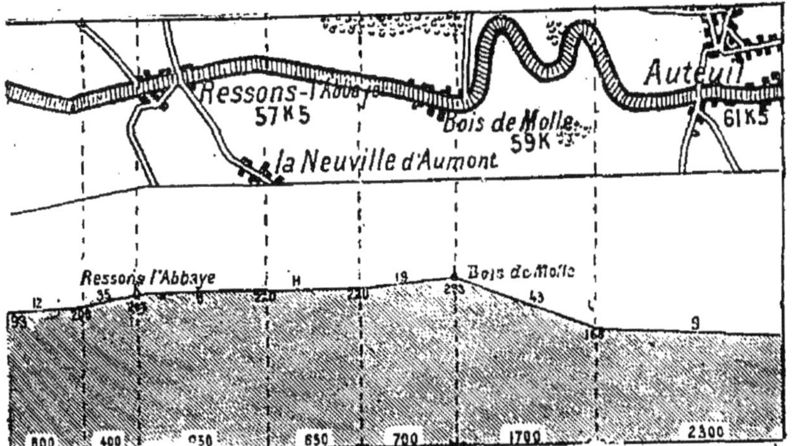

Fig. 90. — Valheureux à St-Quentin d'Auteuil

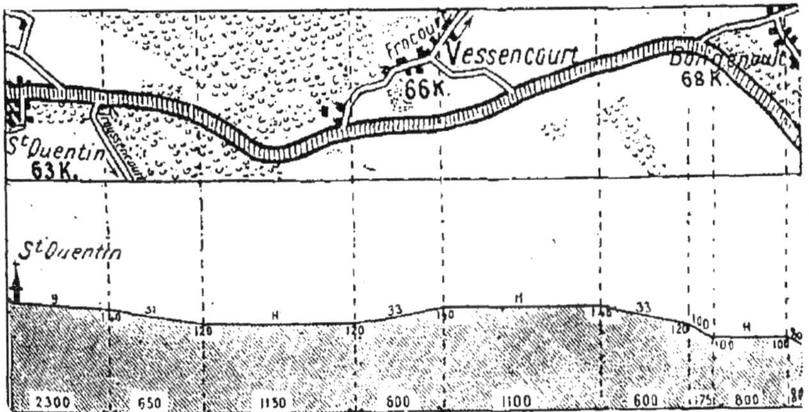

Fig. 91. — St-Quentin d'Auteuil à Allonne.

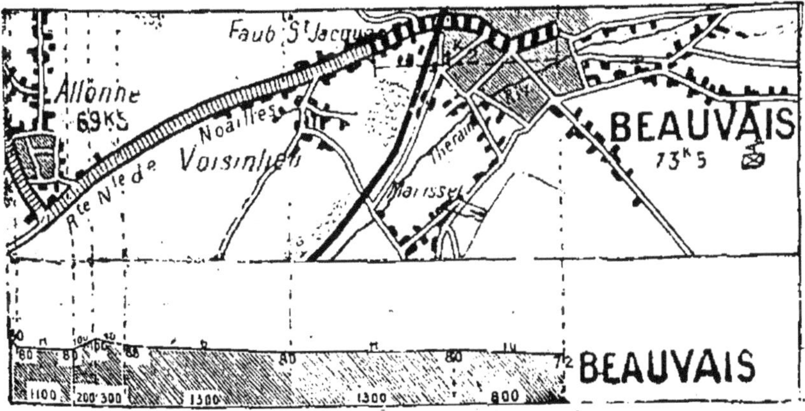

Fig. 92. — Allonne à Beauvais.

En résumé, à notre point de vue, l'allure de 30 kilomètres à l'heure nous paraît constituer une honorable moyenne pour les touristes, et un trajet de 250 kilomètres en 10 heures est fort raisonnable pour la grande majorité des motoristes que les lauriers des Béconnais, des Baras et des Osmont n'empêchent pas de dormir.

Le tableau de marche étant ainsi dressé, après l'examen des guides et cartes, le voyageur le glissera dans une de ses poches afin de pouvoir y jeter un coup d'œil de temps à autre, puis il procédera à la visite minutieuse de son véhicule, dans l'ordre suivant :

1° L'allumage ; vérifier le voltage des accumulateurs ou l'ampérage des piles et changer ces dernières pour une batterie neuve en cas d'intensité trop faible du courant. Vérifier tous les contacts, bornes serre-fils, nettoyer le trembleur, le coupe-circuit, la bougie ; s'assurer de la bonne qualité de l'étincelle d'induction.

2° Avant un long voyage, vérifier l'état de conservation et d'intégrité des différentes pièces du moteur, notamment la compression, les joints, la bougie, les soupapes, la came d'allumage et le pignon de transmission.

3° Visiter attentivement le bâti lui-même, s'assurer que le différentiel est en bon état ; serrer à bloc tous les écrous particulièrement ceux du guidon, des freins et des garde-boue. Mettre une goutte d'huile ordinaire à tous les points de frottement : axes des roues et du pédalier, direction, coussinets et pivots divers. Jeter un coup d'œil sur les pneumatiques et leur donner au besoin un coup de pompe.

4° Passer la visite de l'outillage contenu dans les sacoches, de façon à remplacer les provisions consommées dans un précédent voyage ; nous avons donné plus haut l'énumération de cet outillage et de cet approvisionnement, et nous renverrons le lecteur à cette liste qui devra être mise à jour à chaque excursion un peu longue.

Le moteur ayant reçu sa charge d'huile réglementaire ;

Fig. 93. — Trompe de motocycliste.

le réservoir contenant la quantité d'essence à 680 ou 700° suffisante pour assurer un trajet de 80 à 100 kilomètres au moins, on met le motocycle sur le chevalet et on l'essaie à *blanc* pendant quelques minutes, de manière à s'assurer que son fonctionnement est irréprochable. Au cas où cet essai révèlerait une imperfection, une irrégularité, on pourrait y apporter immédiatement le remède convenable ; on évitera ainsi tout ennui ultérieur en cours de route.

Ces différents soins de vérification et d'entretien dont le détail semble effrayant sont en réalité beaucoup moins longs et minutieux qu'ils ne le paraissent, et, lorsqu'on a acquis l'habitude, ils exigent au plus quelques minutes chaque jour. En procédant méthodiquement, le motoriste expérimenté se rend compte rapidement de l'intégrité ou de la fatigue des différentes pièces du mécanisme, et, par des soins appropriés, il les remet en état et les rend susceptibles de fournir encore une marche satisfaisante pendant quelque temps.

L'appareil : moto-bicyclette, tricycle ou quadricycle étant ainsi mis au point ordinairement la veille du jour fixé pour le départ, il suffit de se mettre en selle à l'heure fixée par le tableau de marche et mettre en route au moyen des pédales.

Rappelons, en ce qui concerne le costume, qu'il est bon de se rapprocher autant que possible des conditions suivantes, dont l'utilité a été démontrée par l'expérience.

En été : veston et culotte de cycliste en peau tannée, maillot de laine blanche, bas de laine, souliers de course, foulard de soie, casquette de drap.

En hiver : Sur le veston, pardessus ample en fourrure, peau de chèvre à longs poils ou analogue, pantalon de drap serré dans des molletières, double paire de bas de laine, bottines lacées et snow-boots; comme coiffure, casquette de peau avec oreillettes. Ne pas oublier un épais cache-nez et de gros gants fourrés. Par suite du rapide déplacement de l'air, on a toujours très froid en automobile, et il faut surtout garantir le cou et la poitrine ainsi que les extrémités : pieds et mains.

Le bagage du moto-touriste peut être un peu plus volumineux que celui du simple cycliste, car quelques kilogrammes en plus ou en moins ne sont pas pour surcharger le véhicule. On peut donc emporter une petite valise que l'on accroche le mieux possible au bâti du motocycle, et dans laquelle on place le linge et les vêtements de rechange. Nous pouvons donner la liste suivante à titre de simple indication, car on conçoit que rien n'est plus variable.

2 chemises de flanelle, 2 plastrons incassables, 2 paires manchettes, 6 faux-cols, 2 cravates, garnitures de boutons, 1 paire de bas, 1 culotte cycliste de rechange ; un nécessaire de toilette avec brosses, peigne, savons, rasoir, etc., 6 mouchoirs de poche, 1 paire de gants, 2 serviettes. — Pèlerine en tissu caoutchouté imperméable roulée sur la valise. — Petite trousse pharmaceutique contenant des bandes roulées, du taffetas gommé, des épingles, flacons de perchlorure de fer, ammoniaque, cachets d'antipyrine, de salol.

Dans un compartiment de la valise, on mettra ses papiers d'identité : carte d'électeur, quittance de loyer, certificat de capacité pour la conduite des motocycles, cartes de la région, papier blanc, crayons, les guides-itinéraires, etc.

Sur lui, et dans les différentes poches de ses vêtements, le motocycliste devra conserver, afin de les avoir toujours sous la main :

Un couteau avec plusieurs lames, un revolver contre les chiens hargneux ou méchants, un filtre de poche, un flacon contenant une préparation alcoolique à la kola ou, l'été, un mélange de café et de rhum, une petite boussole, une jumelle, un carnet avec crayon, une boîte d'allumettes-tisons (que l'on soit ou non fumeur) ; enfin, dans une poche de côté, le tableau de marche et la liste des dépositaires d'essence de la région.

Il est bien évident que cet équipement, rapproché de la liste d'outils indiquée chap. VIII, paraîtra très compliqué, mais rappelons encore une fois que nous ne le donnons qu'à titre d'exemple ou de mémorandum et que chacun est libre de s'équiper d'une façon plus ou moins complète. Toutefois, remarquons que chaque objet nommé dans nos listes a son utilité et qu'à un moment donné, loin de tout endroit habité, on s'applaudira de sa prévoyance et on ne regrettera pas de s'être un peu chargé, en raison du service que rendra l'un ou l'autre de ces objets.

Le premier soin du motocycliste, dès que son appareil est en marche, doit être de régler avec soin la carburation, afin de produire le maximum d'effet utile avec le minimum de dépense d'essence. On n'arrive à ce résultat qu'en tâtonnant jusqu'à ce que l'on ait trouvé la position convenable pour les différentes manettes. Au moment du départ, la manette *avance à l'allumage* doit être fermée (c'est-à-dire inclinée du côté de la selle), ou très peu ouverte. Les manettes *carburation* et *admission au moteur* (ou force), sont redressées verticalement, et on manœuvre lentement, dans les deux sens, la première jusqu'à ce que l'on ait trouvé la position convenable, ce qui se reconnaît au bruit de l'explosion du mélange dans le cylindre.

Aussitôt que l'on a constaté que les explosions se succèdent régulièrement et avec force, on ferme le robinet de compression à l'aide de la manette commandant le boisseau de ce robinet, puis on ramène au minimum compatible avec l'effort produit l'ouverture du robinet d'admission.

Ainsi que nous l'avons dit page 158, le réglage de l'allure s'opère au moyen de la manette d'avance à l'allumage, laquelle permet de contrôler la bonne position des autres manettes. Si celles-ci sont bien à leur place, on n'obtiendra aucune accélération en chassant vers le guidon la manette d'avance; si, au contraire, la vitesse augmente, c'est que l'admission est trop ouverte et il faudra la diminuer pour

Fig. 94. — Sacoche de motocycliste.

restreindre la consommation d'essence et éviter l'encrassement de la culasse et de la chambre d'explosion.

Il est bon, au départ, de rouler à une allure moyenne, afin de laisser l'essence du carburateur se réchauffer peu à peu, en même temps que l'on règle en toute liberté d'esprit la carburation et l'admission. Ne pas omettre, à la sortie de Paris, de s'arrêter au bureau de l'octroi pour faire inscrire sur un carnet spécial, à ce destiné, et que l'on doit toujours avoir sur soi, la quantité d'essence emportée dans le réservoir; cette formalité permettra, au retour, de rentrer dans la ville avec la même quantité d'essence sans avoir à acquitter la taxe correspondante. Toutefois, il est préférable, pour éviter ces pertes de temps, d'acheter sa provision d'essence hors barrière et de n'avoir pour rentrer dans le périmètre des fortifications que juste la quantité de gazoline indispensable pour regagner son domicile.

Une fois arrivé sur la grande route, on peut activer l'allure si le sol est en bon état. Ne pas oublier, avant de se lancer, surtout en été, lorsque les chemins sont poussiéreux, de mettre en place les lunettes préservatrices, entourées de taffetas, et dont l'usage est indispensable, surtout si l'on tient à garantir sa vue contre le sable et la réverbération du sol.

Bien que le véhicule soit susceptible d'atteindre en palier, sur une route en bon état, surtout au commencement d'une longue étape, une très grande vitesse, il ne faut pas chercher à obtenir ce maximum en poussant à fond la manette d'avance. Il se produira assez de circonstances où l'on sera heureux de pouvoir augmenter l'effort produit, aussi ne doit-on à aucun prix surmener le moteur et chercher à lui faire rendre, sans un instant de répit, le maximum de sa puissance.

Donc, tant que la route est en palier, on peut marcher à bonne allure, en rapport avec la multiplication dont le motocycle est pourvu, en dosant le mélange explosif de façon à consommer aussi peu d'essence que possible, c'est-à-dire en admettant le maximum de volume d'air produisant une combustion complète et évitant l'encrassement de la culasse et de la bougie.

Lorsqu'une descente se présente, on agit de manière variable. Si la pente est accentuée et de peu de longueur, on interrompt simplement l'allumage et on en profite pour refroidir le moteur en ouvrant le robinet de compression. La carburation n'étant pas modifiée, les choses se retrouvent en état lorsque la route redevient de niveau, et il suffit de rétablir l'allumage en tournant la poignée dès que l'on veut remettre le moteur en action.

Lorsque la descente est très longue, et la dénivellation assez forte pour que le véhicule continue de rouler par la seule impulsion de la vitesse acquise, on a avantage à fermer entièrement le robinet d'essence en ouvrant en grand celui d'admission d'air. En agissant ainsi on ne dépense pas d'essence et la circulation d'air dans le cylindre refroidit les parois. Enfin on applique les freins doucement et progressivement lorsque l'allure s'accélère par trop et arrive à un point où elle devient dangereuse. C'est surtout dans les virages qu'on exécute à chaque coude de la route (si, comme c'est souvent le cas, celle-ci est sinueuse) qu'il convient de ralentir, surtout en tricycle, afin d'éviter le renversement sur le côté par l'effet de la force centrifuge développée aux vives allures.

On se trouvera bien d'avoir profité de l'impulsion gratuite fournie par une pente, et du refroidissement partiel que cette marche à vide a amené, quand il s'agira, la vallée descendue, de gravir le versant opposé. Pour escalader convenablement un raidillon, l'avance à l'allumage étant à sa position moyenne, on augmente la proportion de gaz d'essence admise au moteur et l'on profite de l'élan précédemment acquis pour monter le raidillon.

S'il s'agit d'une côte longue et ardue, on la montera d'autant plus facilement que le moteur aura été moins surmené et sera moins échauffé. Il sera souvent nécessaire de l'activer en pédalant énergiquement s'il se ralentit et, dans le cas où il s'arrêterait tout à fait, le démarrage en côte étant fort pénible, on sera obligé de mettre pied à terre et d'atteindre le sommet de la montée en poussant la machine, le moteur étant en marche et aidant à la progression. Nous ne pouvons donc que répéter ici les conseils donnés dans le précédent chapitre et rappeler que l'expérience est le guide le plus sûr en pareille matière et permet seule de vaincre ou de tourner la difficulté.

Après 20 ou 25 kilomètres, si le moteur est neuf, 35 ou 40 s'il est en service continu depuis plusieurs mois, il faut s'arrêter pour évacuer l'huile du carter et la remplacer par une mesure d'huile fraîche, ce qui ne demande pas plus de deux ou trois minutes. Porter son attention sur la fermeture hermétique du robinet de vidange ou de la vis-bouchon du carter qui doit être serrée à bloc afin que les trépidations ne la dévissent pas en cours de route.

Bien que souvent le motoriste se trouve tout seul sur la route, il ne doit pas oublier les réglements de police du roulage, et, par conséquent, se tenir toujours à proximité de la bordure de droite. S'il veut dépasser un autre véhicule circulant dans le même sens que lui, il pourra avertir le conducteur de loin, par quelques coups de trompe (il n'en faut pas abuser, toutefois!) ; celui-ci devra alors serrer le côté de la route, et le motocycliste le dépassera sur la gauche, en prenant un instant le milieu de la route, pour se rapprocher ensuite de la lisière de droite.

Il faut être prudent et constamment maître de sa vitesse quand on veut dépasser ou croiser des attelages dont les chevaux donnent des marques de terreur en entendant le bruit du moteur et que le cocher ne parvient que difficilement à contenir. On évitera ainsi fréquemment des accidents, dont on est toujours peu ou prou victime ; d'ailleurs, c'est souvent un jeu dangereux que celui qui consiste à affoler par les beuglements répétés de la trompe et les pétarades du moteur, dont on ouvre par instants la compression, les piétons et les voituriers que l'on rencontre sur sa route, et ce petit jeu n'est mis en pratique que par des écervelés ou tout au moins des mal élevés qui oublient que la route est à tout le monde et ne constitue nullement le monopole du seul pétroliste.

Donc, de la prudence et de la vigilance à tous les points dangereux : traversées de villages, croisements de route, etc., surtout quand on voyage de nuit.

C'est par une attention constamment tendue que l'on évitera les accidents et les incidents de toute espèce qui peuvent se produire avec un appareil doué d'une extrême vitesse, mais dont heureusement la docilité est incomparable. Étant en règle avec les prescriptions générales de police relatives à la circulation sur les routes, on s'efforcera tout d'abord de n'effrayer personne, hommes ou bêtes, de façon à ne pas se créer d'irrémédiables ennemis, — l'automobile n'en compte déjà que de trop puissants, au nombre desquels sont l'ignorance et la routine! — et l'on se maintiendra dans les strictes limites de son droit.

A l'arrivée à l'étape, le motoriste s'occupera d'abord de sa mécanique. La cheville étant retirée du coupe-circuit, il passera la visite du mécanisme d'allumage, et, un chiffon à la main, il nettoiera la came et le trembleur, la bobine, la tuyauterie et le bâti. La compression étant toujours aussi franche qu'au départ, il est inutile de démonter la cloche et visiter les soupapes; cependant une bonne précaution sera de visiter la bougie que l'on essuiera avec soin. Les divers écrous du bâti et de la machine seront passés en revue l'un après l'autre et resserrés au besoin d'un coup de clef anglaise, les graisseurs à graisse consistante seront regarnis, la provision d'essence reconstituée, enfin, après ce minutieux examen, on pourra aller se laver les mains et même la figure, ce ne sera pas un superflu! — et s'asseoir devant un repas plantureux que l'on aura bien gagné en vérité.

Ainsi soigné, entretenu, visité, un motocycle fournira les meilleurs résultats et n'aura que le minimum de *pannes*, celles-ci résultant presque toujours d'une faute du conducteur de la machine qui sera parti sans s'être assuré du voltage des accumulateurs, de la densité de l'essence, de l'état des soupapes, du trembleur, de la bougie, de la came ou de l'une ou l'autre partie de l'appareil.

Il est bien certain toutefois que ces règles ne sont pas absolues, et que l'imprévu a une part prépondérante dans les divers incidents de la route. Comment prévoir et empêcher, par exemple, le déclavetage du pignon moteur, la perte par la trépidation de certains écrous indispensables, tels que ceux du petit carter recouvrant le mécanisme d'allumage ou la vis-bouchon de vidange du carter ?... Ce que l'on peut et doit éviter, c'est l'échauffement excessif du moteur, dont le résultat, en plus des arrêts intempestifs, est le grippage des segments du piston et la mise hors de service des soupapes.

A lire tout ce qui précède, on pourrait croire que le motocycle à deux, trois ou quatre roues, est un appareil extrêmement compliqué et délicat, s'arrêtant pour le moindre grain de sable dans ses rouages, le plus petit désaccord dans le réglage des manettes. Une telle opinion serait exagérée. Il est vrai que le mécanisme du moteur à explosion à allumage par étincelle d'induction est composé d'assez nombreuses pièces, mais, en réalité, elles sont toutes extrêmement robustes et capables de subir impunément des fatigues excessives ; aussi se dérangent-elles assez rarement et c'est ce qui nous fait dire, qu'à moins de fautes répétées du conducteur, ces machines fonctionnent, peut-être pas dans des conditions vraiment économiques (cela se reconnaît à la traînée de mauvaise odeur que laisse derrière lui un motocycle dont la carburation est défectueuse), mais elles tournent cependant et continuent à avancer.

Nous avons énuméré page 201 toutes les causes qui peuvent amener l'interruption de la marche, et qui surviennent au moment où l'on s'y attend le moins. Nous renverrons le lecteur au chapitre des pannes et de leurs remèdes en lui rappelant que les trois causes les plus communes de la panne sont un défaut dans l'allumage, la carburation ou la compression, et c'est d'abord là qu'il doit chercher.

En désespoir de cause, lorsque l'avarie n'est pas réparable avec les moyens dont on dispose, la seule chose à faire est de tâcher de regagner la ville la plus voisine en pédalant si la chose est encore possible. Avec une motobicyclette, rien de plus facile : on enlève la courroie de transmission, le moteur se trouve isolé et on n'a plus à remorquer que la bicyclette seule sans entraîner le moteur. Avec le tri ou le quadricycle, le seul procédé pratique est de déclaveter le pignon de commande, après avoir enlevé l'écrou, le contre-écrou, la goupille et la clavette maintenant ce pignon en place sur son arbre. On pédale sans actionner le moteur, et l'on peut encore parcourir quelques kilomètres mais d'une façon fatigante, surtout s'il se rencontre des côtes le long desquelles il faut pousser son véhicule.

Si le moto est vraiment hors de service et ne peut plus rouler, ses roues étant voilées, le bâti faussé ou quelque chose d'analogue, le seul remède consiste à aller à pied au village le plus voisin fréter un moyen de transport hippomobile quelconque : charrette, tombereau, haquet, etc., pour charger l'appareil avarié et l'apporter à la gare la plus voisine qui le réexpédiera à sa remise.

Tel est le tableau succinct des incidents d'une excursion en motocycle ; nous allons voir, dans les chapitres suivants, les soins à donner à cette locomotive individuelle, une fois qu'elle est rentrée à son remisage, après avoir effectué un long voyage et subi toutes les intempéries.

CHAPITRE XI

ENTRETIEN ET RÉPARATION DES MOTOCYCLES

Le graissage. — Graissage du moteur à l'huile minérale, des coussinets à l'huile de machine, graissages à la graisse consistante. — Entretien de l'émail et du nickel. — Démontage du moteur, de la cloche, du carter, etc. Vérification de la compression et des joints. — Nettoyage d'une culasse encrassée. — Entretien des soupapes et clapets. — Chargement des accumulateurs.

Graissage de la machine au départ. — Pour se mettre en route, il est nécessaire que les frottements soient gras. Chaque palier de l'axe des roues porte un orifice destiné à recevoir l'huile. On introduit celle-ci à l'aide de la burette placée dans la sacoche de selle.

Il faut toujours avoir soin, après le graissage, de remettre en place le petit ressort fixé contre le trou ; son rôle est d'empêcher la poussière et les corps étrangers de pénétrer dans les roulements. On fait faire ensuite quelques tours aux roues pour que la lubrification soit complète.

Si vous vous trouvez en route démuni d'huile spéciale

pour graisser les roulements de votre machine, entrez à l'auberge et préparez dans une tasse la mixture simple que voici : une portion d'huile à manger et un quart de pétrole bien mélangés.

N'employez jamais d'autre huile; les huiles à brûler, huiles de noix, etc., abîmeront votre machine et nécessiteront un démontage et un nettoyage complets au bout de 40 kilomètres.

Roue directrice. — Pour la roue de devant, amener le graisseur en dessus; retirer le bouchon et verser l'huile avec la burette; incliner la machine alternativement à droite et à gauche pour que l'huile pénètre dans chacun des rangs de billes. Ne pas oublier de remettre le couvercle du graisseur. Imprimer à la roue une rotation de quelques tours.

Axes des manivelles. — Introduire l'huile par le trou de graissage. Il vaut mieux procéder ainsi que de verser l'huile par les côtés. Dans ce cas, l'excès de liquide fixe la poussière du chemin, ce qui a le double désavantage d'encrasser la machine et de tacher le pantalon du cavalier.

On a récemment signalé un nouveau mode de graissage des axes de roulement qui a donné des résultats vraiment remarquables. Ce procédé est simple : il suffit de démonter et de nettoyer complètement l'intérieur des coussinets d'un vélocipède, ensuite de les remonter après les avoir remplis à saturation de graisse consistante à l'aide d'une petite spatule en bois mince. Les billes roulent, ainsi immergées, dans une masse compacte de graisse remplissant exactement tous les vides des coussinets jusqu'à leur bord extérieur et formant dans leur bord intérieur un joint étanche et onctueux, absolument impénétrable à la poussière. Le graissage est de la sorte assuré pour très longtemps, les frottements sont bien réduits, le roulement est très doux et sans choc, la graisse ne s'échappant point, comme l'huile, à l'extérieur des coussinets. On a donc son appareil constamment propre, les roulements en bon état et ne réclamant plus en cours de route de soins de graissage à l'huile ordinaire.

M. Bonnefis a fait connaître un système de graisseur dit « compound » pour graissage à la graisse consistante. Cet appareil présente un volume très restreint, il est de la plus grande commodité pour exécuter ce genre d'opération et nous devions en passant le faire connaître à nos lecteurs.

Graissage du moteur. Il faut, avant de se mettre en marche, à chaque sortie, de même qu'à chaque rentrée à la remise, verser dans le cylindre du moteur, par l'orifice du robinet de compression monté sur la culasse, la valeur d'environ un dé à coudre de pétrole ordinaire, dans le but de décoller les segments du piston. Cette utile précaution devra également être prise lors de chaque arrêt un peu prolongé, pendant lesquels le moteur se refroidit. Le démarrage se trouvera ainsi grandement facilité.

Nous avons dit qu'avant le départ il faut verser, ou injecter avec le graisseur, une mesure d'huile spéciale dans le carter du moteur après avoir retiré l'huile usée. Il faut procéder à ce changement tous les 30 ou 40 kilomètres au plus, pendant les longues courses, surtout si l'on va vite. L'absence d'huile, ou l'huile trop longtemps surchauffée pourrait amener le grippage du piston.

Il est donc indispensable, dès que l'on remarque un commencement de dureté, de changer l'huile, ou, si l'on est presque arrivé au terme de son voyaye, ajouter un quart ou une demi-mesure d'huile fraîche. Mais que cette huile soit versée en une ou plusieurs fois, le carter ne doit jamais en contenir plus d'une mesure, sans quoi l'excédent remonterait, par le mouvement du piston, dans la chambre de compression et amènerait l'encrassement rapide de la culasse ainsi que des pointes de la bougie, d'où résulteraient des ratés d'allumage persistants et nécessitant le démontage de la culasse pour procéder à son nettoyage complet.

Le graissage des engrenages et du mouvement différentiel est opéré avec de la graisse noire caoutchoutée, assurant la conservation et le fonctionnement normal de ces pièces.

Vérification et entretien de la compression. — Pour que la compression soit en bon état, nous savons qu'il faut que, le robinet placé sur la culasse étant fermé, on ne puisse que très difficilement faire avancer le motocycle en le poussant devant soi. Quand, au retour d'une excursion, l'on s'aperçoit que cette difficulté se trouve amoindrie, il faut visiter le moteur, et pour cela démonter la cloche afin d'arriver sur le siège des soupapes.

Les ressorts des clapets d'admission et d'échappement peuvent durer fort longtemps, mais ces clapets eux-mêmes demandent une visite assez fréquente. S'ils se trouvent encrassés ou si leur portée sur le rebord de leur siège n'est plus absolument étanche, il en résulte une diminution de compression, on est donc obligé de procéder au démontage de la cloche.

Cet organe, qui existe dans tous les moteurs, aide au refroidissement des organes d'admission, soit par les courants d'air que provoque extérieurement sa forme, soit par l'isolement plus grand de la soupape, qui devient indépendante de la masse chaude, contrairement aux précédentes dispositions.

Il résulte de ce dispositif un refroidissement plus grand des gaz admis, et par suite une augmentation sensible de force.

La cloche, par l'intermédiaire de son boulon et de la pipe d'aspiration, aide à arrêter la soupape d'admission; on la démonte comme suit :

1° Dévisser l'écrou qui relie le tube en S à la pipe d'aspiration ;

2° Desserrer de quelques tours le boulon qui est au-dessus de la cloche ;

3° Faire tourner la cloche d'un tiers de tour à gauche ou à droite et l'enlever avec prudence, car il peut arriver que la pipe entraîne la soupape d'admission, puis laisse retomber à terre cette dernière qui aurait toute chance de s'abîmer ;

4° Dès que la soupape d'admission est enlevée, la soupape d'échappement apparaît au-dessous.

En remontant la cloche, veiller à ce que la soupape d'admission s'étale bien d'aplomb et correctement sur sa portée, cela avant de serrer le boulon du haut ; ce dernier, s'il était mal assujetti, pourrait se desserrer en marche, il se produit en ce cas un sifflement caractéristique suivi d'un manque de compression.

Entretien des soupapes et clapets. — On entretient les soupapes en versant de temps à autre quelques gouttes de pétrole sur la portée des clapets et sur leurs tiges, puis en les faisant mouvoir à l'aide du tournevis comme pour les roder ; veiller, en séchant ensuite l'excès de pétrole, à ne pas dérégler l'écart des fils de la bougie. (L'excès de pétrole, s'il n'était enlevé, encrasserait, en s'enflammant, les fils de la bougie.)

Il est bien, en marche un peu longue, de projeter une fois dans la journée, à travers le ressort d'échappement, un peu de pétrole sur le haut de la tige de ce clapet, c'est-à-dire extérieurement.

Du bon fonctionnement des soupapes dépend la force du moteur ; ce dernier étant froid, on peut, en cas de compression douteuse, s'assurer de l'étanchéité des soupapes en y versant la valeur d'un dé d'essence, laquelle ne doit aucunement suinter par les clapets fermés, à défaut de quoi il faudrait démonter, nettoyer et roder le clapet défectueux, avec la valeur d'une prise de potée d'émeri n°000 (c'est-à-dire très fine), additionnée d'une goutte de pétrole ou d'huile.

Pour démonter les clapets, il suffit de dégoupiller l'extrémité de leur tige ; cette opération est un peu plus difficile pour le clapet d'échappement, dont le ressort est plus résistant ; on pourra, pour soulever ce dernier, se procurer, moyennant dix centimes, une fourchette à huîtres, dont on supprimera la branche du milieu ; ce retrait fait, il reste une sorte de petite fourche qui permet de soulever très d'aplomb ce ressort, en dessous duquel on trouve la goupille.

Pour procéder au rodage, il suffit d'introduire le mélange huile et émeri sur la portée de la soupape et de mouvoir le clapet dans tous les sens, doucement d'abord, pour bien délier la potée, puis assez vigoureusement ensuite, par l'appui très d'aplomb d'un tournevis agissant sur la vis centrale du clapet, cela jusqu'à étanchéité complète. Ne pas abuser des rodages et les faire très correctement. Finalement, bien laver au pétrole soupapes et clapets. Les clapets étant démontés, il est facile, en les rodant, de voir à l'œil si le travail du rodage se fait bien sur toute la portée du clapet.

En cas de rechange du clapet d'échappement, en amenant ce dernier au bas de sa course, il faut, pour le bon fonctionnement de cette soupape, qu'il reste un millimètre de jeu entre l'extrémité du clapet et l'enchâssement qui l'actionne ; l'absence de ce jeu peut provenir de l'encombrement de l'enchâssement ou de rodages répétés, et occasionner un défaut de compression qui peut faire chercher longtemps ; si le clapet est trop long, il suffira de limer légèrement son extrémité inférieure.

Vérification des fuites de compression. — Si, malgré les soins, la compression persistait à être mauvaise, il faudrait, à l'arrivée, remplir le cylindre d'essence (profiter de l'essence éventée), afin de voir la fuite; et pour cela : 1° ramener le piston en haut de sa course, on s'en assure à l'aide d'une tige de cuivre (longue de vingt centimètres au moins), que l'on introduit par la compression en guise de sonde ; 2° bien caler les roues du tricycle et s'assurer que la soupape d'échappement est en bas de sa course ; 3° retirer la cloche ; 4° éprouver la soupape d'admission comme il a été dit ; 5° emplir d'essence la chambre à explosion. Ceci fait, la moindre fissure laissera échapper l'essence, soit par le clapet d'échappement, soit par la porcelaine descellée de la bougie; restera à surveiller le joint de la soupape d'admission.

Après un long usage, un an par exemple, il se pourrait, en outre, qu'une fuite se produisît par les segments du piston. On changerait alors les segments défectueux.

Les segments du piston doivent être tiercés, c'est-à-dire que leurs points de jonction ne doivent pas, autant que possible, se trouver sur la même ligne.

Si les segments prenaient du jeu latéralement, c'est-à-dire dans leur enchâssement, il faudrait les changer, parce qu'alors ils s'useraient d'autant circulairement et pourraient s'ovaliser, puis ovaliser le cylindre même ; cette usure, en outre du jeu latéral, se révèle par des encrassements qui se logent dans les parties usées [1].

1. Wolff. *Notice de route sur l'entretien du tricycle de Dion-Bouton.*

Pour séparer un segment du piston, il suffit de se procurer trois ou quatre petites lamelles de cuivre, d'un demi-millimètre d'épaisseur au plus et ayant environ trois centimètres de long sur un de large.

On interpose alors une première lamelle entre le piston et l'une des extrémités du segment que l'on ouvre juste assez pour livrer passage à cette lamelle perpendiculaire au segment ; on interpose de même les trois ou quatre lamelles ; dont une à chaque extrémité du segment, puis on les espace suffisamment pour permettre au segment de glisser et échapper de ce fait son enchâssement. Il va sans dire que, pour retirer le segment du milieu, il faudra tout d'abord enlever l'un des segments extrêmes.

Pour replacer le segment du milieu, lui faire échapper de la même façon l'enchâssement extrême, quant au segment du bord, il suffit, pour le mettre en place, de coiffer le piston avec le segment, puis de le faire glisser aussi d'aplomb que possible dans son enchâssement.

Un segment neuf ne doit avoir aucune bavure et joindre correctement lorsque l'on rapproche l'une de l'autre ses extrémités.

Engorgement des conduits. Si l'on s'apercevait, soit pendant la marche, soit lors d'un arrêt, que l'huile du moteur s'écoule par l'arbre, auprès du pignon de commande, on pourrait redouter que le conduit fût engorgé. Pour le nettoyer, retirer d'abord du carter toute l'huile qui s'y trouve et, après avoir refermé l'orifice de vidange, verser par le trou de graissage un demi-litre de pétrole. On laisse détremper pendant une heure, en faisant tourner de temps à autre les pédales, à la main, le motocycle étant supporté sur le chevalet, puis on évacue ce pétrole chargé de cambouis, et on peut remettre de l'huile dans le carter, sans dépasser la quantité réglementaire.

Démontages. Il est plus qu'inutile, il est nuisible même de procéder dans un simple but de curiosité au démontage du carter pour examiner les organes qu'il renferme. On court, en effet, le risque de dérégler ces pièces, dont l'ajustage est assez délicat et qui n'ont presque jamais besoin d'être visitées, et d'être obligé de renvoyer ensuite la machine au constructeur pour réparer les dégâts ainsi commis. Le très grand tort des débutants en automobile est de chercher à se rendre compte de choses inutiles et de procéder à des démontages plutôt fâcheux du bâti et du moteur.

Il faut donc éviter ces démontages et particulièrement celui des différents joints, surtout de celui reliant la partie supérieure du cylindre à la culasse. Ce joint circulaire à base d'amiante, supprimé dans certains systèmes de moteurs, n'est que rarement sujet à des détériorations pouvant causer des fuites et des pertes de compression. Cependant, si l'on était forcé de l'enlever, pour retirer et nettoyer la soupape encrassée, il faudrait étendre sur sa surface de l'huile de lin afin de faciliter son réajustage et assurer une fermeture hermétique.

Soins aux écrous. Il arrive quelquefois, qu'après une longue marche à allure rapide sur une route nouvellement rechargée ou inégalement pavée, quelques écrous se desserrent et prennent du jeu. Dans ce cas, le motocycle commence à ferrailler, et, finalement, les écrous tombent à terre et se perdent. Ce sont les écrous du frein, du bâti et du petit carter les plus susceptibles de s'égarer ainsi, aussi avons-nous conseillé d'en avoir toujours un certain nombre de rechange dans la sacoche.

On peut cependant remédier à cet inconvénient de la façon suivante : Dès que l'on s'aperçoit qu'un écrou prend du jeu, on le dévisse entièrement, puis on fait un petit carré en peau de daim d'un trou très petit, de manière que la vis force pour entrer dans ce trou, et de visser l'écrou sur le pas de vis ainsi garni. Le morceau de peau pénètre dans les filets de la vis et empêche absolument l'écrou de bouger par la suite.

Rayons. — Souvent aussi, après un long parcours, il arrive qu'un ou plusieurs rayons se détendent. Pour parer à cet accident, on emploie deux petits appareils très simples que l'on appelle *tendeurs de rayons.* En fixer un près du moyeu, sur le rayon, et placer l'autre vers la jante. Pour tendre le rayon, c'est-à-dire le visser, saisir un tendeur de chaque main et tourner de gauche à droite.

Pour détendre ou dévisser, tourner de droite à gauche. Mettre un peu d'huile vers la jante et vers le moyeu pour faciliter le mouvement ; on cessera de tourner quand on jugera le rayon suffisamment tendu.

Une bonne roue, bien faite, doit pouvoir rouler encore avec le cinquième de ses rayons brisés, s'ils ne sont pas tous brisés du même côté, naturellement. A plus forte raison ne doit-on pas s'effrayer du bris d'un ou deux rayons.

Quand un rayon direct se brise, avoir soin de ne pas le casser, pour s'en débarrasser, au ras du moyeu ; ce serait donner lieu plus tard à une réparation difficile et coûteuse. Si l'on n'a ni pinces ni tenailles à sa disposition, on devra briser le rayon à quelques centimètres du moyeu pour laisser la possibilité de l'enlever ensuite facilement. Si l'on avait des pinces, il vaudrait mieux se débarrasser immédiatement de la tige rompue en la dévissant du moyeu où elle est enfoncée.

Nettoyage général. — Au retour d'une excursion ou d'une promenade au cours de laquelle il est tombé une averse, un vrai motocycliste ne remise jamais sa machine sans l'avoir nettoyée à fond : nécessité quelquefois fort ennuyeuse, mais que le touriste, soucieux du bon fonctionnement de son locomoteur, ne saurait esquiver.

Quelle que soit l'épaisseur de la boue qui couvre une bicyclette à pétrole ou un tricycle, il ne faut jamais les laver, car on risquerait d'entraîner dans les moyeux des graviers imperceptibles, qui altéreraient les roulements au bout de fort peu de temps. Il est préférable d'enlever cette boue avec un chiffon sec, puis de frotter les tubes et les jantes avec un autre chiffon imbibé de vaseline.

Peu de motocyclistes emploient judicieusement le pétrole pour l'astiquage de leur machine. La plupart se figurent à tort qu'une inondation de ce puant liquide conserve la santé à leur chère monture. C'est une erreur. L'astiquage doit être fait à l'aide d'un chiffon légèrement *humecté* de pétrole, afin que le liquide, séchant instantanément sur les tubes, les laisse brillants et secs.

L'éther est le meilleur dissolvant des corps gras. Quand, à la suite d'un long usage, une pièce est en quelque sorte embourbée par le cambouis, lorsque les billes d'un roulement sont agglutinées par la poussière dans l'huile desséchée, il suffit d'une injection d'éther à l'aide de la burette pour tout remettre en bon état.

Si votre motocycle était piqué par la rouille après une période d'inactivité, prenez un chiffon avec un peu de graisse et frottez énergiquement jusqu'à entière disparition des piqûres. Quelques cyclistes préconisent le jus d'un oignon, que l'on fend en quatre et que l'on frotte sur le métal attaqué ; on obtient plus rapidement, paraît-il, le résultat désiré. La *stilbéine*, sorte de gomme à effacer que les armuriers vendent pour l'entretien des fusils de chasse, donne également un bon résultat. Mais, quelle que soit la profondeur de la tache de rouille, il ne faut jamais prendre pour l'enlever du papier ou de la toile d'émeri, car, si fin que soit le grain, il raye toujours et la pièce est détériorée : il faudra la repolir et la reporter au nickeleur ou à l'émailleur, ce qui est coûteux.

Lorsque vous repeignez à l'émail froid une partie écaillée, il est de toute nécessité d'enlever jnsqu'à la moindre tache de rouille par l'un des moyens que nous venons d'indiquer.

Coussinets à billes. — Les cuvettes de roulement dans les coussinets à billes doivent souvent être enlevées pour être réparées. Dans des cas pareils, on aura soin, en replaçant les cuvettes, de bien les remettre dans la même position qu'elles occupaient primitivement. Pour replacer les billes, il sera bon de les agglutiner ensemble de matières grasses : vaseline, suif ou beurre. La douceur du roulement sera certainement augmentée par ce mélange de matière dans lequel tourneront les billes, et celles-ci seront plus facilement mises et retenues en place.

Réparation des chambres à air de pneumatiques. Nous avons dit que la trousse de réparation doit se composer des objets suivants :

1° Un petit flacon d'étain contenant de la dissolution et fermant hermétiquement ;

2° Un peu de papier de verre ;

3° Un petit flacon de benzine ;

4° Des petites rondelles ou pastilles de feuille anglaise (caoutchouc mince) ;

5° Un morceau de toile enduite de dissolution sèche.

Ainsi approvisionné, si vos pneumatiques vous font des farces, vous aurez le moyen de vous en tirer.

La dissolution est tout simplement de la gomme pure que l'on a fait dissoudre dans la benzine. Lorsqu'on emploie cette composition, la benzine s'évaporant rapidement, la gomme ne tarde pas à sécher et à redevenir à peu près ce qu'elle était avant sa dissolution. On comprendra, dès lors, que l'application de la dissolution, pour être bien faite, est subordonnée à l'évaporation de la benzine, et qu'il faut attendre un certain laps de temps avant d'appliquer une pastille sur la chambre à air.

Pour une chambre à air souple, une simple pastille de dix millimètres de diamètre suffit, et il ne faut pas même recouvrir cette pastille d'un morceau de toile, ce qui n'est nécessaire que pour les chambres à air de certains pneumatiques.

Voici comment on doit procéder à la réparation de la chambre à air :

On commence par la retirer de la jante et l'on cherche l'endroit où la perforation s'est produite.

Si l'on ne peut la découvrir par un premier examen, on la gonfle légèrement et on la trempe dans l'eau, à la surface de laquelle on apercevra bientôt de petits globules révélateurs.

On essuiera ensuite très soigneusement la chambre à air; puis, à l'aide d'un petit morceau de papier de verre, que l'on passera très légèrement, on enlèvera toute malpropreté. Un peu de benzine employée sur un chiffon assurera, en outre, l'expulsion de tout corps étranger.

Lorsqu'on a ainsi préparé la réparation, on *laisse sécher* — cela est très essentiel — et l'on enduit ensuite de dissolution, avec le bout du doigt, l'endroit à réparer. On fait de même sur la pastille, par couches; et quand la dissolution est arrivée au degré d'évaporation indiqué, on colle la pastille et on laisse de nouveau sécher une bonne heure.

Réparation de l'enveloppe. — Au contraire de ce qui a lieu pour la chambre, la réparation de l'enveloppe *ne doit être faite qu'avec de la toile et à l'intérieur.* Une pastille en caoutchouc est absolument inutile.

Pour réparer des coupures à une enveloppe, on sortira complètement l'enveloppe, dont on lavera l'intérieur à la benzine aux endroits où la réparation doit être faite. On enduira ensuite de dissolution, puis on apposera simplement un morceau de toile enduit lui-même de dissolution.

Nota. — Lorsque vous huilez une des roues de votre motocycle, ayez bien soin de ne pas laisser tomber une goutte du liquide sur la jante ; essuyez bien soigneusement les rayons le long desquels une goutte pourrait descendre du moyeu : l'huile décompose en effet la substance du caoutchouc, et donnerait à votre pneumatique des fuites presque irréparables.

Entretien de la chaîne. — La chaîne demande certains soins d'entretien. Voici quelques conseils à ce sujet. La chaîne doit être suffisamment graissée, mais ni trop ni trop peu ; il est mauvais de prendre la burette et de verser de l'huile sur les maillons, comme font certains vélocipédistes peu soigneux. Il vaut mieux prendre une brosse un peu dure, enduite de vaseline et de pétrole, et en frotter la chaîne, que l'on essuie ensuite avec un chiffon de toile sec. Le peu de vaseline qui restera dans les maillons après cette opération sera suffisant pour assurer le graissage de la transmission, qui doit — nous insistons encore sur ce point — être enduite d'huile, jamais de graisse.

Dans une chaîne, pour que le roulement s'opère bien, il faut que non seulement les maillons soient bien huilés, mais que les rivets de ces maillons le soient également.

Plusieurs moyens d'obtenir le graissage complet de la

chaîne ont été proposés. Parmi ces procédés, nous rappellerons le suivant :

Chauffer la chaîne jusqu'à ce qu'elle soit complètement sèche, et, lorsqu'on ne peut plus la tenir à la main, la mettre à tremper dans un vase d'huile de bonne qualité, d'olive par exemple. Les pores, dilatés par la chaleur, boivent un peu de cette huile, en conservent quelques parties, et ainsi la chaîne est lubrifiée pour six à huit semaines.

Si la chaîne est enfermée à l'intérieur d'un carter ou *gear case*, et que l'on démonte cet appareil de recouvrement, on ne devra pas être étonné d'y trouver des paquets de boue séchée adhérents à la chaîne. La poussière impalpable pénètre quand même et forme cambouis : cela peut provoquer un bris de la chaîne. Il est donc bon d'en vérifier souvent l'état et de procéder à un nettoyage minutieux.

Un *gear case* soudé au cadre, mais détachable au réglage et aux manivelles, sera mieux abrité contre la poussière, par conséquent plus pratique.

Un ciment. — Un conseil à ceux qui ne parviennent pas à faire tenir leurs poignées au guidon.

Faites fondre de l'alun et appliquez aux extrémités du guidon. Cette matière forme un ciment excellent, facile et propre à manier, et d'une résistance à toute épreuve.

MATÉRIEL, OUTILLAGE ET PROVISIONS DE RÉSERVE DE L'ATELIER DU MOTOCYCLISTE.

Du moment que l'on veut faire de l'automobile : tri ou quadricycle à pétrole, il est indispensable d'organiser, dans un coin de la remise où le véhicule est rangé, un atelier, au moins rudimentaire, pourvu des outils et provisions indispensables à l'entretien journalier de la machine. Voici donc une liste des divers objets devant entrer dans l'agencement de ce réduit :

1° *Outils :* 1 marteau, 1 maillet de bois, 1 grosse clef anglaise, 1 pince plate, 1 pince coupante, 4 limes plates ou triangulaires de différentes forces, 1 râpe à bois, 1 vrille, 1 porte-foret ou drill avec les forets, 1 fer à souder, 1 chalumeau ou lampe.

Le chevalet de support pour essayer le motocycle à vide ;

2° *Provisions :* 1 ou plusieurs bidons essence minérale à 680 ou 700 (motonaphta, stelline, etc.) de 2 et de 5 litres ; 1 bidon d'huile à moteur de 2 litres ; 1 bidon de pétrole ordinaire (densité 800) de 2 litres ; 1 bidon d'huile oléonaphte de 2 litres ; 1 boîte de graisse consistante jaune de 1 kilog ;

Flacon d'huile de lin pure de 1/2 litre, pour l'entretien des jantes en bois ;

Flacon de vernis noir à l'alcool et blaireau (pour l'émaillage à froid) ; pâte flamande pour l'extérieur du moteur, 1 boîte, et brosses pour étendre et faire reluire cette pâte ; 1 éponge ; 1 peau de chamois ; 1 feuille de papier émeri double-zéro, 1 morceau de toile d'émeri ; linges de toile et de coton et chiffons de laine ;

Eau acidulée au dixième (eau distillée additionnée d'un dixième en poids d'acide sulfurique à 66° Baumé) 1 flacon de 1 litre pour les accumulateurs ;

Huile ou pétrole, ou carbure de calcium pour les fanaux

servant à l'éclairage, lanternes, becs, mèches et verres de rechange.

Avec ce matériel, on pourra exécuter soi-même les principales réparations usuelles, nettoyages, entretien en général, et l'on pourra garnir ses sacoches et réservoirs, avant le départ, des huiles et essences nécessaires à l'alimentation de la machine, de façon à se trouver rarement dépourvu du nécessaire pendant le voyage.

Piles sèches. Beaucoup de fervents du motocycle préfèrent la pile sèche à l'accumulateur comme source d'énergie électrique, bien qu'il soit toujours hasardeux de croire à la capacité de ce genre d'appareils. C'est surtout avec les piles qu'il faut veiller à éviter toute déperdition inutile d'électricité par la poignée ou le coupe-circuit, sans quoi on s'exposerait à voir ce générateur polarisé au bout de quelques heures et mis ainsi hors de service. Les batteries pour motocycles, composées ordinairement de quatre éléments, peuvent fournir un parcours de 6 à 8,000 kilomètres sans exiger aucun soin ni aucune manipulation, mais ensuite il faut les changer et les remplacer par des éléments neufs, ce qui ne laisse pas d'être assez dispendieux, surtout si l'on fait de longs parcours.

Rechargement des accumulateurs. Lorsque les accumulateurs viennent d'être chargés, ils peuvent fournir 2.000 kilomètres de marche environ ; néanmoins il est bon de les recharger toutes les trois ou quatre semaines, quelque parcours qu'ils aient fourni, en raison de ce fait qu'au repos, et surtout dans un lieu un peu humide, ils perdent peu à peu leur énergie. Il faut avoir le soin, une fois rentré à la remise, d'enlever la fiche du coupe-circuit et mettre la poignée à l'arrêt, pour éviter toute usure inutile de courant, qui mettrait après quelques heures les éléments hors service.

En aucun cas, les accumulateurs ne doivent être déchargés au-dessous de 3,8 volts (soit 1,9 volt par élément) au maximum, sans quoi ils seraient détériorés et il faudrait régénérer les plaques sulfatées en leur donnant plusieurs charges successives et lentes jusqu'à remise en état. Il faut donc fréquemment vérifier la tension de ces appareils à l'aide du voltmètre et ne pas hésiter à les recharger dès que le voltage tombe à 1,9 volt.

Nous avons indiqué plus haut quels sont les moyens employés pour que les accumulateurs récupèrent l'énergie qu'ils ont dépensée, et nous n'y reviendrons pas. Suivant les circonstances, on adoptera de préférence l'un ou l'autre de ces procédés. Dans les villes, on utilisera le courant des secteurs, avec résistances intercalées pour réduire la force électromotrice, ou on utilisera un petit transformateur tournant ; dans les campagnes, loin de tout centre industriel, il faudra employer les piles primaires, ordinairement deux piles au bichromate. En une nuit, les éléments se trouveront rechargés sans aucun risque de dommage et pour une dépense minime. Enfin, on pourra expédier la batterie à une usine d'électricité, en recommandant d'éviter toute surcharge, et d'opérer la charge à un régime de un ampère environ, ce qui exigera quinze heures pour la récupération totale.

Tels sont les moyens à mettre en pratique pour entretenir en bon état les cycles mécaniques et petits véhicules actionnés par le moteur à air carburé à inflammation électrique, et c'est en se conformant à ces prescriptions minutieuses mais indispensables, que l'on conservera une machine comme neuve et que l'on en tirera les meilleurs services avec le moins de peine et de dépense. C'est surtout une question de méthode et d'attention, et toute personne soigneuse obtiendra des résultats qui sembleront extraordinaires à ceux qui pensent qu'une mécanique doit marcher toute seule ou tout au moins sans exiger une surveillance de tous les instants.

APPENDICE

Règlements sur la circulation des automobiles.

Une loi a été promulguée, en date du 10 mars 1899, par laquelle se trouve régie la circulation des véhicules automobiles sur toute la surface du territoire français. Cette loi a annulé les précédents arrêtés pris par les préfets dans leurs départements respectifs et a unifié pour toute la France les conditions que doivent remplir les voitures mécaniques pour être admises à circuler partout. Nous extrairons de ce document les articles concernant les appareils étudiés dans le présent ouvrage, et les prescriptions relatives aux appareils désignés sous le nom générique de *motocycles*.

Conduite et circulation.

ART. 11. — Nul ne pourra conduire une automobile s'il n'est porteur d'un certificat de capacité délivré par le préfet du département de sa résidence, sur l'avis favorable du service des Mines.

Un certificat de capacité spécial sera institué pour les conducteurs de motocycles d'un poids inférieur à 150 kilogrammes.

ART. 12. — Le conducteur d'une automobile sera tenu de présenter à toute réquisition de l'autorité compétente :

1° Son certificat de capacité;

2° Le récépissé de déclaration du véhicule.

Art. 13. — Les organes du mécanisme moteur, les appareils de sûreté, la commande de la direction, les freins et leurs systèmes de commande, ainsi que les transmissions de mouvement et les essieux, seront constamment entretenus en bon état.

Le conducteur devra vérifier fréquemment par l'usage le bon état de fonctionnement des deux systèmes de freinage.

Art. 14. — Le conducteur de l'automobile devra rester constamment maître de sa vitesse. Il ralentira ou même arrêtera le mouvement toutes les fois que le véhicule pourrait être une cause d'accident, de désordre ou de gêne pour la circulation.

La vitesse devra être ramenée à celle d'un homme au pas dans les passages étroits ou encombrés.

En aucun cas, la vitesse n'excèdera celle de 30 kilomètres à l'heure en rase campagne et de 20 kilomètres à l'heure dans les agglomérations, sauf l'exception prévue à l'article 31.

Art. 15. — L'approche du véhicule devra être signalée en cas de besoin au moyen d'une trompe.

Toute automobile sera munie à l'avant d'un feu blanc et d'un feu vert.

Art. 16. — Le conducteur ne devra jamais quitter le véhicule sans avoir pris les précautions utiles pour prévenir tout accident, toute mise en route intempestive, et pour supprimer tout bruit du moteur.

Dispositions générales.

Art. 29. — Indépendamment des prescriptions du présent règlement, les automobiles demeureront soumises aux dispositions des règlements sur la police du roulage.

Art. 30. — L'appareil d'où procède la source d'énergie sera soumis aux dispositions des règlements sur les appareils du même genre, en vigueur ou à intervenir.

Art 31. — Les courses de voitures automobiles ne pourront

avoir lieu sur la voie publique sans une autorisation spéciale délivrée par chacun des préfets des départements intéressés, sur l'avis des chefs des services de voirie.

Cette autorisation ne dispensera pas les organisateurs des courses de demander au moins huit jours à l'avance, pour chacune des communes intéressées, l'agrément du maire. La vitesse pourra excéder celle de 30 kilomètres à l'heure en rase campagne ; elle ne pourra en aucun cas, dépasser celle de 20 kilomètres à l'heure dans les agglomérations.

ART. 32. — Après deux contraventions dans l'année, les certificats de capacité délivrés en vertu de l'article 11 du présent règlement pourront être retirés par arrêté préfectoral, le titulaire entendu et sur l'avis du service des Mines.

ART. 33. — Les contraventions aux dispositions qui précèdent seront constatées par des procès-verbaux et déférées aux tribunaux compétents, conformément aux dispositions des lois et règlements en vigueur ou à intervenir.

ART. 34. — Les attributions conférées aux préfets des départements par le présent décret sont exercées par le préfet de police dans toute l'étendue de son ressort.

Voici maintenant le passage relatifs aux motocycles que nous relevons dans la circulaire adressée aux préfets, pour l'application de la loi dont nous venons de donner les extraits intéressant nos lecteurs :

Certificats de capacité.

Les candidats au certificat de capacité institué par l'article 11 du décret devront subir devant l'ingénieur des Mines ou son délégué un examen pratique, afin de faire la preuve qu'ils possèdent la capacité nécessaire.

Cette preuve consistera essentiellement, de la part du candidat, à manœuvrer un véhicule à moteur mécanique de la nature de celui qu'il se propose de conduire, en présence et sous la direction de l'examinateur. L'examinateur aura à apprécier, notamment, la prudence, le sang-froid et la présence d'esprit du candidat, la justesse de son coup d'œil, la sûreté de sa direction, son habileté à varier, suivant les besoins, la vitesse du véhicule, la promptitude avec laquelle il met en œuvre, lorsqu'il y a lieu, les moyens de freinage et d'arrêt, et le sentiment qu'il a des nécessités de la circulation sur la voie publique.

Une distinction est établie, par l'article 11 du décret, entre les certificats de capacité qui seront délivrés aux conducteurs des motocycles d'un poids inférieur à 150 kilogrammes et ceux afférents aux autres automobiles. Pour la conduite des motocycles d'un poids inférieur à 150 kilogrammes, l'examinateur se bornera à faire évoluer devant lui le candidat monté sur un motocycle et à apprécier s'il possède à un degré convenable l'expérience et les qualités que je viens de définir.

Pour la conduite des autres véhicules à moteur mécanique, l'examinateur prendra place avec le candidat sur la voiture et lui fera effectuer à diverses vitesses un parcours avec virages, arrêts, application des moyens de freinage, etc., de manière à reconnaître à quel degré il possède cette expérience et ces qualités. De plus, il posera au candidat des questions sur le rôle et l'emploi des divers leviers, pédales ou manettes, sur les opérations préparatoires à la mise en marche du véhicule, sur les moyens de remédier, en cours de route, aux plus simples des incidents qui peuvent faire rester le véhicule en panne.

Il ne saurait être question ici d'examens théoriques ; mais il est nécessaire, lorsqu'il s'agit de la conduite d'automobiles autres que les motocycles d'un poids inférieur à 150 kilogr., d'interroger le candidat pour s'assurer des connaissances pratiques qu'il possède.

Formalités à remplir pour obtenir un permis de circulation.

Pour obtenir de la Préfecture de Police l'autorisation de faire fonctionner sur la voie publique une voiture automobile, il est nécessaire de remplir en double, sur papier libre et sur papier timbré, le modèle ci-dessous, dont on trouve des exemplaires à la Préfecture de Police, bureau de la Fourrière, bureau n° 40, 1er étage au-dessus de l'entresol, côté du quai (caserne de la Cité).

En exécution des dispositions de l'Ordonnance de police du 14 août 1893, concernant la circulation et le fonctionnement des véhicules à moteur mécanique autres que ceux qui servent à l'exploitation des voies ferrées concédées,

M

demeurant à

demande par une pétition en date du

l'autorisation de faire fonctionner, sur la voie publique, à

un véhicule dont les plans sont

Cette demande, enregistrée à la Préfecture de Police, le ,
sous le n° , contient les indications suivantes :

1° Principales dimensions du véhicule ;

2° Poids du véhicule ;

3° Poids des approvisionnements ;

4° Charge maximum par essieu ;

5° Description du système moteur ;

6° Spécification des matières productives de l'énergie ;

7° Conditions d'emploi de ces matières;

8° Définition des organes d'arrêt et d'avertissement ;

9° Nom et domile du constructeur { du véhicule ; des appareils moteurs ; des organes d'arrêt ;

10° Épreuves et vérifications auxquelles les différentes parties du véhicule ont été soumises;

11° Numéro distinctif du véhicule ;

12° Usage auquel il est destiné ;

13° Voies publiques sur lesquelles il doit circuler ;

14° Lieu du dépôt ou de la remise.

A cette pétition devront être joints :

1° Un certificat de résidence délivré par le Commissaire de Police ;

2° Acte de naissance ou Livret de mariage donnant l'état civil ;

3° Deux photographies non collées.

Les démarches nécessaires à l'obtention de cette permission demandent environ une quinzaine de jours ; les pièces des pétitionnaires devant aller chez l'Ingénieur des Mines devant lequel l'examen doit être passé, chez l'Ingénieur en chef de la Voirie municipale, chez les Ingénieurs en chef des Ponts et Chaussées des départements de la Seine et de Seine-et-Oise, et enfin chez le Préfet de Police qui donne en dernier ressort l'autorisation.

Spécimen du certificat de capacité pour la conduite des motocycles.

RECTO

NOTA

Les certificats de capacité délivrés par le préfet d'un département conformément à l'article 11 du décret du 10 mars 1899, sont valables pour toute la France.

Ils peuvent être retirés après deux contraventions dans l'année (Art. 32 dudit décret).

RÉPUBLIQUE FRANÇAISE

MINISTÈRE des TRAVAUX PUBLICS

DÉPARTEMENT d

Cadre destiné à la photographie du titulaire.

CIRCULATION DES AUTOMOBILES

(Décret du 10 mars 1899)

CERTIFICAT DE CAPACITÉ

Valable pour la conduite

d (1).

(1) Désigner la nature du ou des véhicules auxquels s'applique le certificat.

VERSO

Numéro du Certificat (1)

Le Préfet du département d

Vu le décret du 10 mars 1899 portant règlement relatif à la circulation des automobiles, et spécialement son article 11 ;

Vu l'avis favorable du service des Mines,

Délivre à M. (2)

né à (3)

domicilié à (4)

un certificat de capacité pour la conduite d (5)

fonctionnant dans les conditions prescrites par le décret susvisé.

Sign. du titulaire :

, le 1

Le Préfet,

(1) Numéro du registre spécial de la préfecture. — (2) Nom et prénoms. — (3) Lieu et date de naissance. — (4) Indication précise du domicile. — (5) Désignation de la nature du ou des véhicules à la conduite desquels s'applique le certificat conformément au paragraphe 11 de la circulaire ministérielle du 10 avril 1899.

Les motocyclistes savent les ennuis qui peuvent résulter de la perte ou du vol de la plaque imposée aux « vélocipèdes et appareils analogues ». Voici les nouvelles dispositions énumérées par la loi récemment votée.

Les plaques de contrôle des vélocipèdes ou appareils analogues, délivrées en vertu de l'art. 8 de la loi du 13 avril 1898, *sont, à partir du 1er mai 1900, valables pour une durée de quatre années.* Leur modèle est déterminé par le ministre des finances.

Les contribuables sont tenus de faire graver, dans le cartouche réservé à cet effet sur la plaque, leurs nom, prénoms et adresse. Cette disposition sera pour la première fois applicable aux plaques délivrées pour la période du 1er mai 1900 au 30 avril 1904.

Les plaques devenues inutilisables sont remplacées gratuitement par le percepteur du lieu de l'imposition, sous la réserve que les contribuables justifient leur identité et qu'on puisse facilement reconnaître, sur les plaques hors d'usage ou sur leurs fragments qui seront retenus, le poinçon de l'État et les inscriptions prescrites par le paragraphe qui précède.

Les contribuables dont la plaque de contrôle a été perdue ou soustraite *peuvent en obtenir une nouvelle à titre gratuit,* à la condition de déclarer, dans un délai de deux jours, les circonstances de la perte ou de la soustraction.

Un règlement d'administration public déterminera les mesures d'exécution du présent article et notamment les formes de la déclaration ainsi que les justifications à produire par les intéressés.

En cas de non déclaration dans le délai stipulé plus haut, ou d'insuffisance des justifications produites, les contribuables doivent, pour obtenir une nouvelle plaque, se conformer aux dispositions du paragraphe 2 de l'article 12 de la loi du 28 avril 1893 et acquitter une taxe supplémentaire calculée d'après le tarif légal, mais seulement pour la période comprise entre le premier du mois de la perte ou de la soustraction et la fin de l'année.

Les contribuables qui ont cessé de posséder un vélocipède doivent, dans les quinze jours, en faire la déclaration au maire de la commune de leur résidence et lui remettre en même temps la plaque de contrôle qui leur avait été délivrée. Faute de s'être conformés à cette prescription, ils sont maintenus, pour l'année suivante, au rôle de la commune où ils étaient précédemment imposés.

Droits de douane pour les motocycles.

France. — Les voitures automobiles acquittent séparément le droit de la carrosserie proprement dite sur la voiture, et celui des machines sur le moteur; lorsque la distinction entre la voiture et le moteur n'est pas praticable, le droit de carrosserie est exigible sur l'ensemble du véhicule.

TARIFS. — *Carrosserie :* A partir de 125 kg et au-dessus : 500 francs les 100 kg nets.

Véhicules pesant moins de 125 kilos : 120 francs.

Moteurs à pétrole : 250 kg et plus : 12 francs les 100 kg nets.

Moins de 250 kg : 20 francs.

Les vélocipèdes automobiles paient le droit des vélocipèdes ordinaires, moteur compris.

Pour le voyageur : Déclaration, plombage, consignation des droits, restitution par tous les bureaux.

Allemagne. — Droits : la pièce, 150 marks.

Pour le voyageur : Déclaration, plombage, consignation des droits, restitution par tous les bureaux.

Belgique. — Droits : *ad valorem* 12 %.

Pour le voyageur : Déclaration, plombage, consignation des droits, restitution par tous les bureaux.

Danemark. — Droit : *ad valorem* 10 %.

Pour le voyageur : Déclaration, plombage, consignation des droits, restitution par tous les bureaux.

Espagne. — Droits : 70 pesetas les 100 kg. (Sous toutes réserves.)

Pour le voyageur : Admission en franchise temporaire moyennant consignation des droits remboursables par tous les bureaux dans un délai de six mois.

Si les voitures sont *de louage,* le délai est réduit à 40 jours ; le remboursement doit s'effectuer par le bureau d'entrée.

États-Unis. — Droits : *ad valorem* 35 %.

Grèce. — Droits : *ad valorem* 20 %. (Sous toutes réserves.)

Italie. — Droits : vélocipèdes automobiles à 2 ou 3 roues : la pièce, 42 lires.

Vélocipèdes et voitures à 4 roues : 110 lires.

Voitures ayant plus de 5 ressorts : 330 lires.

Pour le voyageur : Déclaration, plombage, consignation du *double* des droits, restitution par tous les bureaux.

Impôts payés en France par les motocycles.

Une bicyclette à pétrole et un motocycle à une seule place sont soumis à une taxe de 12 fr. par an payables par douzièmes échus à la caisse des percepteurs de l'arrondissement où l'on a fait la déclaration. Chaque place en plus de celle du conducteur est astreinte à une taxe de 6 fr. (tandem à moteur, quadricycles, avant-trains ou remorques). En cas de non-déclaration, le propriétaire d'un motocycle est astreint à la double taxe.

Les voiturettes Bollée et véhicules analogues, avec ou sans pédales, sont considérés comme motocycles (depuis un récent jugement du Tribunal de la Sarthe) et ne paient que 12 fr. pour la première place et 6 fr. pour les autres.

Les motocyclistes parisiens, en plus de cet impôt sur leurs machines, payent à l'octroi de la Ville de Paris une taxe de 0,20 centimes par litre d'essence consommée ou introduite à l'intérieur des fortifications, ce qui élève singulièrement le taux d'entretien de ce genre de véhicules.

BARÊME

donnant instantanément la Vitesse en kilomètres à l'heure

EXEMPLE : Le kilomètre est parcouru en 2′ 45″, la vitesse du Véhicule est de 21 k. 818 m. à l'heure

Secondes	0 minute	1 minute	2 minutes	3 minutes	4 minutes	5 minutes	6 minutes	7 minutes	8 minutes	9 minutes	10 minutes
	k. m.	k. m.	k. m.	k. m.	k. m.	k. m.	k. m.	k. m.	k. m.	k. m.	k. m.
0	» »	60 000	30 000	20 000	15 000	12 000	10 000	8 571	7 500	6 666	6 000
5	720 000	55 384	28 800	19 459	14 693	11 803	9 863	8 470	7 422	6 605	5 950
10	360 000	51 927	27 692	18 927	14 400	11 612	9 729	8 372	7 346	6 563	5 900
15	250 000	48 000	26 666	18 451	14 117	11 428	9 600	8 275	7 272	6 486	5 853
20	180 000	45 000	25 714	18 000	13 846	11 250	9 473	8 181	7 200	6 428	5 806
25	144 000	42 252	24 827	17 561	13 584	11 076	3 350	8 089	7 128	6 371	5 761
30	120 000	40 000	24 000	17 142	13 333	10 909	9 230	8 000	7 051	6 315	5 814
35	102 857	37 831	23 225	16 744	13 000	10 746	9 113	7 812	6 990	6 260	5 669
40	90 080	36 000	22 500	16 363	12 852	10 746	9 000	7 826	6 923	6 206	5 624
45	80 000	34 281	21 818	16 000	12 631	10 588	8 888	7 741	6 857	6 153	5 581
50	72 000	32 727	21 176	15 652	12 413	10 285	8 780	7 650	6 972	6 101	5 538
55	65 454	31 304	20 571	15 319	12 203	10 140	8 674	7 578	6 728	6 050	5 494
60	60 000	30 000	20 000	15 000	12 000	100 00	8 571	7 500	6 666	6 000	5 469

TAXES DE TRANSPORT

des motocycles en chemin de fer (Cie P. L. M.)
(homologuée par le Ministre des Travaux Publics).

Les conditions d'application des tarifs généraux (art. 29 G. V. et art. 18 P. V.) vont être complétées de la manière suivante :

Art. 29 (G. V.)

Motocycles, Tracteurs automobiles, Tricycles automobiles, Voitures automobiles, Voitures automotrices.	Prix du barême des articles de messagerie, sans que la taxe par véhicule puisse être inférieure à celle prévue ci-dessus pour les voitures à un ou deux fonds.

« Exceptionnellement sont taxés aux prix fixés par l'art. 14 avec la majoration prévue par l'article 22, s'il y a lieu :

« 1° Les voitures dont le poids, emballage compris, n'excède pas 200 kilogrammes ;

2° Les motocycles, tracteurs automobiles, tricycles automobiles, voitures automobiles, voitures automotrices, en caisses, dont le poids, emballage compris, n'excède pas 300 kilogrammes.

Art. 18 (P. V.)

Motocycles, Tracteurs automobiles, Tricycles automobiles, Voitures automobiles, Voitures automotrices.	Prix du barême de la 1re série sans que la taxe par véhicule puisse être inférieure à celle prévue ci-dessus pour les voitures à **un ou deux fonds.**

« Exceptionnellement, sont taxés aux prix de la première série du tarif général, avec la majoration prévue à l'article 10, s'il y a lieu :

« 1° Les voitures dont le poids, emballage compris, n'excède pas 200 kilogrammes :

« 2° Les motocycles, tracteurs automobiles, tricycles automobiles, voitures automotrices, en caisses, dont le poids, emballage compris, n'excède pas 300 kilogrammes. »

De plus, la Compagnie et la Direction des Chemins de fer de l'État viennent de se concerter pour soumettre à l'homologation ministérielle des tarifs communs G. V. et P. V. applicables sur l'ensemble des sept réseaux pour le transport des véhicules de toute nature.

Ces tarifs comportent la suppression de la distinction des voitures à un ou deux fonds et l'application de deux barêmes à bases décroissantes, l'un pour la taxation au poids, l'autre pour la taxation à la pièce.

Pour la taxation au poids, les barêmes appliqués sont, en grande vitesse, celui de l'article 14 et, en petite vitesse, celui de la 1re série du tarif général.

Pour la taxation à la pièce, les barêmes sont établis comme suit :

GRANDE VITESSE.

Pour chaque kilogr. en excédent au delà de

Jusqu'à 100 kilomètres	0 fr.	40
100 kil. jusqu'à 200 kil.	0	37
200 — à 300 —	0	34
300 — à 400 —	0	30
400 — à 500 —	0	26
500 —	0	20

PETITE VITESSE.

Pour chaque kilogr. en excédent au delà de

Jusqu'à 100 kilomètres			0 fr.	25
100 kil. jusqu'à 200 kil			0	23
200 —	à	300 —	0	21
300 —	à	400 —	0	18
400 —	à	500 —	0	15
500 —			0	10

Aux termes de ces tarifs, les véhicules de toute nature ne pesant pas plus de 200 kilogrammes, emballés ou non emballés, seront taxés au poids : ces mêmes véhicules seront encore taxés au poids lorsque, remis en caisses, ils ne pèseront pas plus de 500 kilogrammes par colis.

En ce qui concerne la question des bagages, nous acceptons comme bagages, dans les conditions admises pour les bagages ordinaires, et notamment à la condition que leurs dimensions permettent de les placer dans les fourgons, les véhicules non emballés dont le poids n'est pas supérieur à 150 kilogrammes et les véhicules en caisses ne dépassant pas 100 kilogrammes.

Enfin, nous ferons remarquer en terminant que ces diverses dispositions, applicables à tous les véhicules avec ou sans moteur, rendent sans intérêt la définition du mot « Motocycles ».

TABLE DES FIGURES

TABLE DES CHAPITRES

Enseignement Professionnel

BIBLIOTHÈQUE

DES

PROFESSIONS

Industrielles, Commerciales Agricoles et Libérales

PARIS

J. HETZEL ET Cie, ÉDITEURS

18, RUE JACOB, 18

Envoi *franco* de toute demande accompagnée de son montant, en billets de banque, timbres ou mandats-poste.

CATALOGUE B. D. 3-00 — Ce Catalogue annule les précédents.

TABLE DES MATIÈRES

TRAITÉES DANS LA

BIBLIOTHÈQUE DES PROFESSIONS

INDUSTRIELLES, COMMERCIALES, AGRICOLES ET LIBÉRALES

Le cartonnage toile de chaque volume se paye 0 fr. 50 en plus des prix indiqués.

BOIS EN FORÊTS (*Carbonisation des*), par E. Dromart, ingénieur civil. 1 volume avec figures et 1 planche. . . . 4 fr.

BOIS (*Guide théorique et pratique de Cubage et d'Estimation des*), par Alexis Frochot, inspecteur des forêts. 4e édition, revue et augmentée. 1 volume avec tableaux, 35 figures et une planche graphique donnant les tarifs de cubage des arbres sur pied et des arbres abattus. . . . . 4 fr.

Ouvrage honoré d'une souscription du *Ministère de l'Agriculture.*

BRASSEUR (*Guide du*) ou *l'Art de faire de la Bière,* par G.-J. Mulder. Traité élémentaire théorique et pratique, traduit et annoté par L.-F. Dubief, chimiste. 1 volume . . . . . . 4 fr.

Ouvrage adopté par la *Ville de Paris* pour les bibliothèques municles.

BRIS ET NAUFRAGES (*Code des*), par J. Tartara, commissaire ordonnateur de la marine. 1 volume. . . . . 4 fr.

CALCULS ET COMPTES FAITS à l'usage des industriels en général et spécialement des mécaniciens, charpentiers, serruriers, chaudronniers, toiseurs, arpenteurs, vérificateurs, etc. Troisième édition complètement refondue des calculs faits de A. Lenoir, par Joseph Vinot. 1 volume avec tableaux. . . 4 fr.

Ouvrage adopté par le *Ministère de l'Instruction publique* pour les bibliothèques scolaires et populaires.

CANARDS (Voir Lapins, Oies et Canards, page 10).

CHARCUTERIE PRATIQUE (*La*), par Marc Berthoud, ex-président de la corporation des charcutiers de Genève. 5e édition. 1 volume avec 74 figures. . . . . 4 fr.

Ouvrage honoré d'une souscription du *Ministère de l'Instruction publique* pour les bibliothèques populaires.

CHAUFFEUR (*Manuel du*), guide pratique à l'usage des mécaniciens, des chauffeurs et des propriétaires de machines à vapeur; exposé des connaissances nécessaires, suivi de conseils afin d'éviter les explosions des chaudières à vapeur, par Jaunez, ingénieur civil. 6e édition revue et corrigée. 1 vol., 37 figures dans le texte et 1 planche. 2 fr.

Ouvrage honoré de souscriptions du *Ministère du Commerce*.

CHIMIE GÉNÉRALE ÉLÉMENTAIRE, par Frédéric Hétet, professeur de chimie aux écoles de la marine, pharmacien en chef.

Tome Ier. — *Généralités, Métalloïdes.* 1 volume, 112 fig. 4 fr.
Tome II. — *Métaux.* 1 volume avec 62 figures . . . . . . 4 fr.

CHIMISTE-AGRICULTEUR (*Manuel du*), par A.-F. Pouriau. 1 volume avec 148 figures dans le texte et de nombreux tableaux, suivi d'un appendice. . . . . 4 fr.

Ouvrage honoré d'une souscription du *Ministère de l'Agriculture.*

COMMERCE DES VINS (Voir page 16).

CONSTRUCTEUR (*Guide pratique du*). Dictionnaire des mots techniques employés dans la construction, à l'usage des architectes, propriétaires, entrepreneurs de maçonnerie, charpente, serrurerie, couverture, etc., par L.-P. Pernot, architecte-vérificateur des travaux publics. 4e édition, corrigée, augmentée et entièrement refondue, par C. Tronquoy, ingénieur civil, et Ch. Baye. 1 volume. . . . . 4 fr.

Ouvrage adopté par le *Ministère de l'Instruction publique* pour les bibliothèques scolaires et par la *Ville de Paris* pour les bibliothèques municipales. Honoré de souscriptions du *Ministère du Commerce et de l'Industrie.*

CONSTRUCTEUR (Voir Maçonnerie, page 11).

CONSTRUCTIONS A LA MER (*Études et notions sur les*), par Bouniceau, ingénieur en chef des ponts et chaussées. 1 volume, 4 fr. 1 atlas de 44 planches.. . . 4 fr.

CORPS GRAS INDUSTRIELS (*Guide pratique de la connaissance et de l'exploitation des*), par Th. Chateau, chimiste. 4e édition, revue et augmentée des procédés nouveaux d'analyse des huiles grasses et d'indications pratiques sur les *Huiles minérales.* 1 volume avec tableaux... . . . . 4 fr.

Ouvrage honoré d'une souscription *du Ministère du Commerce et de l'Industrie.*

COUPE et **CONFECTION** de vêtements de femmes et d'enfants (*Méthode de*). — Travaux à aiguille usuels. Cours de couture en blanc. Raccommodage. Méthode de **TRICOT**, par Elisa Hirtz. 9e édition. 1 volume avec 154 figures. . . . . 3 fr.

Ouvrage adopté par le *Ministère de l'Instruction publique* pour les bibliothèques scolaires et par la *Ville de Paris* pour être distribué en prix.

CUBAGE DES BOIS (Voir Bois, page 3).

CUISINE PRATIQUE (*La*). — Les secrets de la Cuisine d'amateur révélés aux maîtresses de maison par Marie de Saint-Juan. 1 volume avec 154 figures. 3e édition. . . . . 4 fr.

CULTURE MARAICHÈRE (*Manuel pratique de*). 7e édition, par COURTOIS-GÉRARD. 1 vol. avec 89 fig. dans le texte. 4 fr.

Ouvrage ayant obtenu une médaille d'or de la Société centrale d'agriculture, et une grande médaille de vermeil de la Société centrale d'horticulture, adopté par le *Ministère de l'Instruction publique* pour les bibliothèques scolaires et populaires et honoré d'une souscription du *Ministère de l'Agriculture*.

CYCLES ET AUTOMOBILES (*Manuel pratique du constructeur et du conducteur de*). Guide pratique des constructeurs, fabricants, monteurs et réparateurs de cycles en tous genres; des mécaniciens, ajusteurs, serruriers, nickeleurs, etc., s'occupant de l'industrie des Cycles; des constructeurs et propriétaires d'automobiles; des constructeurs de voitures mécaniques de tous systèmes (pétrole et électricité), conduite et entretien des automobiles, règlements de la circulation, etc., par

Gravure spécimen du « *Constructeur de cycles et d'automobiles* ».

H. DE GRAFFIGNY, ingénieur civil. 1 volume illustré de 204 vignettes dessinées par l'auteur. 2e édition. . . . . 4 fr.

DESSINATEUR (*Comment on devient un*), par VIOLLET-LE-DUC. 1 volume, orné de 110 dessins par l'auteur et d'un portrait de Viollet-le-Duc. 20e édition . . . . 4 fr.

Ouvrage honoré d'importantes souscriptions du *Ministère de l'Instruction publique* pour les Bibliothèques scolaires et populaires, ainsi que de la *Ville de Paris* pour les Distributions de prix et les Bibliothèques municipales.

EXTRAIT DE LA TABLE DES MATIÈRES. — Notables découvertes. — Comment il est reconnu que la géométrie s'applique à plusieurs choses. — Autres découvertes touchant la lumière et la géométrie descriptive. — Où on commence à voir. — Une leçon d'anatomie comparée. — Opérations sur le terrain. — Cinq ans après. — Où une vocation se dessine. — Douze jours dans les Alpes. — Conclusion.

DINDONS (Voir Lapins, Oies et Canards, page 10).

DROIT MARITIME INTERNATIONAL ET COMMERCIAL (*Notions pratiques de*), par Alph. DONEAUD, professeur à l'Ecole navale. 1 volume. . . . . 2 fr.

EAUX GAZEUSES (*Traité de la Fabrication industrielle des*) et des boissons qui s'y rattachent, par FÉLICIEN MICHOTTE, ingénieur des arts et manufactures, et E. GUILLAUME, ingénieur civil. 1 volume avec 21 figures dans le texte, 14 planches doubles et de nombreux tableaux . . . . 4 fr.

ECLAIRAGE ELECTRIQUE (*Manuel de montage des appareils d'*), par le baron von GAISBERG, traduit de l'allemand. par Ch. BAYE. 1 volume avec 104 figures, 15e édition . . . 2 fr.
Ouvrage adopté par la *Ville de Paris* pour les bibliothèques municles.

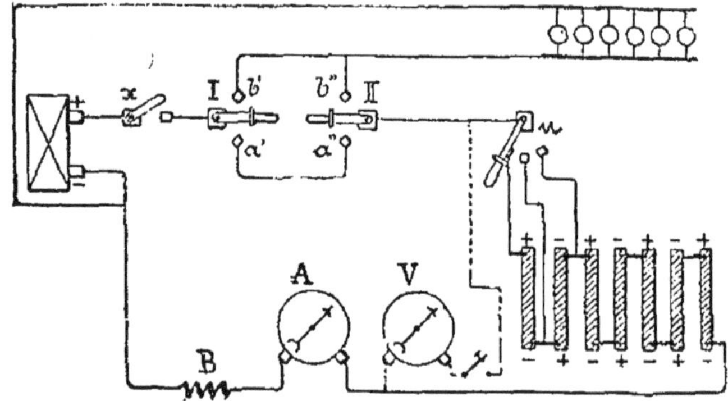

ASSEMBLAGE POUR L'ALIMENTATION DE LAMPES A INCANDESCENCE PAR ACCUMULATEURS
Figure spécimen du *Manuel de montage des appareils d'Éclairage électrique.*

ELECTRICIEN (*L'Ingénieur*). Guide pratique de la cons-

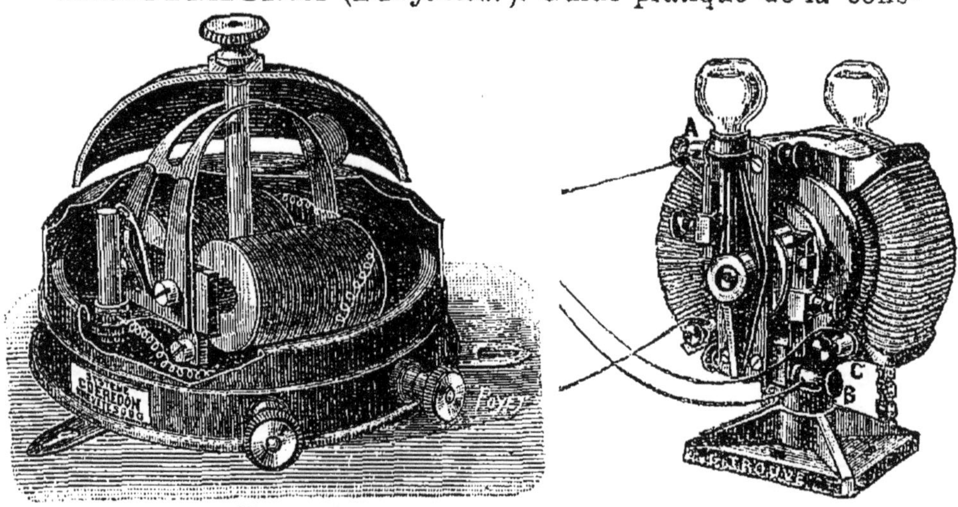

Figures spécimens de *L'Ingénieur électricien.*

truction et du montage de tous les appareils électriques à l'usage des amateurs, ouvriers et contremaîtres électriciens, par H. de GRAFFIGNY. 1 volume avec 109 figures. 11e édition entièrement revue et corrigée . . . . 4 fr.

Ouvrage adopté par la *Ville de Paris* **pour être distribué en prix.**

ÉLECTRICIEN (*Guide pratique de l'ouvrier*). 1 volume. — **En préparation.**

ENTOMOLOGIE AGRICOLE (*Guide pratique d'*), et petit traité de la destruction des insectes nuisibles, par H. GOBIN. 1 volume orné de 42 figures, 2e édition . . . . 4 fr.

ESCOMPTEUR (*Nouveau manuel de l'*), du banquier, du capitaliste et du financier, ou Nouvelles tables de calculs d'intérêts simples avec le calendrier de l'Escompteur, par LACOMBE, précédé d'une instruction sur les calculs d'intérêt et l'usage des tables, par LAASS D'AGUEN, et d'un exposé des lois sur les intérêts, les rentes, les effets de commerce, les chèques, etc. 1 fort volume. 6 fr.

FÉCULIER et de l'**AMIDONNIER** (*Guide pratique du*), par L.-F. DUBIEF. 4e édit. 1 vol. avec grav. dans le texte. 2 fr.

FERMENTS ET FERMENTATIONS. *Travailleurs et malfaiteurs microscopiques*, par I.-A. REY. 1 vol. avec figures. 4 fr.

Ouvrage adopté par la *Ville de Paris* **pour être distribué en prix.**

FILATURE DE LA LAINE (Voir Laine, page 10).

GALVANOPLASTIE (*Traité de*) et d'**ÉLECTROLYSE** avec indications pratiques fondées sur les dernières découvertes, par GEYMET. 1 volume . . . . 4 fr.

GÉOLOGUE (*Manuel du*), par DANA, traduit et adapté de l'anglais par W. HOUTLET. 1 volume avec 363 figures. 3e édition. 4 fr.

Ouvrage adopté par la *Ville de Paris* **pour les bibliothèques municles.**

GÉOMÈTRE ARPENTEUR (*Guide pratique du*), comprenant l'arpentage, le nivellement, le levé des plans et le partage des propriétés agricoles, avec un appendice sur le calcul des solides; 3e éd., entièrement refondue, par P.-G. GUY, ancien élève de l'Ecole polytechnique, officier d'artillerie. 1 vol. avec 183 figures. 4 fr.

Ouvrage adopté par la *Ville de Paris* **pour les bibliothèques municles.**

HABITATIONS DES ANIMAUX (*Guide pratique pour le bon aménagement des*), par E. GAYOT, membre de la Société centrale d'Agriculture de France.

BERGERIES, PORCHERIES, CLAPIERS, etc. 1 volume. . . 2 fr.

Ouvrage adopté par le *Ministère de l'Instruction publique* **pour les bibliothèques scolaires et populaires.**

HERBORISEUR (*Manuel de l'*). Comment on devient botaniste. — Clefs analytiques. — Description des genres et des espèces, suivie d'un vocabulaire, par E. GRIMARD, ancien directeur de l'École normale de Toulouse. 7e édition. 1 vol. . . . . . . 4 fr.

Ouvrage adopté par le *Ministère de l'Instruction publique* pour les bibliothèques scolaires et populaires.

HORLOGER ET MÉCANICIEN DE PRÉCISION (*Manuel de l'*). Guide pratique à l'usage des ouvriers rhabilleurs et repasseurs de montres et de pendules, des apprentis horlo-

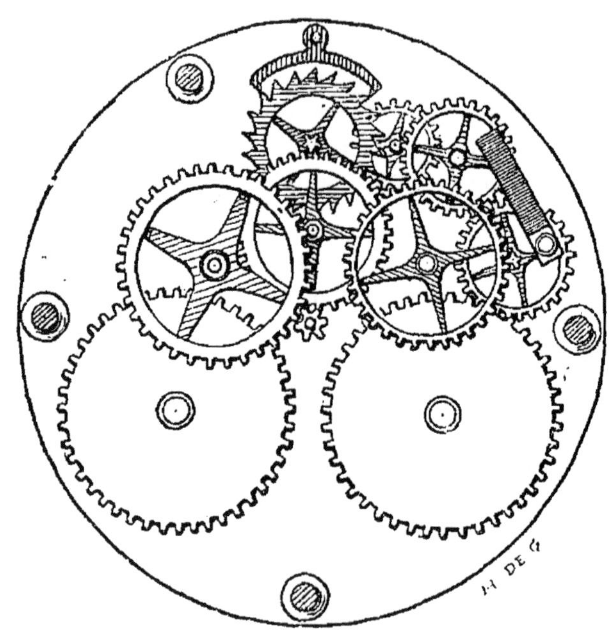

ENSEMBLE D'UN MÉCANISME DE PENDULE. Figure spécimen du *Manuel de l'Horloger*.

gers et des élèves des écoles d'horlogerie, des amateurs de mécanique, etc., etc., par H. DE GRAFFIGNY, ingénieur civil. 1 volume avec 230 figures. 3e édition . . . . 4 fr.

Ouvrage adopté par la *Ville de Paris* pour les bibliothèques municipales.

EXTRAIT DE LA TABLE DES MATIÈRES. — Définitions et mesure du temps, la chronométrie au service de la mesure du temps, historique des premiers instruments, invention des horloges mécaniques, les montres et les chronometres; horlogerie moderne. — Éléments des sciences nécessaires à l'horloger. — Les organes des instruments chronométriques, les trois pièces fondamentales : le moteur, le régulateur, l'échappement. Outillage de l'horloger, machines, métaux et alliages en usage en horlogerie. — Démontage, nettoyage, repassage, rhabillage d'une montre. — L'horlogerie électrique; la pendule régulatrice, les récepteurs. — L'atelier de l'amateur, travail du bois et des métaux, outillage, automates. — L'horlogerie de l'amateur. Ce qu'il est indispensable de connaître sans être horloger. — Procédés et recettes, tours de main, secrets d'atelier, renseignements, formules, compositions, vernis pouvant être utiles aux horlogers et aux mécaniciens. — Vocabulaire des termes techniques.

HYGIÈNE DU TRAVAIL (*L'*), par le Dr Monin, avec une préface de M. Yves Guyot, ancien ministre des Travaux publics. 1 volume. . . . . 4 fr.

Ouvrage adopté par le *Ministère de l'Instruction publique* pour les bibliothèques populaires et honoré de souscriptions du *Ministère du Commerce et de l'Industrie* et de la *Ville de Paris*.

INGÉNIEUR ÉLECTRICIEN (Voir Électricien, p. 6).

IMPRESSIONS PHOTOGRAPHIQUES (*Traité des*), par A. Poitevin, suivi d'appendices relatifs aux procédés de photographie négative et positive sur la gélatine, d'héliogravure, d'hélioplastie, de photolithographie, de phototypie, de tirage au charbon, d'impression aux sels de fer, par Léon Vidal. 2e édition entièrement revue et complétée. 1 volume. . . . . 4 fr.

JAPON PRATIQUE (*Le*), par Félix Regamey. 4e édition. 1 volume illustré de 98 dessins de l'auteur. . . . . 4 fr.

Ouvrage honoré de souscriptions du *Ministère de l'Instruction publique* pour les bibliothèques scolaires et populaires et adopté par la *Ville de Paris* pour les distributions de prix.

Dessin spécimen du Japon pratique.

Table des matières. — Le Japon vu par un artiste. — La pierre. — Le bois. — Le métal : fondeurs, armuriers. — Céramique : fabrication de la porcelaine et de la faïence. — Vers à soie. — Arts graphiques : le papier, l'encre de Chine, les pinceaux, les images, cuirs décorés. — Mœurs et coutumes. — Notions diverses, etc. — Vocabulaire. — Bibliographie.

JARDINAGE (*Manuel pratique de*), manière de cultiver soi-même un jardin ou d'en diriger la culture, par Courtois-Gérard, horticulteur. 1 volume. 11e édition avec 1 planche et de nombreuses figures dans le texte . . . . 4 fr.

Ouvrage adopté par le *Ministère de l'Instruction publique* pour les bibliothèques scolaires et populaires, et honoré de souscriptions du *Ministère de l'Agriculture*.

Sommaire des principaux chapitres : Dispositions générales d'un jardin potager. — Calendrier. — Travaux de chaque mois. — Les outils. — Les défoncements. — Les fumiers. — Les arrosements. — Les couches. — Semis. — Repiquages. — Marcottes. — Boutures. — De la greffe. — De la conservation des plantes. — Les maladies des plantes potagères. — La culture des arbres fruitiers. — La culture des arbres d'agrément. — Destruction des animaux nuisibles, etc.

JOAILLIER (*Guide pratique du*), ou Traité complet des pierres précieuses, leur étude chimique et minéralogique, les moyens de les reconnaître, leur valeur, leur emploi, la description des principaux chefs-d'œuvre auxquels elles ont concouru, par Ch. Barbot, ancien joaillier, avec 3 planches renfermant 178 figures. Nouvelle édition, revue, corrigée et annotée par Ch. Baye. 1 volume . . . . 4 fr.

Ouvrage adopté par la *Ville de Paris* pour les bibliothèques municipales.

LAINE peignée, cardée, peignée et cardée (*Traité pratique de la*), contenant : 1re *partie*, mécanique pratique, formules et calculs appliqués à la filature; 2e *partie*, filature de la laine peignée, cardée peignée, sur la Mull-Jenny; 3e *partie*, filage anglais et français sur continu; 4e *partie*, laine cardée, par Charles Leroux, ingénieur mécanicien, directeur de filature. 1 volume avec 32 figures dans le texte et 4 planches . . . . 15 fr.

Ouvrage honoré de souscriptions du *Ministère du Commerce*

LAPINS (*Guide pratique de l'éducateur des*), ou Traité de la race cuniculine, avec l'Art de mégisser leurs peaux et d'en confectionner des fourrures, par Mariot-Didieux, et guide pratique de l'éducation lucrative des **OIES** et des **CANARDS**, par Mariot-Didieux. 4e édition revue et augmentée d'un chapitre sur l'élevage des **DINDONS,** des **PINTADES** et des **PIGEONS,** par Abel Linard, aviculteur. 1 volume. . . . . 4 fr.

Ouvrage adopté par le *Ministère de l'Instruction publique* pour les bibliothèques scolaires et populaires et honoré d'une souscription du *Ministère de l'Agriculture*.

LIQUEURS (*Traité de la fabrication des*) françaises et étrangères, sans distillation, augmenté de nouvelles recettes pour la fabrication du kirsch, du rhum, du bitter, la préparation et la bonification des eaux-de-vie, pour la fabrication des sirops, etc., etc., par L.-F. Dubief, chimiste œnologue. 1 volume. 9e édition . . . . 4 fr.

LIQUORISTE DES DAMES (*Le*), ou l'art de préparer toutes sortes de liqueurs de table et de parfums de toilette, par L.-F. Dubief. 1 volume avec figures. . . . . 2 fr.

MAÇONNERIE. — Guide pratique du Constructeur, par A. Demanet, lieutenant-colonel honoraire du génie, membre de l'Académie royale de Belgique, etc. 1 volume avec tableaux et 20 planches doubles renfermant 137 figures. 1 volume. . 4 fr.

Ouvrage adopté par le *Ministère de l'Instruction publique* **pour les bibliothèques scolaires et populaires et honoré de souscriptions du** *Ministère du Commerce et de l'Industrie.*

MAGNANIER (*Manuel du*). Application des théories de M. Pasteur à l'éducation des vers à soie, par Léopold Roman. 1 volume avec 32 figures dans le texte et 6 planches. . . . 4 fr.

MAISON (*Comment on construit une*), par Viollet-le-Duc. 1 vol. avec 62 dessins par l'auteur. 16e édition. . . . . 4 fr.

Ouvrage honoré d'importantes souscriptions du *Ministère de l'Instruction publique* **pour les bibliothèques scolaires et populaires, ainsi que de la** *Ville de Paris* **pour les distributions de prix et les bibliothèques municipales.**

Extrait de la table des matières. — Plantations de la maison et opérations sur le terrain. — La construction en élévation. — La visite au chantier. — L'étude des escaliers. — Ce que c'est que l'architecture des études théoriques. — La charpente. — La fumisterie. — La menuiserie. — La couverture et la plomberie. — L'inauguration.

MÉCANICIEN (*Guide de l'ouvrier*), par J.-A. Ortolan, mé-

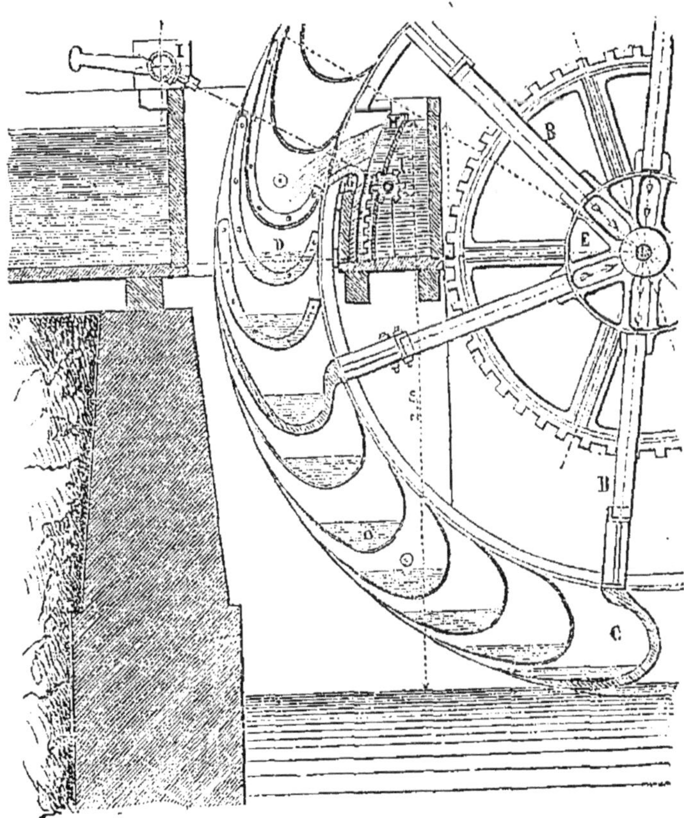

Figure spécimen du *Guide de l'ouvrier mécanicien.*

canicien en chef de la flotte, officier de la Légion d'honneur et de l'Instruction publique, avec la collaboration de MM. Bonnefoy, Cochez, Dinée, Gibert, Guipont, Juhel, anciens élèves des Écoles d'arts et métiers. Édition revue et notablement augmentée, comprenant 3 volumes et 62 planches.

Chaque volume, 4 fr. — L'ouvrage complet, 12 fr.

Ouvrage adopté par le *Ministère de l'Instruction publique* **pour les bibliothèques populaires et par la** *Ville de Paris* **pour les bibliothèques municipales. Honoré de souscriptions du** *Ministère du Commerce et de l'Industrie.*

* **MÉCANIQUE ÉLÉMENTAIRE.** 6e édition. 1 volume avec figure et 11 planches . . . . 4 fr.

PREMIÈRE PARTIE. — *Arithmétique.* — Numération. — Premières règles. — Fractions. — Système décimal. — Carrés, cubes. — Racines carrées, racines cubiques. — Règles d'intérêt, de mélange et d'alliage. — *Algèbre pratique.* — Équations algébriques. — Géométrie pratique. — Tracés géométriques et mesure et division des lignes et des angles. — Solides. — Mesures des surfaces des volumes. — *Lignes trigonométriques.* — *Annexe :* Système métrique.

DEUXIÈME PARTIE. — *Mécanique élémentaire, forces, frottements.* — Principe des machines. — Chute, poids, densité des corps. — Forces. — Composition des forces. — Centre de gravité. — Travail des forces et sa mesure. — Équilibre des machines simples. — Frottements et glissements. — Origine des forces produisant le mouvement dans les machines. — Des machines en général.

** **MÉCANIQUE DE L'ATELIER.** 7e édition. 1 volume avec 34 figures et 26 planches. . . . . 4 fr.

TROISIÈME PARTIE. — Transmissions et transformations de mouvement.

QUATRIÈME PARTIE. — *Résistance des matériaux :* Effort de traction. — Effort de compression. — Force de flexion. — Résistance au cisaillement. — Résistance à la torsion. — Épaisseur des murs. — Pans de bois, planchers et combles.

CINQUIÈME PARTIE. — *Machines motrices à air et hydrauliques. Machines à presser.* — Moulins à vent. — Machines soufflantes. — Scieries. — Appareils et machines à élever l'eau. — Pompes élévatoires. — Machines motrices hydrauliques. — Roues à aubes planes, à aubes courbes. — Roues à augets. — Roues pendantes. — Turbines. — Roues à niveau constant. — Roues à admission intérieure. — Résultats pratiques des divers systèmes de roues hydrauliques. — Presses hydrauliques. — Pressoirs.

*** **PRINCIPES ET PRATIQUE DE LA MACHINE A VAPEUR.** 9e édit. 1 vol. avec 36 fig. et 25 planches. . . . . 4 fr.

SIXIÈME PARTIE. — *Formation de la vapeur. Chaudières:* De la chaleur. — De la vapeur. — Condensation. — Chaudières à vapeur. — Dimensions. — Consommation d'eau et de combustible. — Données sur l'établissement des détails des chaudières.

SEPTIÈME PARTIE. — *Machines motrices à vapeur, à gaz:* Calcul de la puissance et dimensions des pièces principales des machines à vapeur. — Appréciation des divers systèmes de machines. — Principaux types de machines à vapeur admis dans la pratique de 1869 à 1887. — *Annexes :* Généralités sur les nouvelles chaudières à vapeur. — Principes de la combustion. — Vocabulaire des éléments et des produits divers de la combustion. — Combustibles usuels. — Essais et mise en service des chaudières, des machines. — Matières employées au service des moteurs à vapeur. — Décret sur l'établissement des machines à vapeur.

MÉTÉOROLOGIE AGRICOLE (*Manuel de*) appliquée aux travaux des champs, à la physiologie végétale et à la prévision du temps, par F. CANU et A. LARBALÉTRIER. 1 vol. avec 3 figures et de nombreux tableaux . . . . 2 fr.

Adopté par le *Ministère de l'Instruction publique* **pour les bibliothèques populaires et par la** *Ville de Paris* **pour être distribué en prix.**

MÉTIERS MANUELS (*Le livre des*), répertoire des procédés industriels, tours de main et ficelles d'atelier, recueillis par J.-P. Houzé. Nouvelle édition. 2 vol. avec planches et figures. — **En préparation.**

MINÉRALOGIE APPLIQUÉE (*Guide pratique de*), histoire naturelle inorganique ou connaissance des combustibles minéraux, des pierres précieuses, des matériaux de construction, des argiles céramiques, des minerais, etc., par A.-F. Noguès, professeur de sciences physiques et naturelles.

Première Partie. — 1 volume avec 124 figures . . . . 4 fr.

Deuxième Partie. — 1 volume avec 124 figures. . . . . 4 fr.

MOTEURS MODERNES (*Les*), à **Eau**, à **Gaz**, à **Pétrole** ou **Électriques**. Etude et applications des divers moteurs. Leur prix de revient, leur installation, leur entretien. — Législation concernant les moteurs, etc., par Félicien Michotte, ingénieur E. C. P., conseil expert. 1 vol. avec 76 figures dans le texte. 4 fr.

MOTOCYCLISTE (*Guide-Manuel pratique du*). Théorie du moteur à explosion. Moteurs divers. Carburateurs. Allumage. Les motobicyclettes. Les tricycles et quadricycles à pétrole. Apprentissage et conduite des motocycles. Examen du motocycliste. Les pannes. Voyage à motocycle. Soins divers. Entretien. Réparation. Règlement sur la circulation des motocycles par H. de

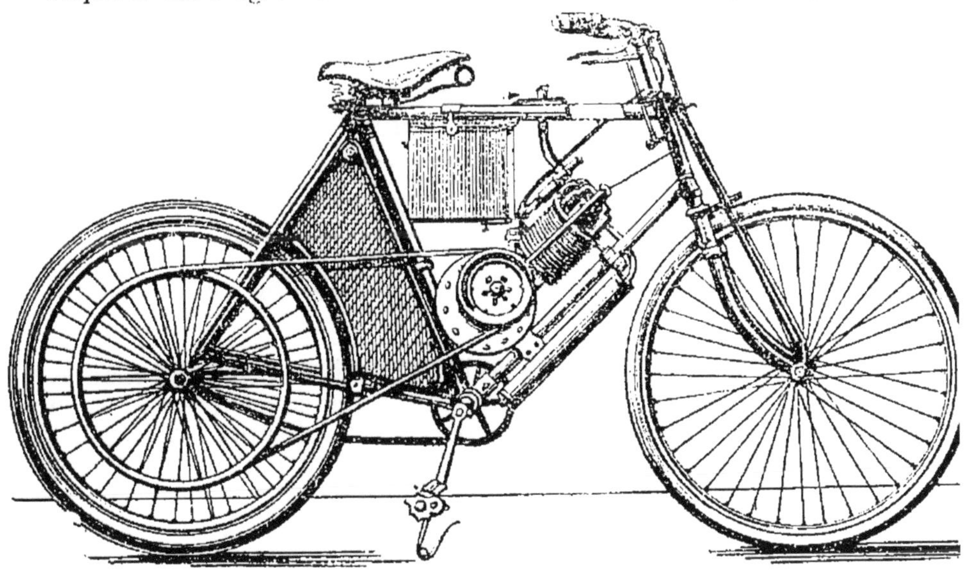

Spécimen des figures du *Guide-Manuel du Motocycliste*.

Graffigny, ingénieur civil, professeur d'automobilisme à l'Association philotechnique. 1 volume in-18 avec 94 figures. 4 fr.

OFFICIER (*Comment on devient*), par Félix Juven, officier d'administration, licencié en droit, officier d'académie. 1 volume . . . . 4 fr.

OIES et **CANARDS** (Voir Lapins, page 10).

OUVRIER ÉLECTRICIEN — En préparation.

OUVRIER MÉCANICIEN (Voir page 11).

PARFUMEUR (*Guide pratique du*), dictionnaire raisonné des **cosmétiques et parfums**, contenant : la description des substances employées en parfumerie, les altérations ou falsifications qui peuvent les dénaturer, etc., les formules de plus de 500 préparations diverses, par le docteur B. Lunel. 1 volume rédigé sous forme de dictionnaire. Nouvelle édition. . . . 4 fr.

PERSPECTIVE (*Théorie pratique de la*). Étude à l'usage des artistes peintres, des élèves des Écoles des beaux-arts, des Écoles industrielles, par V. Pellegrin, peintre. 1 volume avec 42 figures et 1 planche. . . . . 2 fr.

PHOTOGRAPHIE (*Traité pratique de*). **Éléments complets.** Perfectionnements et méthodes nouvelles. Procédé au gélatinobromure, par Geymet. 4e édition revue et augmentée par Eug. Dumoulin. 1 volume. . . . . 4 fr.

PHOTOGRAPHIE (Voir Impressions photographiques, page 9).

PIANISTE (*L'Art du*), par J. Romeu, membre de l'Académie de musique de Bologne. 1 volume. . . . . 4 fr.

PIERRES PRÉCIEUSES (Voir Joaillier, page 10).

PIGEONS et **PINTADES** (Voir Lapins, Oies et Canards, page 10).

PISCICULTURE et **AQUICULTURE FLUVIALES** (*Manuel de*), appliqué au repeuplement des cours d'eau et à l'élevage en eaux fermées, par Albert Larbalétrier, diplômé de l'École de Grignon, professeur à l'École d'agriculture du Pas-de-Calais, etc. 1 volume avec figures et tableaux. . . . . 4 fr.
Ouvrage adopté par le *Ministère de l'Instruction publique* pour les bibliothèques populaires.

PONTS ET CHAUSSÉES et de l'Agent voyer (*Guide pratique du Conducteur des*). Principes de l'art de l'ingénieur, comprenant : plans et nivellements, routes et chemins, ponts et aqueducs, travaux de construction en général et devis, par F. BIROT, ingénieur civil, ancien conducteur des ponts et chaussées. 5e édition, revue et augmentée.

Première partie. — **ROUTES.** — 1 volume accompagné de 12 planches doubles, contenant 99 figures . . . . 4 fr.

Deuxième partie. — **PONTS.** — 1 volume accompagné de 8 planches doubles, contenant 44 figures. . . . . 4 fr.

PORCHERIES (Voir Habitations des animaux, page 7).

POULES (*Éducation lucrative des*), ou traité raisonné de gallinoculture, par MARIOT-DIDIEUX, vétérinaire en premier aux remontes de l'armée, membre et lauréat de plusieurs Sociétés savantes. *Nouvelle édition* entièrement revue et mise au courant des derniers perfectionnements, par Abel LINARD, aviculteur. 1 volume. . . . . 4 fr.

Ouvrage honoré d'une souscription du ***Ministère de l'Agriculture.***

RELIURE (*L'Art et la pratique en*), par H.-L. Alph. BLANCHON, 1 volume illustré de 78 figures. . . . . 2 fr.

Outillage, matières et produits nécessaires aux relieurs. — Opérations préliminaires. — Endossage, rognage. — Ornementation des tranches. — Couvrure. — Cartonnage. — Coup d'œil dans le passé. — La reliure moderne. — Dorure et finissage. — Appendice : assurance contre les accidents du travail, rapport de M. Lemale à l'assemblée générale des patrons relieurs.

ROUTES (Voir Ponts et Chaussées, page 14).

SCIENCES PHYSIQUES (*Éléments des*), appliquées à l'agriculture, par A.-F. POURIAU, docteur ès sciences, ancien élève de l'Ecole centrale, professeur à l'École d'agriculture de Grignon.

Première partie. **CHIMIE INORGANIQUE.** 1 volume avec 153 figures dans le texte et tableaux . . . . 4 fr.

Deuxième partie. **CHIMIE ORGANIQUE.** 1 volume avec 65 figures dans le texte et tableaux . . . . 4 fr.

SERRURERIE (*Nouveaux Barèmes de*), par E. ROULAND. 1 volume. . . . . 4 fr.

Extrait de la table des matières. — *Balcons* en barreaux de fer rond, plat, carré avec ou sans ornements. — *Grilles fixes et Grilles ouvrantes* à deux vantaux en barreaux de fer rond avec ou sans petits barreaux, avec ou sans ornements. — *Portes* à un vantail et à deux vantaux en fer à T avec panneaux tôle. — *Poids des fers*, fers plats, carrés, ronds, T et cornières double T. — *Poids des tôles.*

TISSUS (*Manuel du commerce des*). *Vade-mecum* du **Marchand de Nouveautés**, par Edmond BOURDAIN. 1 volume . . . . 3 fr.

Ouvrage adopté par la ***Ville de Paris*** **pour les bibliothèques municles.**

VACHE LAITIÈRE (*Guide pratique pour le choix de la*), par Ernest Dubos, vétérinaire de l'arrondissement de Beauvais, professeur de zootechnie à l'Institut agricole de la même ville. 1 volume avec 7 planches. 3e édition. . . . . 2 fr.

VIGNERON (※ *Guide pratique du*), culture, vendange et vinification, par Fleury-Lacoste, suivi des *Maladies de la* **VIGNE,** causes et effets morbides depuis l'origine de sa culture jusqu'à nos jours, avec les moyens à employer pour les prévenir et les combattre. Précédé d'une description historique et botanique de cette plante précieuse, par Serigne (de Narbonne). 1 volume . . . . 4 fr.

Ouvrage adopté par le *Ministère de l'Instruction publique* **pour les bibliothèques scolaires et populaires.**

VIN (*Guide pratique pour reconnaître et corriger les fraudes et maladies du*), par Jacques Brun et Albert Brun. 1 volume, avec de nombreux tableaux. 2e édition, revue et augmentée. . 2 fr.

VINS FACTICES (*Guide de la fabrication des*) et des boissons vineuses en général, ou manière de fabriquer soi-même les vins, cidres, poirés, bières, hydromels, piquettes et toutes sortes de boissons vineuses, par des procédés faciles, économiques et hygiéniques, suivi de l'*Immense Trésor des* **VIGNERONS** et des **Marchands de Vin,** indiquant des moyens inédits pour vieillir instantanément les vins, leur enlever les mauvais goûts, même celui de terroir, colorer les vins blancs en rouge d'une manière hygiénique et sans aucun coupage et éviter leur dégénérescence, par L.-F. Dubief. 5e édition. 1 vol. 4 fr.

VINIFICATION (*Traité complet de*). Art de faire du vin avec toutes les substances fermentescibles, en tout temps et sous tous les climats, par L.-F. Dubief. 7e édition. 1 vol. 4 fr.

VINS (*Traité du commerce des*) et autres boissons, par V. et G. Emion. 2e édition. 1 volume avec de nombreux tableaux. 4 fr.

Extrait de la table des matières. — EXERCICE DU COMMERCE DES BOISSONS : Personnes qui peuvent exercer le commerce. — Formalités à remplir pour ouvrir des débits de boissons. — Poids et mesures. — Vente. — Conclusion des marchés. — Transport des boissons. — Commerce des boissons avec l'étranger. — Délits et quasi-délits en matière de vente de boissons. — RAPPORTS AVEC LA RÉGIE.

Envoi *franco* **de toute demande accompagnée de son montant, en billets de banque, timbres ou mandats-poste.**

19680. — L.-Imp. réun., 7, rue Saint-Benoît, Paris.

www.ingramcontent.com/pod-product-compliance
Ingram Content Group UK Ltd.
Pitfield, Milton Keynes, MK11 3LW, UK
UKHW021853190726
13855UKWH00001B/303

9 782013 497497